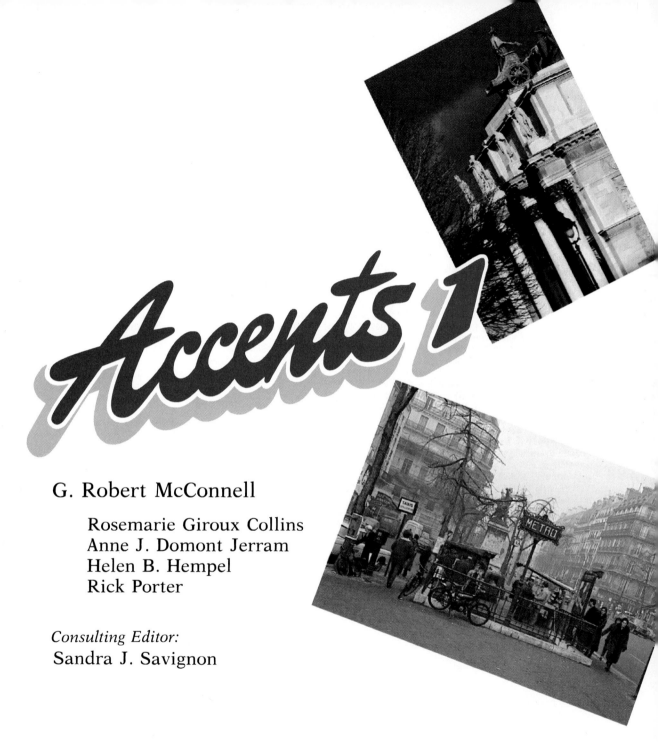

Accents 1

G. Robert McConnell

Rosemarie Giroux Collins
Anne J. Domont Jerram
Helen B. Hempel
Rick Porter

Consulting Editor:
Sandra J. Savignon

▲ ADDISON-WESLEY PUBLISHING COMPANY

Reading, Massachusetts ● Menlo Park, California ● Don Mills, Ontario ● London
Amsterdam ● Manila ● Singapore ● Sydney ● Tokyo

DESIGN + ILLUSTRATIONS
Publishers' Graphics, Inc.

PHOTO CREDITS

Dr. Jean-Louis Ambard: *Pêle-Mêle 1:* 2 BL, 3 CR, 4 BR, 5 T; *Pêle-Mêle 3:* 3 CR. **M. Barber:** 5 T. **Terry Bisbee:** 292. **Byron Bush:** 165; 166: 185 TL. **Canadian Government Office of Tourism:** 156 R. **Canadian National Railroad:** 157. **Candace Cochrane:** 4 TL; *Pêle-Mêle 2:* 10 TR, 12 TL, 13 TL, TR; *Pêle-Mêle 3:* 15 TL, CL. **Dr. W. Aubrey Crich, D.D.S., F.P.S.A.:** 72 R; 73 R. **Délégation du Québec en Nouvelle-Angleterre:** *Pêle-Mêle 3:* 14 CL, BR. **Ian S. Fraser:** i B; v inset; vi TL; viii TR, BL; xi BR; 247 #1, #5; *Pêle-Mêle 1:* 8–9 bkgd.; *Pêle-Mêle 2:* 2 BC, 3 CL, 15 A; *Pêle-Mêle 3:* 5 BL. **Gustav Freedman:** vii BR; viii TL, C; xi CL; xii BR; *Pêle-Mêle 2:* 6 L, 7 T, BM, 14 #2, #4, 15 F, 16 T. **French Embassy:** ix CR, BR; xi TL; *Pêle-Mêle 1:* 3 TR, B; *Pêle-Mêle 2:* 2 CL, 16 all but T; *Pêle-Mêle 3:* 2 B, 3 TR. **French Government Tourist Office:** xii TL; xiii TR; 182; *Pêle-Mêle 1:* 3 TL; *Pêle-Mêle 3:* 3 CL, BR, 5 TL, BR, 6 T, B. **French West Indies Tourist Bureau:** x TR; *Pêle-Mêle 3:* 7 T, B. **Philippe Gontier:** vii TL; 2–3; 5 B; 50–51; 91; 98–99; 139; 146–147; 179; 194–195; 242–243; 247 BL, BR; *Pêle-Mêle 1:* 5 B; *Pêle-Mêle 2:* 2 R, 5 TR. **Grant M. Haist:** 33 B; 72 L. **Owen C. Hartford:** *Pêle-Mêle 1:* 11 B. **Gina M. Healy:** xiii BR; 247 TL, CL. **Marshall Henrichs:** 32 TC. **Robert B. Holden:** *Pêle-Mêle 1:* 10 C, B, 12 L; *Pêle-Mêle 2:* 9 B. **Mary P. Lea:** x CL; xi BL; 203 #3; *Pêle-Mêle 1:* cover, 12 TR, 14 TL, 15 TL; *Pêle-Mêle 2:* 9 T, CR. **Gilbert Mason Lothrop:** *Pêle-Mêle 1:* 2 T, 3 CL; *Pêle-Mêle 3:* 3 BL. **Ruth Sawtelle Lothrop:** *Pêle-Mêle 3:* 11 all but TL. **Louisiana State Department of Education:** *Pêle-Mêle 3:* 15 BR (Lyle Sonait), all others but TL pair (Richard L. Bourne). **Manitoba Government Travel Bureau:** 80 TL. **Daniel Marfisi:** xiii CR; *Pêle-Mêle 1:* 4 TR; *Pêle-Mêle 2:* 11 B; *Pêle-Mêle 3:* cover. **Donna C. Marshall:** *Pêle-Mêle 3:* 13 T. **William C. Marshall:** *Pêle-Mêle 3:* 11 TL, 12–13 B. **George Mastellone:** ix CL; 67 (2); 214; *Pêle-Mêle 2:* 2 BL, 4–5 T, 15 **G. G. Robert McConnell:** 4 B; 16 TL, TR; 225; *Pêle-Mêle 2:* 12 TR, BR, 13 CR. **Doris O. Millán:** *Pêle-Mêle 3:* 3 TL. **Rafael Millán:** 32 TL, TR, BL, BR; 33 T; 185 BR; *Pêle-Mêle 2:* 11 TR. **Movie Star News:** *Pêle-Mêle 1:* 140–141 (3); *Pêle-Mêle 2:* 252 T, B. **Eric Muller:** ix TL; 201 BR; *Pêle-Mêle 2:* 15 C. **Janet Muller:** 203 #4. **National Aeronautics and Space Administration:** v bkgd. **New Brunswick Department of Tourism:** 80 BR. **New York Convention and Visitors' Bureau:** 17 T. **Ontario Ministry of Industry and Tourism:** 80 TR. **Laurent Puech:** *Pêle-Mêle 2:* 2–3 T, 14 #1. **Janine Ventura Richards:** xi TC; 16 B. **David Rosen:** *Pêle-Mêle 1:* 10 T. **Gina Russo:** 185 all but TL. **Wendy Schottman:** iii BL; vi CL; viii CR; 203 #1; *Pêle-Mêle 1:* 11 C, 14 BL, TR, BR, 15 BL, TR, 16; *Pêle-Mêle 2:* 8 C, 9 CL; *Pêle-Mêle 3:* 4 R, 5 C. **United Nations Photos:** ix BL; xii CL, CR, BL; *Pêle-Mêle 1:* 11 T, 12 BR, 13 (3). **Valan Photos:** iii T (Pat Louis); *Pêle-Mêle 1:* 6 T, B (Val & Alan Wilkinson); *Pêle-Mêle 3:* 14 BL (Pat Louis), 14 TR, CR (Jean-Marie Jro). **Michael Videtta, F.P.S.A.:** iv B; vi BR; *Pêle-Mêle 1:* 8. **Ville de Montréal—Service des Relations Publiques:** 224. **Preston Walklet:** i T; iii BR; vi BL; vii CL; *Pêle-Mêle 2:* 14 #6. **The Washington Convention and Visitors Association:** 215. **Charles Whipple:** *Pêle-Mêle 2:* 8 T, B. **Wide World Photos:** *Pêle-Mêle 3:* 16. **Robert Williams:** vi TR; vii TR, CR, BL; viii BR; ix TR; x BR; xiii CL; xvi; 4 TR; 201 BL; *Pêle-Mêle 1:* 4 TL, BL, 7 bkgd., inset; *Pêle-Mêle 2:* cover, 2 C, 5 BL, BR, 10 BL, 11 TL, 13 BR, 14 #5, 15 B; *Pêle-Mêle 3:* 5 TR, CR, 10. **Cathy Wilson:** *Pêle-Mêle 3:* 4 L. **John M. Wilson:** x TL; xi TR; xii TR; xiii TL, BR; 17 B; 87; 164; 172; 203 #2; 207; 247 TR; 266; *Pêle-Mêle 1:* 2 BR; *Pêle-Mêle 2:* 4 CR, 6 CR, BR, 7 TC, B, 14 #3, #7, 15 D, E; *Pêle-Mêle 3:* 2 T; 8–9 (5). **Andy Yull:** iv T; 23; 32 BC; 156 L; 221. All other photos are the property of the publisher.

Pêle-Mêle 1: 9 TR *The Brooding Woman* by Paul Gauguin. Courtesy of The Worcester Art Museum, Worcester, Massachusetts.
Pêle-Mêle 1: 9 BR *Tahitian Landscape* by Paul Gauguin. Courtesy of Minneapolis Institute of Arts.
Cover Photos *Front:* Valan Photos (Pat Louis) T; Preston Walklet BL; Robert Williams BC; Michael Videtta BR. *Back:* Andy Yull L; Preston Walklet C; Wendy Schottman R.

ISBN: 0-201-14914-1

ABCDEFGHIJ-DO-8987654

TABLE DES MATIÈRES

Le français dans le monde   v

UNITÉ UN

PRÉCIS   2
BONJOUR   4

LEÇON UN: Bonjour et Salut   8
LEÇON DEUX: D'où sont-ils?   16
LEÇON TROIS: Comment vous appelez-vous?   24
LEÇON QUATRE: Qu'est-ce que c'est?   32
LEÇON CINQ: La famille Lamoureux   40
VIGNETTES   46
QUE SAIS-JE?   47

UNITÉ DEUX

PRÉCIS   50
LEÇON SIX: La classe   52
LEÇON SEPT: Sur, sous, devant, derrière   60
LEÇON HUIT: L'école   68
LEÇON NEUF: Ce n'est pas vrai!   76
LEÇON DIX: Qu'est-ce qu'il y a?   84
LISONS! — Une lettre   92
QUE SAIS-JE?   95

PÊLE-MÊLE 1
Le Tour de France, 2/Contrastes, 6/ Tahiti et Gauguin, 8/Un lycéen africain parle, 10/La journée de Sidibé, 11/ Afrique d'aujourd'hui, Afrique d'hier, 12/ Recette, 16/Adji, 16

UNITÉ TROIS

PRÉCIS   98
LEÇON ONZE: Les repas   100
LEÇON DOUZE: Tu parles français?   110
LEÇON TREIZE: Une rédaction   118
LISONS! — Luc est malade   124
LEÇON QUATORZE: L'anniversaire de Roger Dubé   126
LEÇON QUINZE: Une interview avec Roger Dubé   132
LISONS! — Un film d'horreur   140
QUE SAIS-JE?   143

UNITÉ CINQ

PRÉCIS	194
LEÇON VINGT ET UN: La visite-échange	196
LISONS! — La surprise	204
LEÇON VINGT-DEUX: Deux familles	206
LISONS! — Les États-Unis	214
LEÇON VINGT-TROIS: Jean-Paul arrive!	216
LEÇON VINGT-QUATRE: Les jeunes discutent	224
LEÇON VINGT-CINQ: Les parents et la jeunesse	230
LISONS! — Le mystère de la radio	236
QUE SAIS-JE?	239

UNITÉ QUATRE

PRÉCIS	146
LEÇON SEIZE: Les vacances de Gisèle Rousseau	148
LEÇON DIX-SEPT: À Ottawa	156
VIGNETTES	163
LEÇON DIX-HUIT: La rentrée des classes	164
LEÇON DIX-NEUF: Salut, les copains!	172
LEÇON VINGT: La journée de Jeanne	178
AU REVOIR, ENFANCE...	185
RÉALITÉS	187
LISONS! — La planète Mékano	188
QUE SAIS-JE?	191

PÊLE-MÊLE 2

Les quatre faces de Paris, 2/
Quelques traditions persistent..., 6/
L'américanisation de la France, 7/
La Tabaski, 8/S'habiller au Sénégal, 9/
L'Europe francophone, 10/
Enseignes, 14/Recette, 16/
Panneaux, 16

UNITÉ SIX

PRÉCIS	242
LEÇON VINGT-SIX: Le travail et les jeunes	244
LISONS! — Test de personnalité	252
LEÇON VINGT-SEPT: Correspondance	254
HOROSCOPES	262
LEÇON VINGT-HUIT: Rendez-vous impossible!	264
LEÇON VINGT-NEUF: L'accident	272
LEÇON TRENTE: À l'hôpital	282

PÊLE-MÊLE 3

La vie en province, 2/Marseille, 8/
Hors des sentiers battus, 10/La vie en
Afrique du Nord, 11/La France vit
toujours en Amérique du Nord, 14/
Recette, 16/Personnalités, 16

QUE SAIS-JE?	289
VERBES	293
VOCABULAIRE FRANÇAIS-ANGLAIS	295
VOCABULAIRE ANGLAIS-FRANÇAIS	307
INDEX	319

LE FRANÇAIS DANS
LE MONDE

Accent

sur la diversité . . .

... des gens

Au Val de Loire on cultive aussi de grandes moustaches!

«Vous désirez ... ?»

Une fête à Ganou (Bénin)

Une belle Tahitienne

L'assemblée matinale

Fête nationale à Nice

**L'art de
la discussion**

Un gendarme aimable!

POLICE MUNICIPALE
VILLE DE NICE

Papa et fils

Dame
parisienne

L'expressivité
française

... des aliments

«Voici des fruits sensationnels!»

«Délicieuses!»

Cuisine en plein air

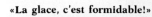

Madame la boulangère

«La glace, c'est formidable!»

Fruits de mer

... des logements

Île d'Orléans (Québec)

**Villefranche
(Alpes-Maritimes)**

Paris

Courbevoie (Hauts-de-Seine)

Village au Niger

**Le Tréport
(Hte - Normandie)**

... des paysages

Strasbourg (Alsace)

Gustavia (St-Barthélemy)

Haute-Volta

Leysin (Suisse)

Albiez-le-Vieux (Savoie)

Palais de Chaillot (Paris)

Village
au Maroc

Gordes
(Provence-Alpes-Côte-d'Azur)

Tahiti

Dakar
(Sénégal)

... des métiers

Fermière (Alsace)

Épicier au Quartier Latin (Paris)

Tisserandes en Mauritanie

Pêcheurs (Zaïre)

Contrôleur
de trains
(Paris)

Barbiers à Abidjan
(Côte d'Ivoire)

... des loisirs

L'après-midi au parc (Jardin des Tuileries))

Parachutage sur neige
(Alpe d'Huez)

Le spectacle de la rue (Paris)

La danse (Rwanda)

Planche à voile (Martinique)

Joueurs de boules (Nîmes)

LES PAYS DANS LE MONDE OÙ ON PARLE FRANÇAIS

FRANCE ET SES DÉPARTEMENTS

1 France
1a Corse (Europe)
2 Guadeloupe (Antilles)
3 Guyane française
  (Amérique du Sud)
4 Martinique (Antilles)
5 St. Pierre-et-Miquelon
  (Amérique du Nord)
6 Réunion (océan Indien)

AFRIQUE

7 Algérie

8 Bénin
9 Burundi
10 Cameroun
11 République Centrafricaine
12 Congo
13 Côte d'Ivoire
14 Djibouti
15 Gabon
16 Guinée
17 Haute-Volta
18 Mali
19 Maroc
20 Mauritanie
21 Niger
22 Rwanda

23 Sénégal
24 Tchad
25 Togo
26 Tunisie
27 Zaïre

AMÉRIQUE DU NORD

28 ville de Saint-Boniface
  (Canada)
29 état de Louisiane (U.S.A.)
30 Nouvelle-Angleterre
  (U.S.A.)
31 Nouveau-Brunswick
32 Nouvelle-Écosse

33 île-du-Prince-Édouard
34 Québec
35 Terre-Neuve

ANTILLES

36 Dominique
37 Grenadines
38 Haïti
39 Sainte-Lucie
40 Saint-Martin
41 Saint Vincent

ASIE

42 Cambodge
43 Chandernagor (Inde)
44 Karikal (Inde)

45 Laos
46 Liban
47 Mahé (Inde)
48 Pondichéry (Inde)
49 Viêt-nam
50 Yanaon (Inde)

EUROPE

51 Andorre
52 Belgique
53 Italie (Val d'Aoste)
54 Jersey
55 Luxembourg
56 Monaco
57 Suisse

OCÉAN INDIEN

58 îles Amirantes
59 îles Comores
60 Madagascar
61 îles Maurice
62 îles Seychelles

PACIFIQUE

63 Nouvelle-Calédonie
64 Nouvelles-Hébrides
65 Polynésie Française
(Tahiti, les Marquises,
les îles Australes)

UNITÉ UN
YOU WILL LEARN

- to greet people, ask them their names and where they're from, find out how they are, give this same information about yourself, and say good-bye,

- to point out people and objects, ask their names, and give an answer,

- to use numbers from zero to 31,

- to spell, using the alphabet in French,

- two ways to ask questions,

- the days of the week.

UNITÉ
UN
PRÉCIS

-Salut, Renée! Comment ça va?

-Salut, Monique!

-Formidable! Et toi?

-Oh là là! Regarde! Qui est-ce?

-C'est Jean-Claude Beaumont.

- Jean-Claude Beaumont. Tu es d'ici?

-Je m'appelle Renée Duclos. Et toi?

-Non, je suis d'Orléans.

-Oh, pardon!

—Non, c'est la moto de Roger.

—Salut, Jean-Claude! Tu as une moto?

—Oh, pardon! Ce n'est pas Monique . . . ?

—Non, je regrette.

—C'est le 27.18.03?

—Non, Monsieur, c'est le 27.18.30.

—Allô, Roger? Ici Monique. Tu es libre samedi soir?

—Oui, pourquoi?

—C'est pour une surprise-partie . . .

BONJOUR!

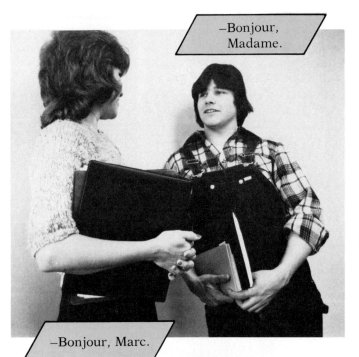

—Bonjour, Madame.

—Bonjour, Marc.

—Bonjour, Patricia.

—Salut, Daniel.

—Bonjour, Monsieur.

—Bonjour, Mademoiselle.

4

—Bonjour, Monsieur.

—Bonjour, Monsieur.

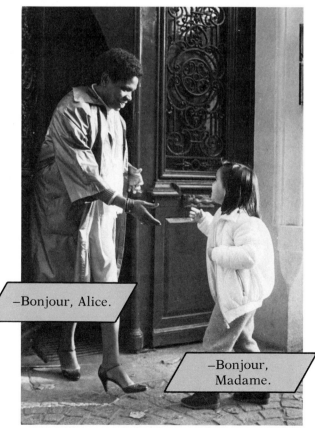

—Bonjour, Alice.

—Bonjour, Madame.

EN FRANÇAIS!

Greet these people in French.

Monsieur Duval

Madame Duval

Paul

Hélène

Mademoiselle Martin

Monsieur et Madame Martin

LE SAVIEZ-VOUS . . . ?

En français, *the last name is not used when greeting people. Young people often use* Salut *instead of* Bonjour *when greeting each other.*

5

IMAGES

Do you know any French names?

«Bonjour, je m'appelle Sam.»

«Bonjour, Sam, je m'appelle Marianne.»

Je m'appelle . . .

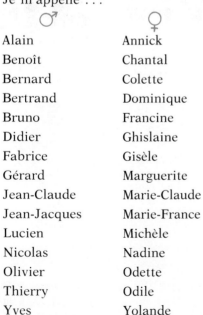

♂	♀
Alain	Annick
Benoît	Chantal
Bernard	Colette
Bertrand	Dominique
Bruno	Francine
Didier	Ghislaine
Fabrice	Gisèle
Gérard	Marguerite
Jean-Claude	Marie-Claude
Jean-Jacques	Marie-France
Lucien	Michèle
Nicolas	Nadine
Olivier	Odette
Thierry	Odile
Yves	Yolande

Some French names are similar to American names, but watch the pronunciation!

Charles

Daniel

Denis

Guy

Marc

Robert

Roger . . .

A Vive la différence!

FRANÇAIS	ANGLAIS
Marie	Mary
Anne	?
Laure	?
Lise	?
Suzanne	?
Sylvie	?
André	?
Édouard	?
Georges	?
Véronique	?

Alice
Catherine
Élisabeth
Michèle
Patricia
Nicole
Hélène . . .

Other French names are very different from their English counterparts.

FRANÇAIS	ANGLAIS
Guillaume	William
Jean	John
Pierre	Peter
Jacques	James
Françoise	Frances
Monique	Monica

B Vive la différence!

♂	♀
André	Andrée
Christian	Christiane
François	Françoise
Georges	Georgette
Jean	Jeanne
Joël	Joëlle
Michel	Michèle
Nicolas	Nicole
Noël	Noëlle
Yves	Yvette

—Je m'appelle Jean-Luc. Et toi, comment t'appelles-tu?

—Je m'appelle . . .

LE SAVIEZ-VOUS?

The French do not usually use nicknames, except for small children.

Today, many French people like to give their children English names or other foreign names.

LEÇON UN
BONJOUR et SALUT

A –Salut, Patricia!
   –Salut, Daniel! Ça va?
   –Oui, ça va, merci.

B –Bonjour, Mademoiselle.
   –Bonjour, Madame. Ça va?
   –Ça va bien, merci.

ÇA VA?

Ça va.
. . . *all right*

Ça va bien.
. . . *well*

Très bien.
. . . *very well*

Pas mal.
. . . *not bad*

8

C –Bonjour, Guy.
   –Bonjour, Monsieur.
   –Ça va?
   –Ça va très bien, merci.

Comme ci, comme ça.
  . . . so-so

Pas très bien.
  . . . not very well

Mini-dialogue

Create new conversations.

Follow the model.

MODÈLE

–Bonjour,
  Monsieur.
–Bonjour,
  Mademoiselle.

–Ça va?
–Ça va bien,
  merci.

–Au revoir,
  Monsieur.
–Au revoir,
  Mademoiselle.

1. Paul   Hélène   très bien,
                          merci

2. Hélène   Monsieur   pas très
              Duval   bien

3. Madame   Paul   comme ci,
    Duval   comme ça

9

QUI EST-CE?

A Qui est-ce?
C'est Paul.

B Qui est-ce?
C'est Nicole.

C Qui est-ce?
C'est Mademoiselle
Martin.

D Qui est-ce?
C'est Madame
Laval.

E Qui est-ce?
C'est Monsieur
Laval.

OUI OU NON?

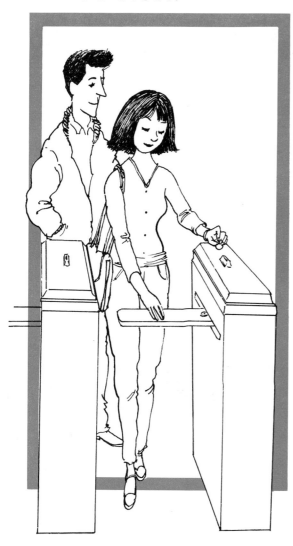

A C'est Paul?
Oui, c'est Paul.

B C'est Paul?
Non, c'est Nicole.

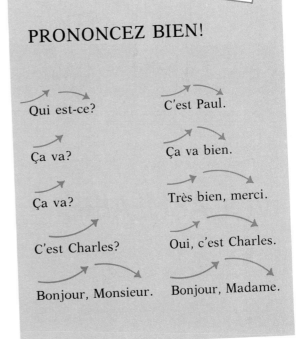
11

DANS LE MÉTRO

A Qui est-ce?

1. Qui est-ce?   2.   3.   4.   5.
   C'est Paul.

VOCABULAIRE

au revoir	*good-bye*	comment t'appelles-tu?	*what's your name?*
bonjour	*hello*	et toi?	*and you?*
ça va?	*how are you?*	je m'appelle …	*my name is …*
	how's it going?	Madame	*Mrs.; ma'am*
ça va	*all right*	Mademoiselle	*Miss*
ça va bien	*well*	merci	*thank you*
c'est	*it is, it's*	Monsieur	*sir; Mr.*
comme ci, comme ça	*so-so*	non	*no*

12

B Oui ou non?

1. C'est Nicole?
   Oui, c'est
   Nicole.

2. C'est
   Mademoiselle
   Martin?
   Non, c'est
   Monsieur Laval.

4. C'est Nicole?

6. C'est Madame
   Laval?

7. C'est
   Mademoiselle
   Martin?

3. C'est Paul?

5. C'est Monsieur
   Laval?

ou	or
oui	yes
pas mal	not bad
pas très bien	not very well
qui est-ce?	who is it?
salut!	hi!
très bien	very well

L'ALPHABET FRANÇAIS

Prononcez bien!
Imitez le professeur!

A	E	I	M	Q	U	Y
B	F	J	N	R	V	Z
C	G	K	O	S	W	
D	H	L	P	T	X	

PRATIQUE

A Mini-dialogue

Create new conversations! Follow the model.

—Bonjour, Monsieur.
—Bonjour, Mademoiselle.

—Ça va?
—Ça va bien, merci.

MODÈLE

1. Paul
   Nicole
   très bien, merci

2. Nicole
   Monsieur Laval
   pas très bien

3. Madame Laval
   Paul
   comme ci, comme ça

«Qui est-ce?»

«C'est Patricia.»

B Qui est-ce?

Paul doesn't know the guests at the party and has to ask Élisabeth their names. Play the roles of Paul and Élisabeth.

MODÈLE Patricia

PAUL: Qui est-ce?
ÉLISABETH: C'est Patricia.

—Au revoir, Monsieur.
—Au revoir, Mademoiselle.

1. Guy   2. Daniel
3. Alice   4. Marc
5. Catherine 6. Nicole
7. Michèle   8. Charles

LEÇON DEUX

D'OÙ SONT-ILS?

ILS SONT D'ICI?

A Pierre est de Bruxelles.
Il est de Bruxelles.

B Marie est de Nice.
Elle est de Nice.

C David et Robert sont
de Blois.
Ils sont de Blois.

16

D Barbara et Patricia
sont de New York.
Elles sont de New York.

E Guy et Claire sont de Paris.
Ils sont de Paris.

ELLE EST D'ICI?

A
GUY: Salut, Claudette!
CLAUDETTE: Salut, Guy! Ça va?
GUY: Oui, merci. Qui est-ce?
CLAUDETTE: C'est Anne Tati.
GUY: Elle est de Toulouse?
CLAUDETTE: Non, elle est d'Orléans.

B
GEORGES: Regarde, Fabrice.
FABRICE: Oh là là! Qui est-ce?
GEORGES: C'est Brigitte Labombe.
FABRICE: Elle est d'ici?
GEORGES: Non, elle est de Paris.
FABRICE: C'est dommage!

17

VOCABULAIRE

c'est dommage	*that's too bad*
de	*from (d' before a vowel)*
et	*and*
ici	*here*
oh là là!	*wow!*
regarde!	*look!*
il est	*he is*
elle est	*she is*
ils sont	*they are (masculine)*
elles sont	*they are (feminine)*

LES SONS

Je m'appelle
Merci
Gisèle
Odette
Colette

MÊ, MÊ, MÊ...

ici	six
d'ici	dix
Nice	Guy
Lille	Brigitte
Paris	qui

Hi...i...i...

Les nombres

zéro	un	deux	trois	quatre	cinq	six	sept	huit	neuf	dix
0	1	2	3	4	5	6	7	8	9	10

ATTENTION

LES PRONOMS *IL, ELLE, ILS, ELLES* (*he, she, they*)

A noun is a word that names a person, place or thing.
A pronoun is a word that replaces a noun.

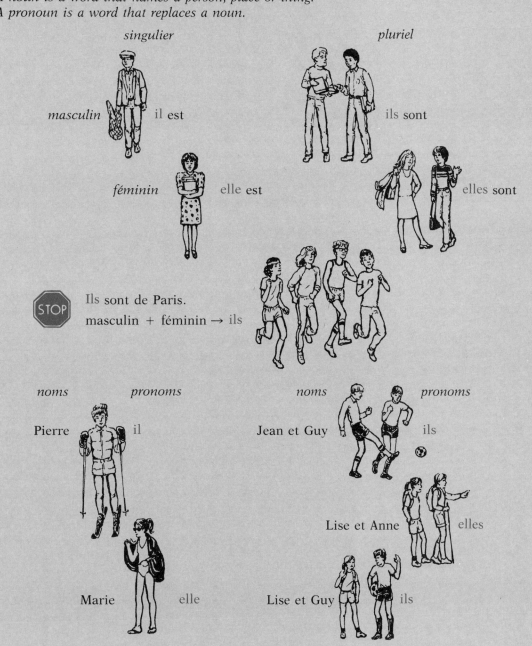

singulier — pluriel

masculin — il est — ils sont

féminin — elle est — elles sont

Ils sont de Paris.
masculin + féminin → ils

noms — pronoms

Pierre — il

Marie — elle

noms — pronoms

Jean et Guy — ils

Lise et Anne — elles

Lise et Guy — ils

PRATIQUE

A Ils sont de Paris.

Say that the following people are from Paris.
Follow the model.

MODÈLE   André   Il est de Paris.

1. Henri
2. Mireille
3. Jean et Georges
4. Charles
5. Madeleine et Brigitte

6. Monsieur Duval
7. Roger et Anne
8. Madame Martin
9. Mademoiselle Laval
10. Monsieur et Madame Garneau

B Questions et réponses

None of the people named below is from Paul's
hometown. Lise has to tell him where they are from.
Play the roles of Paul and Lise.

MODÈLE   Robert (Dijon)

PAUL: Il est d'ici?   LISE: Non, il est de Dijon.

1. André (Toulouse)
2. Monique (Bordeaux)
3. Luc et Roger (Orléans)
4. Pierre et Anne (Nice)
5. Claire et Marie (Paris)

6. Monsieur Leduc (Lille)
7. Madame Chevalier (Albi)
8. Henri (Nantes)
9. Mireille et Louise (Alger)
10. Jean et Lise (Tours)

c Mini-dialogue

Create new conversations! Follow the model.

–Qui est-ce?
–C'est Robert.
–Il est d'ici?
–Non, il est de Nice.

1. Monsieur Martin
   Paris

2. Thérèse
   Nancy

3. Jacques et Henri
   Tours

4. Suzanne et Francine
   Albi

5. Édouard et Sylvie
   Nantes

6. Lise, Anne et Guy
   Orléans

D Il est de Toulouse?

These people have been invited to a conference in Toulouse. Tell what their names are and say where they are from.

21

E Les numéros de téléphone

Here's a page from Monique's phone list. Say the telephone numbers in French.

MODÈLE

Jean Dubé   quatre-huit-sept-six-trois-deux-cinq

NOM	NUMÉRO
JEAN DUBÉ	487-6325
PIERRE CHAPLEAU	369-1562
MARIE GARNEAU	921-6653
JACQUES VACHON	227-8648
LOUISE GAGNON	617-4969
CHANTAL MOREAU	381-6234
HENRI PARENT	924-8677

F C'est la vie!

Play the parts of A and B in the following situations.

1. *It's your first day in a new school.*

A	B
Point to a man and ask a classmate, "Who is it?" →	
	Reply, "It's Mr. Latour."
Ask, "Is he from here (your town or city)?"	
	Answer, "No, he isn't; he's from Montreal."

2. *You meet your mother's friend, Mrs. Duval, on your way home from classes.*

A	B
Greet her in French.	
	Return the greeting.
Ask how she is.	
	Answer, "Not very well."
Tell her you're sorry (that's too bad) and say good-bye.	
	Say good-bye.

3. *Between classes, you're talking to a friend and spot the new girl (boy) in class walking down the hall.*

A	B
Point her/him out to your friend and say, "Look!"	
	Say "Wow!" and ask, "Who is it?"
Reply "It's Charles/Brigitte."	
	Ask, "Is (s)he from here (your town or city)?"
Answer, "No, (s)he's not. (S)he's from Québec."	

23

LEÇON TROIS
COMMENT VOUS APPELEZ-VOUS?

ANDRÉ:	Salut, Lise!
LISE:	Salut, André! Ça va?
ANDRÉ:	Pas mal. Et toi?
LISE:	Très bien!
ANDRÉ:	Pourquoi?
LISE:	Aujourd'hui, c'est vendredi!

ALAIN:	Comment t'appelles-tu?
YVETTE:	Je m'appelle Yvette. Je suis de Tours. Et toi?
ALAIN:	Moi, je m'appelle Alain. Je suis de Bordeaux.

ROGER:	Comment vous appelez-vous?
M. BRETON:	Je m'appelle Henri Breton.
MME BRETON:	Et moi, je m'appelle Marie Breton.
ROGER:	Vous êtes de Bordeaux?
M. BRETON:	Non, nous sommes de Toulouse.

L'AGENT:	Comment vous appelez-vous?
BRIGITTE:	Je m'appelle Brigitte Labombe.
L'AGENT:	Vous êtes de Paris?
BRIGITTE:	C'est ça.
L'AGENT:	Bienvenue à Chicago.
BRIGITTE:	Merci beaucoup, Monsieur.
L'AGENT:	De rien, Mademoiselle.

25

Les nombres de 10 à 20

douze

quinze

dix

treize

seize

onze

quatorze

dix-sept

VOCABULAIRE

à	*to*
aujourd'hui	*today*
bien sûr!	*of course!*
bienvenue	*welcome*
c'est ça	*that's right*
comment t'appelles-tu?	*what's your name?*
comment vous appelez-vous?	*what's your name?*
de rien	*you're welcome*
et toi?/et vous?	*and you?*
(moi) je m'appelle …	*my name is …*
merci beaucoup	*thank you very much*
pourquoi?	*why?*
quel jour est-ce?	*what day is it?*

VERBE

être	*to be*
je suis	*I am*
tu es	*you are*
nous sommes	*we are*
vous êtes	*you are*

LES JOURS DE LA SEMAINE

lundi	*Monday*
mardi	*Tuesday*
mercredi	*Wednesday*
jeudi	*Thursday*
vendredi	*Friday*
samedi	*Saturday*
dimanche	*Sunday*

LES ABRÉVIATIONS

Monsieur ⟶ M.
Madame ⟶ Mme
Mademoiselle ⟶ Mlle

M. Lefort est de Paris.
Mme Garneau est de Montréal.
Mlle Laval est de Québec.

dix-huit

dix-neuf

vingt

Les jours de la semaine

ATTENTION

LE VERBE *ÊTRE (TO BE)*

Être is an infinitive. An infinitive is the 'basic form' of a verb.

singulier	*pluriel*
je suis	**nous** sommes
tu es	**vous** êtes
il est	**ils** sont
elle est	**elles** sont

Pronounce vous êtes *with a 'z' sound.*

z

This is called liaison.

LES PRONOMS *TU* ET *VOUS*

When speaking to one person, use tu *or* vous.

Tu is the informal or 'familiar' form.
(Use with family, friends, or classmates,
for example.)

Comment t'appelles-tu?
Tu es d'ici?

Vous is the formal form.
(Use with teachers or other adults, for example.)

Vous êtes d'ici, Monsieur?
Comment vous appelez-vous?

When speaking to more than one person,
<u>*always*</u> *use* vous.

LES SONS

cui, cui, cui...

huit
suis
aujourd'hui

PRATIQUE

A Questionnaire

Will Simone use tu or vous?

MODÈLE

SIMONE: Tu es d'ici?
ALAIN: Oui, je suis d'ici.

SIMONE: Vous êtes d'ici?
M. DUVAL: Oui, je suis d'ici.

Alain

M. Duval

1. Robert   4. M. Dupont
2. Mme Martin   5. Mireille
3. Mlle Laval   6. Hélène

B Vous êtes d'ici?

Will Simone use tu *or* vous?
And will they answer je *or* nous?

1. Philippe et Brigitte
2. M. Martin
3. Odile
4. Paul et Jacques

5. M. et Mme Martin
6. Pierre
7. Pierre et Marie-Claude
8. Mlle Gauthier

C Comment t'appelles-tu?

=MODÈLE=

–Comment t'appelles-tu?
–Je m'appelle Chantal. Je suis de Paris, et toi?
–Je m'appelle Philippe. Je suis de Lyon.

1. Alain, Toulouse et Gisèle, Tours
2. François, Angers et Dominique, Lille
3. Colette, Calais, et Annick, Toulon

AIR FRANCE

D Comment vous appelez-vous?

=MODÈLE=

–Comment vous appelez-vous?
–Je m'appelle Lucien Duval.
–Et moi, je m'appelle Roger Martin.
–Vous êtes de Paris?
–Non, nous sommes de Nice.

1. Gérard et Odette Dupont, Orléans
2. Jacques Tati et Bernard Laval, Lyon
3. Martine Breton et Jean-Claude Sardi, Marseille
4. René et Annick Duclos, Grenoble
5. Henri et Claudine Beaupré, Berne

E Mini-dialogue

–Comment t'appelles-tu?

–Je m'appelle Richard.

–Pardon?

–Richard! R-i-c-h-a-r-d!

–Merci, Richard!

1. Paul
2. Monique
3. Henri
4. Robert
5. Annick
6. Chantal

F Quel jour est-ce?

1. C'est dimanche. 2.   3.   4.

G Choisissez bien!

Choose the logical answer.

1. Qui est-ce?
   –Il est d'ici.
   –C'est Paul.
   –C'est vendredi.

2. Tu es d'ici?
   –Très bien, merci.
   –Bienvenue.
   –Bien sûr.

3. Comment t'appelles-tu?
   –Ça va bien.
   –Je m'appelle Jacques.
   –Nous sommes de Paris.

4. Ça va?
   –C'est dommage.
   –Merci beaucoup.
   –Très bien, merci.

5. C'est lundi?
   –Non, c'est lundi.
   –Non, c'est mardi.
   –Oui, c'est mercredi.

6. Quel jour est-ce aujourd'hui?
   –C'est dimanche.
   –C'est dommage.
   –C'est Brigitte.

NOTE

LE FRANC FRANÇAIS

The *franc* is the monetary unit of France.
It is equal to 100 *centimes*.
French money is issued in these denominations:

Pièces *(Coins)*

1 centime, 5 centimes, 10 centimes, 20 centimes, 50 centimes
1 franc, 2 francs, 5 francs, 10 francs

Billets *(Bills)*

10 francs, 50 francs, 100 francs, 500 francs

5.   6.   7.   8.

H C'est la vie!

*Play the parts of A and B in the following
situations.*

A   B

Say hello to your friend
and ask how he/she is.
                    Answer, "Not very well."
Ask why.
                    Reply that today is Monday.

A   B

Ask your new classmate what
his or her name is.
                    Tell your classmate your
                    name. Ask what his/her name
                    is.

Tell your name and welcome
your new classmate to your
town.
                    Thank your classmate and
                    say goodbye.

Say goodbye.

CULTURELLE

French bills carry portraits of historical figures
who made important contributions to French
culture, rather than statesmen or politicians.

10 F: Composer Hector Berlioz (1803–1869)
50 F: Portrait painter Maurice Quentin de la
        Tour (1704–1788)
100 F: Painter Eugène Delacroix (1798–1863)
500 F: Philosopher and mathematician Blaise
        Pascal (1623–1662)

LEÇON QUATRE
QU'EST-CE QUE C'EST?

B C'est une moto.

A C'est un téléphone.

C C'est un disque.

Ce sont des motos.

Ce sont des téléphones.

Ce sont des disques.

D C'est une voiture.
C'est une auto.

Ce sont des voitures.
Ce sont des autos.

VOICI ET VOILÀ

A
Voici des bonbons
pour toi, Pierre.

B
Voilà un bikini magnifique!

La température

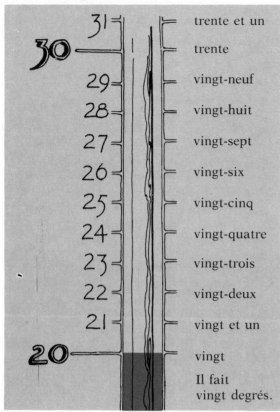

31	trente et un
30	trente
29	vingt-neuf
28	vingt-huit
27	vingt-sept
26	vingt-six
25	vingt-cinq
24	vingt-quatre
23	vingt-trois
22	vingt-deux
21	vingt et un
20	vingt

Il fait
vingt degrés.

Combien font . . . ?

. . . dix et neuf?
Dix et neuf font dix-neuf.
(10 + 9 = 19)

. . . vingt et cinq?
Vingt et cinq font vingt-cinq.
(20 + 5 = 25)

. . . trente et un moins dix?
Trente et un moins dix font
vingt et un.
(31 − 10 = 21)

. . . vingt-huit moins vingt?
Vingt-huit moins vingt font
huit.
(28 − 20 = 8)

PRATIQUE

A Qu'est-ce que c'est comme
voiture?

*In French, the names or models of cars
are feminine* (une voiture).
What kinds of cars are these?

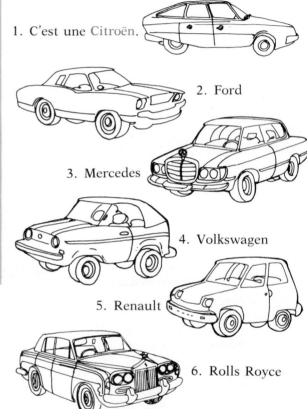

1. C'est une Citroën.

2. Ford

3. Mercedes

4. Volkswagen

5. Renault

6. Rolls Royce

Cocorico . . .

LES SONS

moto   Dodo
Renault   vélo

B Choisissez bien!

Match the questions with the logical answers.

Questions

1. Qui est-ce?
2. Ça va?
3. Qu'est-ce que c'est?
4. Il est de Paris?
5. C'est une moto?
6. Tu es d'ici?
7. Comment t'appelles-tu?
8. Quel jour est-ce?

Réponses

(a) Oui, il est de Paris.
(b) Ce sont des bonbons.
(c) C'est Mme Laroche.
(d) Comme ci, comme ça.
(e) C'est dimanche.
(f) Je m'appelle Marcel Dupont.
(g) Non, je suis de Québec.
(h) Non, c'est un vélomoteur.

C Mini-dialogue: L'exposition

MODÈLE

ANDRÉ: Voilà une Porsche.
HENRI: Une Porsche? Qu'est-ce que c'est?
ANDRÉ: C'est une voiture.

1. une Kawasaki
   une moto

2. un Solex
   un vélomoteur

3. une Renault
   une voiture

4. un Raleigh
   un vélo

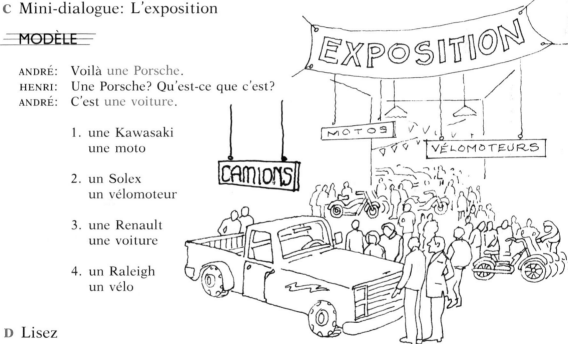

D Lisez

(Read the following license plates.)

EXEMPLE:  quinze, trente et un, DC, trente et un

1.    2. 1124 NG 17   3. 2112 PS 18

35

LE SAVIEZ-VOUS . . . ?

Most telephone numbers in France are listed as three pairs of numbers.

09.18.12   zéro neuf, dix-huit, douze
une avenue (av.) = *avenue*   une rue = *street*

Find the telephone numbers of the following people and read them aloud in French.

Lacombe M. G., chauffeur, 19, rue Grenoble 19.05.15
Lacour Mme A., fleuriste, 12, av. Vanier 01.14.08
Lacroix J. B., professeur, 8, rue Napoléon 17.12.00
Lafarge Mlle H., dentiste, 15, rue Philippe 30.09.15
Leblanc M. Y., secrétaire, 14, av. Pasteur 31.18.06
Lebrun Mme T., architecte, 11, rue Laurent 10.15.04
Leduc M. C., médecin, 18, av. Diderot 12.00.02
Legrand Mlle J., journaliste, 16, rue Molière 05.08.12
Lesage M. P., électricien, 13, av. Voltaire 18.20.07

AVENUE PASTEUR
8 Vachon, Mlle Y.
10 Garneau, André 18.16.04
11 Filion, François 05.12.20
14 Leblanc M. et Mme Y. 14.06.19
16 Martin, Pierre 13.18.06
18 Rousseau, Georges 08.15.15
19 Bertrand, Mlle F. 16.09.05
20 Tremblay, M. et Mme B. 30.01.14
                                        ....20.17.11

1. M. Lesage
2. Mme Lebrun
3. Mlle Lafarge

4. M. Leblanc
5. M. Leduc
6. Mlle Bertrand

7. André Garneau
8. Pierre Martin
9. Mlle Vachon

ATTENTION

L'ARTICLE INDÉFINI *UN, UNE, DES* (a, an, some)

		singulier	pluriel
masculin		un disque	des disques

| *féminin* | | une voiture | des voitures |

French nouns are either masculine (un disque) or feminine (une voiture).
Always learn the nouns together with their articles.
In the plural, the article is the same: des disques, des voitures.
To write the plural of most French nouns, add the letter 's' to the singular form. The pronunciation does not change.

 Liaison!   des autos,   vous êtes
                                   z   z

C'EST ÇA

A

RICHARD: C'est un vélo?
LE PÈRE: Non.
RICHARD: C'est une moto?
LE PÈRE: Non.
RICHARD: Mais qu'est-ce que c'est?
LE PÈRE: C'est un vélomoteur.
RICHARD: Un ... vélomoteur?
LE PÈRE: C'est ça.

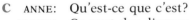

B

LISE: Voilà une voiture formidable!
Qu'est-ce que c'est?
PAUL: C'est une Jaguar.
LISE: Pardon?
PAUL: Une Jaguar. C'est une voiture
de sport!

C

ANNE: Qu'est-ce que c'est?
MARIE: Ce sont des disques
pour une surprise-partie.
ANNE: Quand?
MARIE: Samedi.
ANNE: Formidable!

D

MONIQUE: Regarde!
JEAN: Qu'est-ce que c'est?
MONIQUE: C'est une affiche.
JEAN: Mais qui est-ce?
MONIQUE: C'est Marc Legrand! C'est un
acteur formidable!

PRATIQUE

A Qu'est-ce que c'est?

Identify the following items using the singular and the plural.

Suivez le modèle.

MODÈLE

C'est un disque.
Ce sont des disques.

1.

2.

3.

4.

5.

6.

7.

8.

B C'est magnifique!

Jules and Marie are shopping. Jules finds the items they are looking for and Marie spots the perfect one.

Jouez les rôles d'après le modèle.

MODÈLE des bikinis

> JULES: Voilà des bikinis.
> MARIE: Et voici un bikini magnifique!

1. des disques   4. des voitures
2. des vélos   5. des vélomoteurs
3. des motos

VOCABULAIRE

NOMS

masculins		féminins	
un acteur	*actor*	une affiche	*poster*
un bikini	*bikini*	une auto	*car*
un bonbon	*candy*	une moto	*motorcycle*
un degré	*degree*	une surprise-partie	*party*
un disque	*record*	(une boum)	
un père	*father*	la température	*temperature*
un téléphone	*phone*	une voiture	*car*
un vélo	*bicycle*	une voiture de sport	*sports car*
un vélomoteur	*moped*		

c Comptez de . . .

    A. 10 à 20 (10, 11, ...)   D. 1 à 31 (1, 11, . . .)
    B. 21 à 31 (21, 22, ...)   E. 2 à 30 (2, 4, . . .)
    C. 0 à 30 (0, 10, . . .)   F. 0 à 30 (0, 5, . . .)

D Combien font . . . ?

1.
2.
3.
4.

E Combien font . . . ?

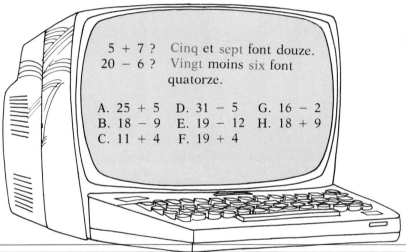

5 + 7 ?   Cinq et sept font douze.
20 − 6 ? Vingt moins six font quatorze.

    A. 25 + 5   D. 31 − 5   G. 16 − 2
    B. 18 − 9   E. 19 − 12 H. 18 + 9
    C. 11 + 4   F. 19 + 4

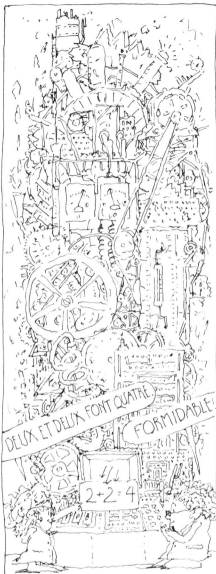

EXPRESSIONS			
c'est ça	that's right	pardon?	what?
combien?	how much? / how many?	pour toi	for you
combien font . . . ?	how much are . . . ?	quand?	when?
des	some	qu'est-ce que c'est?	what is this, what are these?
formidable	terrific	qu'est-ce que c'est comme . . . ?	what kind of . . . is this?
il fait . . . degrés	it's . . . degrees		
magnifique	fantastic	un / une	a, an; one
mais	but	voici	here is, here are
moins	minus	voilà	there is, there are

39

LEÇON CINQ
LA FAMILLE LAMOUREUX

A
Voici M. et Mme Lamoureux.
Ils ont cinq enfants . . .
. . . trois filles et deux garçons.

B Voici Paul Lamoureux.
Il a trois soeurs.

C Voici Jeanne
Lamoureux.
Elle a deux frères.

D Voici Paul et Richard.
Ils ont trois soeurs.
Et Lise, Jeanne et
Mireille?
Elles ont deux frères.

CONVERSATIONS

A   PAUL: Qui a des disques? C'est pour une surprise-partie.

        LISE: Marie a des disques.

       PAUL: Et Pierre? Est-ce qu'il a un tourne-disque?

        LISE: Oui, il a un tourne-disque formidable!

B   JEANNE: Allô! . . . Oui, un instant, s'il vous plaît. Paul! C'est pour toi!

         PAUL: Est-ce que c'est une fille?

     JEANNE: Non, c'est un garçon.

         PAUL: C'est dommage!

C   PAUL: Allô!

       RENÉ: Allô, Paul. C'est René. Est-ce que tu es libre samedi?

       PAUL: Pourquoi?

       RENÉ: Papa a trois billets pour un match de hockey!

       PAUL: Bien sûr, je suis libre!

       RENÉ: Alors, samedi soir?

       PAUL: D'accord!

VOCABULAIRE

NOMS

masculins

un billet	*ticket*
un enfant	*child*
un frère	*brother*
un garçon	*boy*
un instant	*moment*
un match de hockey	*hockey game*
un soir	*evening*
un tourne-disque	*record player*

féminins

une enfant	*child*
une famille	*family*
une fille	*girl*
une soeur	*sister*

EXPRESSIONS

allô!	*hello (on the telephone)*
alors	*so, well then*
d'accord!	*all right! okay!*
libre	*free*

ATTENTION

LE VERBE *AVOIR (TO HAVE)*

	singulier	*pluriel*
masculin	Il a deux soeurs.	Ils ont une voiture.
féminin	Elle a un frère.	Elles ont des motos.

Liaison!   ils ont. elles ont
              z   z

LES QUESTIONS

Here are two ways to ask questions:

1. *Let your voice go up at the end of the sentence.*

   C'est une voiture?
   Elle a une moto?
   Ils sont de Paris?
   Paul a une soeur?

2. *Use* Est-ce que *(or Est-ce qu' before a vowel sound.)*

   Est-ce que c'est une voiture?
   Est-ce qu'elle a une moto?
   Est-ce qu'ils sont de Paris?
   Est-ce que Paul a une soeur?

In statements the voice goes down at the end of the sentence.

   C'est une voiture.   Ils sont de Paris.
   Elle a une voiture.   Paul a une soeur.

When Est-ce que *is followed by a vowel sound, the final 'e' is not pronounced. In written French, it is replaced by an apostrophe. This is called* élision.

   Est-ce que + Il est de Paris. → Est-ce qu'il est de Paris?

| papa | dad |
| s'il vous plaît | please |

VERBE

avoir	to have
il a	he has
elle a	she has
ils ont	they have
elles ont	they have

Written French requires special marks or 'accents' which are important for correct spelling and pronunciation:

accent aigu (´)
téléphone

accent circonflexe (ˆ)
allô, être, plaît

accent grave (`)
frère, voilà

cédille (ç)
garçon

PRATIQUE

A C'est toujours Denise!

Denise has everything! Jouez les rôles.

un vélo

JEANNE: Qui a un vélo?
GÉRARD: Denise a un vélo!

1. un tourne-disque
2. une moto
3. un billet
4. un téléphone
5. une voiture
6. un vélomoteur

B Prononcez bien!

What sound is common to each group of words?

1. frère, elle, Pierre
2. enfant, quand, Laurent
3. bikini, ici, qui
4. téléphone, Roger, et
5. pardon, garçon, bonbon
6. moto, allô, beaucoup
7. pour, jour, vous
8. match, papa, madame
9. bienvenue, salut, une
10. instant, quinze, Martin

C Mini-dialogue

YVES: Qui est-ce?
JEAN: C'est Paul Lamoureux.
YVES: Est-ce qu'il a des soeurs?
JEAN: Bien sûr!
YVES: Combien?
JEAN: Il a trois soeurs.

1. Jeanne Lamoureux
   des frères
   deux

2. Georges Martin
   des soeurs
   quatre

3. Mme Lafleur
   des enfants
   trois

D Qu'est-ce qu'ils ont?

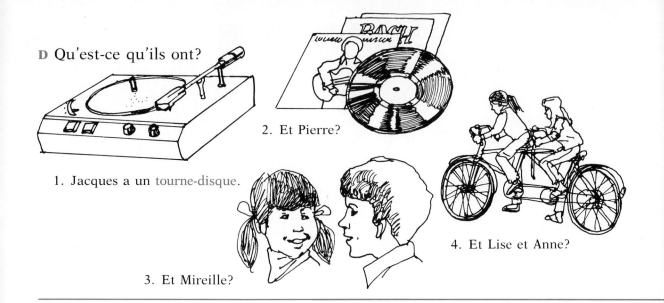

1. Jacques a un tourne-disque.

2. Et Pierre?

3. Et Mireille?

4. Et Lise et Anne?

E Mini-dialogue

MODÈLE

LISE: Qu'est-ce que c'est?
RENÉ: Ce sont des billets.
LISE: Pour un match?
RENÉ: Oui, c'est ça.
LISE: Quand?
RENÉ: Jeudi soir.

1. une danse

2. une surprise-partie

3. un concert

5. Et François et Luc?

6. Et Guy et Janine?

7. Et Mlle Laval?

8. Et M. Vachon?

F Les questions, s'il vous plaît!

Here are some answers. What do you think the questions were? (Use Est-ce que.)

1. Oui, il a cinq enfants.
2. Oui, c'est un vélomoteur.
3. Oui, je suis d'ici.
4. Oui, elle a deux soeurs.
5. Oui, ils ont des disques.
6. Oui, il a trois frères.

G L'intonation

Practice saying the following model questions. Follow the arrows for correct intonation.

 No part of a French sentence should be spoken louder than another!

1. Tu es de Montréal?
2. Elle a des frères?
3. C'est une moto?
4. Est-ce que Paul a un frère?
5. Est-ce qu'il a une soeur?
6. Est-ce que c'est une moto?
7. Qu'est-ce que c'est?
8. Qui est-ce?
9. Comment t'appelles-tu?

45

VIGNETTES

À l'exposition de voitures

JEAN-LUC: Regarde!

GEORGES: Qu'est-ce que c'est?

JEAN-LUC: Deux morceaux de papier°. *paper*
Là, sur le plancher°. *there on the floor*

GEORGES: Oh là là! Ce sont des billets!

JEAN-LUC: Pour le match de hockey?

GEORGES: Mais non! Pour un concert de Beethoven!

JEAN-LUC: C'est dommage!

Au téléphone

MARIE-CLAIRE: Allô.

ROBERT: Allô, Nadine? Ici Robert. Ça va?

MARIE-CLAIRE: Pardon? Qui est-ce?

ROBERT: Robert. C'est le 23.18.09?

MARIE-CLAIRE: Non, c'est le 23.19.08.

ROBERT: Oh, pardon, Mademoiselle.

Combien?

ANNICK: Qui est-ce?

CHRISTIANE: C'est Paul Goyette.

ANNICK: Ah, oui, il a un frère qui s'appelle Frédéric.

CHRISTIANE: Non, ce n'est pas son° frère. *his*
C'est son cousin. Paul est enfant unique.° *an only child*

ANNICK: Non, non! Il a une soeur, Jeannine. Elle est à la Sorbonne.

CHRISTIANE: Ah, oui! C'est ça!

QUE SAIS-JE?

A Bonjour ou Salut?

Greet these people in French.

1. Marie-Thérèse
2. M. Thibault
3. Pierre
4. Mlle Vachon
5. Guy
6. Mme Roche

B Qu'est-ce que c'est?

Modèle 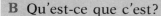 C'est un téléphone.

1. 2.  3. 4.

5.  6. 7.  8.

C Comment vous appelez-vous?

What question was each person asked?

1. Je m'appelle Suzanne Doucette.
2. Je m'appelle André Clermont.
3. Je m'appelle Jean-Claude Dupré.
4. Je m'appelle Luc.

Et moi, je m'appelle Denis Leblanc.

D Ça va?

How would each of these people answer?

1. 2. 3. 4. 5.

E Voici ou Voilà?

Modèle Voilà des voitures. Voici une voiture de sport.

1.  2. 3.  4. 5.

F La famille Beaumont

Tell something about each of these people's relatives.

Modèle   Jacques/1 frère, 2 soeurs   Jacques a un frère et deux soeurs.

1. Lise/3 frères
2. Jacques et René/1 soeur
3. M. et Mme Beaumont/5 enfants

4. Mireille et Lise/1 soeur, 2 frères
5. Jacques et Lise/4 enfants
6. René/3 soeurs, 1 frère

G Quel jour est-ce?

Modèle   "C'est mercredi.
          C'est le dix-huit."

H Choisissez bien!

Match each question or statement to the most logical response.

1. Merci, Madame.
2. Comment t'appelles-tu?
3. Comment ça va?
4. Il est d'ici?
5. Tu es libre vendredi soir?
6. Qu'est-ce que c'est?
7. Bienvenue à Toulouse!
8. Qui est-ce?
9. Est-ce que Philippe a une soeur?
10. Vous êtes de Bordeaux?

(a) Non, il est d'Orléans.
(b) Bien sûr!
(c) Merci beaucoup, Monsieur.
(d) De rien, Monsieur.
(e) C'est Richard Lebel.
(f) Comme ci, comme ça.
(g) C'est un billet pour le concert.
(h) Je m'appelle Monique Laumont.
(i) Non, nous sommes de Nice.
(j) Oui, il a une soeur.

I Moi

Tell all you can about yourself in French (things like your name, your family, where you're from, etc.).

J C'est un garçon ou une fille?

Modèle   Guillaume C'est un garçon.

1. Annick
2. Michel
3. Renée

4. Fabrice
5. Chantal
6. Françoise

7. Nicole
8. Lucien
9. Yves

K Que dis-je?

Respond in French to each situation.

1. To your «Ça va?», your friend answers «Pas très bien.»
2. You meet your teacher in a store on Saturday.
3. You meet the French consul and he asks where you and your family are from.
4. You introduce yourself to the new exchange student from France. You ask his name and you welcome him to your hometown.
5. You run into the French exchange student *(Yves)* two days later and greet him.
6. A French friend of your father's phones and you ask him to wait a moment while you go to look for him.

UNITÉ DEUX

YOU WILL LEARN

- to name the things you use and see in class,
  - to talk about the things you have,
- to use negation in French,
  - to tell where things and people are located,
  - to tell where people live,
- to give the date and month of the year,
  - to describe your school and the town where you live,
    - to tell who owns different objects,

- to use the French equivalent of "there is"/"there are",
  - to talk about the weather,
    - names of the months and seasons,
- the subject pronouns (he, she, it, they) and their uses.

UNITÉ DEUX

PRÉCIS

Un bien mauvais jour°!

a really bad day!

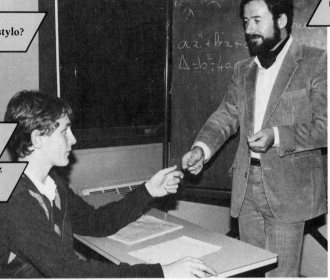

–Nous sommes en retard!

–Non, nous ne sommes pas en retard. L'autobus est en retard!

–Vous avez un stylo?

–Excusez-moi°, Monsieur, je n'ai pas de stylo. Il est chez moi.

Excuse me.

–Un hamburger, des frites, du jus d'orange . . .

–Nous n'avons pas de hamburgers aujourd'hui.

–Qu'est-ce que vous avez, alors?

–Aujourd'hui nous avons du foie°, . . .

liver

–Euh, . . . , merci, je n'ai pas faim°.

I'm not hungry.

−Demain° il y a un pique-nique° de la classe. Tu viens°?

−Pourquoi?

−Mais non! Demain il n'y a pas de pique-nique!

−Selon la météo, il pleut demain aussi!

Tomorrow
picnic
Are you coming?

−C'est la voiture de qui?

−Oh là là! C'est la voiture du directeur!

−J'ai des billets pour le concert de rock. Tu viens° avec moi?

Will you come?

−Impossible! Je suis malade. J'ai une grippe° terrible!

flu

51

LEÇON SIX
LA CLASSE

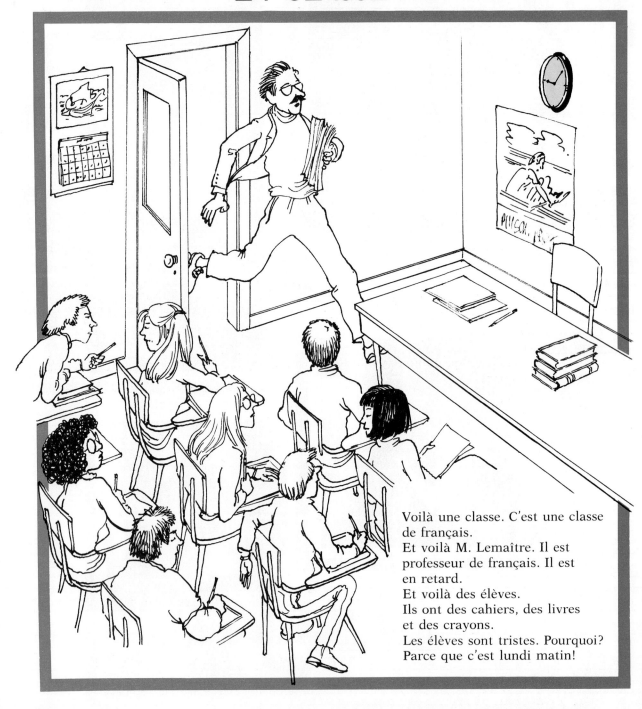

Voilà une classe. C'est une classe de français.
Et voilà M. Lemaître. Il est professeur de français. Il est en retard.
Et voilà des élèves.
Ils ont des cahiers, des livres et des crayons.
Les élèves sont tristes. Pourquoi? Parce que c'est lundi matin!

CONVERSATIONS

A

LISE: Salut, Paul! Ça va?
PAUL: Pas très bien.
LISE: Tu es malade?
PAUL: Non. J'ai un examen demain.
LISE: Tu as un examen de français?
PAUL: C'est ça.
LISE: Moi aussi!

B

LE PÈRE: Vous avez un examen demain, n'est-ce pas?
LISE: Oui, papa. Nous avons un examen de français.
LE PÈRE: Est-ce que c'est un film français?
PAUL: Non, papa.
LE PÈRE: Alors, au travail!

C

LISE: Bonjour, Madame. Est-ce que vous avez un disque de Roc Leroc?
LA VENDEUSE: De qui?
LISE: De Roc Leroc!
LA VENDEUSE: Non, mais j'ai des disques de Beethoven.
LISE: De Beethoven? Qui est-ce?

VOCABULAIRE

NOMS

masculins

un examen	*test*
un examen de français	*French test*
un film	*movie*
un film français	*French movie*
un matin	*morning*

féminins

une cassette	*cassette tape*
une classe	*class*
une classe de français	*French class*
une (salle de) classe	*classroom*
une vendeuse	*saleslady*

EXPRESSIONS

au travail!	*(get) to work!*
aussi	*also*
demain	*tomorrow*
en retard	*late*
malade	*sick*
moi aussi!	*me too!*
n'est-ce pas?	*don't you?* *isn't it so?*
parce que	*because*
triste	*sad*

VERBE

j'ai	*I have*
tu as	*you have*
il a	*he has*
nous avons	*we have*
vous avez	*you have*
ils ont	*they have*

ATTENTION

LE VERBE *AVOIR (to have)*

singulier	*pluriel*
j'ai	nous avons
tu as	vous avez
il a	ils ont
elle a	elles ont

 Liaison!

nous avons, vous avez
‿z‿ ‿z‿

ils ont, elles ont
‿z‿ ‿z‿

 Élision!

J'ai trois soeurs.
Tu es d'ici?
Est-ce qu'il a des frères?

La classe

1. un stylo
2. un cahier
3. un crayon
4. un livre
5. un pupitre
6. un tableau
7. un bureau
8. une chaise
9. un élève
10. une élève
11. un professeur
12. une porte
13. une fenêtre
14. un magnétophone
15. une règle

CONVERSATIONS

A –Est-ce que nous sommes en retard?
  –Non, nous ne sommes pas en retard.

B –Est-ce que tu as une cassette
  de Roc Leroc?
  –Non, je n'ai pas de cassette
  de Roc Leroc.

C –Est-ce que Monsieur et Madame
  Vernon ont des enfants?
  –Non, ils n'ont pas d'enfants.

D –Est-ce que vous avez une soeur?
  –Non, nous n'avons pas de soeur.

E –Est-ce qu'elle a des livres?
  –Non, elle n'a pas de livres.

ATTENTION

LA NÉGATION *NE ... PAS*

To make a French sentence negative, place ne *before the verb and* pas *after it.*

forme affirmative	*forme négative*
Je suis malade.	Je ne suis pas malade. (*I'm not sick.*)
L'élève est en retard.	L'élève n'est pas en retard.
Ils sont de Paris.	Ils ne sont pas de Paris.
C'est une moto.	Ce n'est pas une moto.
Il est de Port-au-Prince.	Il n'est pas de Port-au-Prince.

 a) *before a vowel sound*, ne → n': Il n'est pas ici.

b) C'est une moto → Ce n'est pas une moto.

c) Je n'ai pas de disques.   (*I don't have any . . .*)

Tu n'as pas de frères.

Il n'a pas de soeur.

Elle n'a pas d'enfants.

Nous n'avons pas de moto.

Vous n'avez pas de crayons.

Ils n'ont pas de vélos.

Elles n'ont pas d'auto.

In front of a vowel: pas de → pas d'

Attention: Est-ce qu'Hélène a une soeur?

Elle n'a pas de soeur.

Elle n'a pas une soeur.
Elle a deux soeurs.

Il est en retard.

Il ne est pas en retard

Il n'est pas en retard

PRATIQUE

A Composez bien!

Make twelve sentences from the following.

EXEMPLE: Hélène a des soeurs.

1. Hélène		une auto.
2. M. Lemaître		des livres.
3. Mlle Leduc		un disque de Beethoven.
4. M. et Mme Lami	ai	une voiture de sport.
5. Ils	as	un frère.
6. Elles	a	un bikini magnifique.
7. Nous	avons	un magnétophone.
8. Vous	avez	un cahier.
9. Je	ont	des enfants.
10. Tu		un professeur formidable.
11. Jacques		des soeurs.
12. Pierre et Lise		un examen de français.

Now make twelve negative sentences.

EXEMPLE: Hélène n'a pas de soeurs.

B Mini-dialogue: Merci beaucoup!

ANDRÉ: Nous avons un examen aujourd'hui!

MONIQUE: Oui, et j'ai un problème!

ANDRÉ: Qu'est-ce que c'est?

MONIQUE: Le mot «pupitre», c'est masculin ou féminin?

ANDRÉ: C'est *un* pupitre, alors c'est masculin.

MONIQUE: Merci beaucoup!

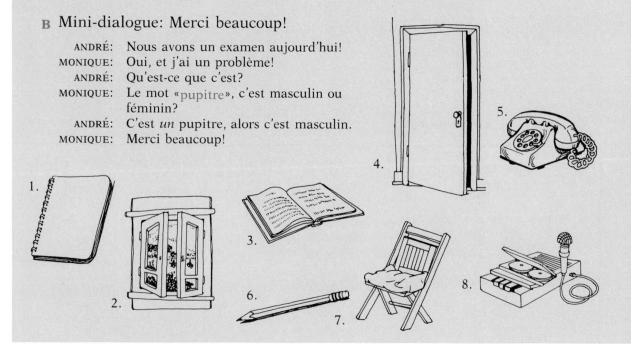

C L'élimination des mots

Which word does not belong?

1. lundi, mercredi, surprise-partie, samedi
2. crayon, stylo, cahier, bonbon
3. soir, frère, soeur, enfant
4. moto, vélo, voiture, classe
5. professeur, garçon, fille, crayon
6. élève, professeur, bikini, classe
7. match, surprise-partie, disque, tourne-disque
8. madame, monsieur, école, mademoiselle
9. nombre, film, trois, cinq
10. aujourd'hui, demain, combien, jour

LES SONS

u ... uuu

tu
une
bureau
surprise

D Choisissez bien!

1. Est-ce que vous avez des cahiers?

   A. Oui, Monsieur, nous avons des crayons.
   B. Non, nous n'avons pas de cahiers.
   C. Oui, elle a des cahiers.

2. Nous avons un examen aujourd'hui?

   A. Oui, j'ai un examen demain.
   B. Oui, je suis malade.
   C. Non, nous avons un examen demain.

3. Est-ce que tu as un stylo?

   A. Oui, c'est un crayon.
   B. Non, mais j'ai un crayon.
   C. Non, tu as un frère.

4. Quel jour est-ce aujourd'hui?

   A. Non, j'ai une classe demain.
   B. Oui, c'est lundi.
   C. Aujourd'hui, c'est lundi.

5. Qu'est-ce que c'est?

   A. C'est vendredi.
   B. C'est un film français.
   C. C'est Monsieur Martel.

6. Combien font vingt et un et sept?

   A. Vingt et un moins sept font quatorze.
   B. Vingt et un et six font vingt-sept.
   C. Vingt et un et sept font vingt-huit.

LEÇON SEPT
SUR, SOUS, DEVANT, DERRIÈRE

Où est le téléphone?
Il est sur la table.
Il est devant la photo.

Où est la photo?
Elle est sur la table.
Elle est derrière le
téléphone.

Où est le crayon?
Il est sur le plancher.
Il est sous la table.

LES PRÉPOSITIONS

sur

sous

derrière

devant

CONVERSATIONS

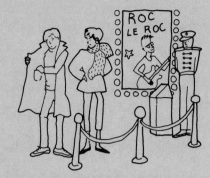

A

—Mademoiselle, Monsieur . . . les billets, s'il vous plaît.

LISE: Où sont les billets?
JEAN: Euh . . . ils sont chez moi!
LISE: Quelle bêtise!

B

DANIEL: Où est l'autobus?
JOËL: Il est devant l'école.

C

ANNE: Où est Jean-Pierre?
CLAIRE: Chez Marguerite.
ANNE: Où habite Marguerite?
CLAIRE: Elle habite 19, rue Carnot, derrière l'école.

61

En/Dans

– Où sont les élèves?
– Ils sont en classe.

– Où est le crayon?
– Il est dans la boîte.

– Où est le magnétophone?
– Il est dans l'auto.

– Où est la voiture?
– Elle est dans le garage.

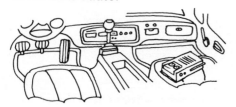

VOCABULAIRE

NOMS

masculins
un autobus	*bus*
un garage	*garage*
un plancher	*floor*
un téléphone	*phone*

féminins
une boîte	*box*
une école	*school*
une photo	*photo*
une rue	*street*
une table	*table*

PRONOMS SUJETS

il	*he/it*
elle	*she/it*
ils	*they*
elles	*they*

PRÉPOSITIONS

derrière	*behind*
devant	*in front of*
en/dans	*in*
sous	*under*
sur	*on, on top of*

EXPRESSIONS

chez Marguerite	*at Marguerite's place*
chez moi	*at my place*
elle habite	*she lives*
où	*where*
quelle bêtise!	*what a dumb thing (to do)!*
s'il vous plaît	*please*

ATTENTION

L'ARTICLE DÉFINI *LE, LA, L', LES (the)*

	singulier	*pluriel*
masculin	le vélo, l'autobus	les vélos, les autobus
féminin	la moto, l'école	les motos, les écoles

 Élision!   *Before a vowel,* le *and* la *become* l':
l'enfant, l'école, l'autobus

LES PRONOMS: *IL, ELLE, ILS, ELLES*

(Pronouns replace a noun referring to a person or a thing.)

	singulier	*pluriel*

masculin

Georges → il	Georges et Yves → ils
Monsieur Brun → il	Monsieur Brun et Monsieur Tati → ils
le cahier → il	les cahiers → ils
l'autobus → il	les autobus → ils

féminin

Chantal → elle	Chantal et Madeleine → elles
Madame Brun → elle	Madame Brun et Madame Martin → elles
la chaise → elle	les chaises → elles
l'école → elle	les écoles → elles

Où est la voiture?  Elle est derrière l'autobus.

Où sont les enfants?  Ils sont devant la télévision.

LES SONS

The "o" in "dot" is similar to the "o" in . . .

Roc Leroc
école
téléphone
porte
Porsche

PRATIQUE

A Remplacez par: *il* ou *elle,* ou *ils* ou *elles*

EXEMPLE: l'autobus → il

1. Nicole
2. le vélo
3. les élèves
4. les motos
5. la photo
6. les billets
7. M. Martin
8. l'école
9. Françoise et Luc
10. le professeur
11. la chaise
12. les cahiers
13. les voitures
14. Pierre
15. l'enfant

B Encore!

EXEMPLE:

Pierre est sous l'auto.
Il est sous l'auto.

1. Nicole est sur la chaise.
2. Les billets sont dans le livre.
3. Les chaises sont devant le tableau.
4. Le vélo est derrière l'auto.

c Où sont-ils?

A. Demandez: Où sont les billets? B. Répondez maintenant:

–Où sont les billets?
–Ils sont sous le livre.

1.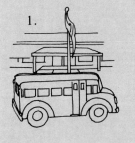

2.

3.

4.

5.

6.

7.

8.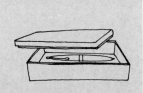

D Mini-dialogue

–Où sont Julie et Isabelle?
–Elles sont chez Marie-France.
–Où habite Marie-France?
–Elle habite 15, avenue Guy.

1. Mireille
   Olivier
   25, rue d'Amsterdam

2. Fabrice
   Jean-Claude
   31, rue Carnot

3. Christian
   Alain
   1, avenue Pasteur

4. Françoise et Christine
   Marie-Claude
   14, rue Franklin

E Composez bien

Make as many different positive and negative sentences as you can.

<u>MODÈLE:</u>   Le professeur est en classe.
Le professeur n'est pas en classe.

l'autobus
les stylos
Marie-Claire
la chaise
les photos
les bonbons
le professeur

est
sont

chez Alice
dans la boîte
derrière le bureau
devant l'école
sur le cahier
sous le livre
en classe

F Casse-tête: Où est Pierre?

Voilà trois garçons et trois filles.

Roger est devant Lise.   Anne est devant Paul.   Roger est derrière Marie.

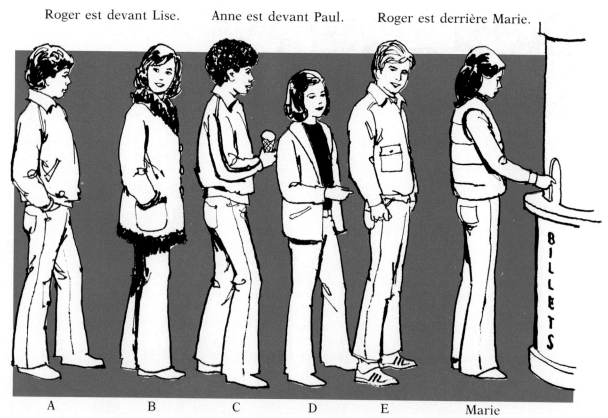

A   B   C   D   E   Marie

Describe each photo as fully as you can (i.e., positions of objects, relationships, etc.).

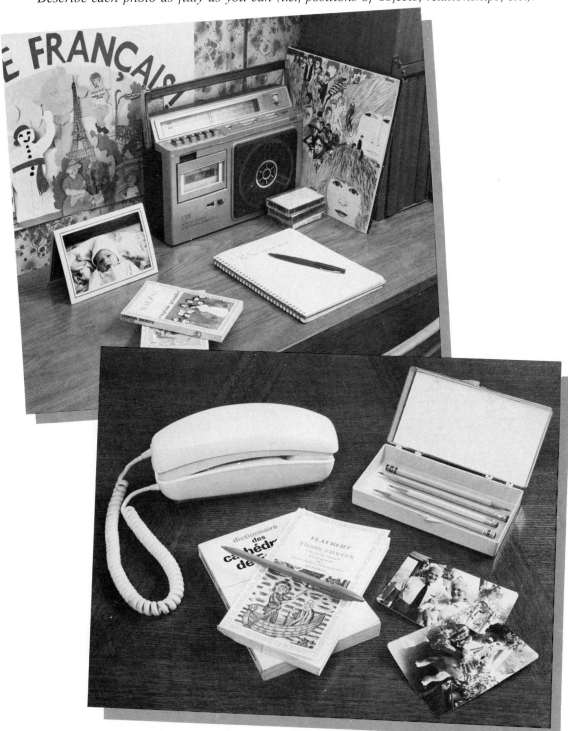

LEÇON HUIT
L'ÉCOLE

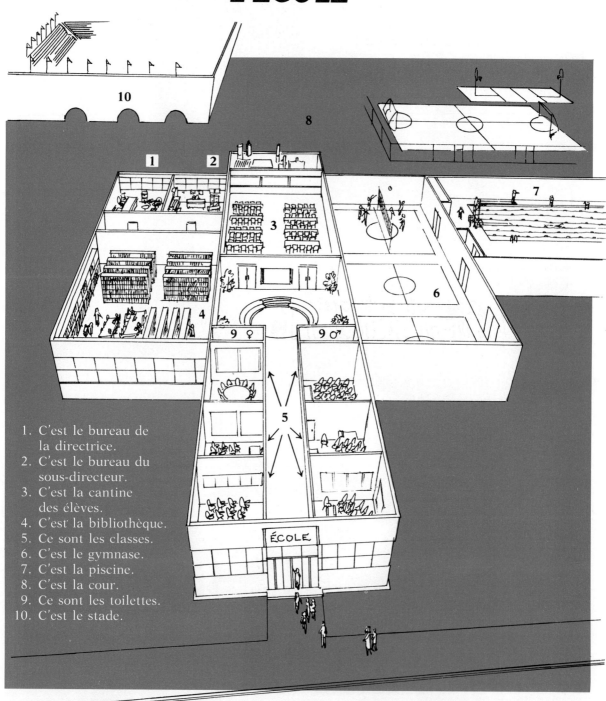

1. C'est le bureau de la directrice.
2. C'est le bureau du sous-directeur.
3. C'est la cantine des élèves.
4. C'est la bibliothèque.
5. Ce sont les classes.
6. C'est le gymnase.
7. C'est la piscine.
8. C'est la cour.
9. Ce sont les toilettes.
10. C'est le stade.

CONVERSATIONS

A

MLLE DUBÉ: Bonjour!

LES ÉLÈVES: Bonjour, Mademoiselle.

MLLE DUBÉ: Où est Alain?

LES ÉLÈVES: Il est dans le bureau du sous-directeur.

MLLE DUBÉ: Pourquoi?

LES ÉLÈVES: Parce qu'il est en retard!

B

YVES: Voici une photo de la classe, maman.

LA MÈRE: Oh là là! Qui est-ce?

YVES: C'est Louis Legrand. C'est le capitaine de l'équipe de basket-ball!

C

MARC: Voilà la moto de Guy!

YVES: Où?

MARC: Là, devant la maison des Dupin.

YVES: Est-ce que Guy est l'ami de Lise Dupin?

MARC: Bien sûr! Les Dupin ont une piscine magnifique!

ATTENTION

LA PRÉPOSITION *DE (of)*

De *can express possession.*

a) with proper names

C'est la voiture de Mlle Dupont.
C'est la voiture de Jean
C'est la voiture d'André.

b) with nouns

C'est le vélo du garçon.
C'est le vélo de la fille.
C'est le vélo de l'enfant.
C'est le vélo des garçons.
C'est le vélo des filles.
C'est le vélo des enfants.

Observez:

C'est la voiture des Dupin.

STOP   de + le → du
de + les → des

Note these other uses of de:

un disque de Roc Leroc   un examen de français   une boîte de bonbons

PRATIQUE

A Voilà un disque

MODÈLE

–Voilà un disque.
–C'est le disque de Paul

1. garçon
2. Roc Leroc
3. Marc
4. filles
5. Monsieur Martin
6. Isabelle
7. professeur
8. directrice
9. fille
10. Madame Dupont
11. amie de Jean
12. amis de Luc

Les mois de l'année

janvier
l m m j v s d
1 2 3 4 5 6 7
8 9 10 11 12 13 14
15 16 17 18 19 20 21
22 23 24 25 26 27 28
29 30 31

février
l m m j v s d
1 2 3 4
5 6 7 8 9 10 11
12 13 14 15 16 17 18
19 20 21 22 23 24 25
26 27 28 29

mars
l m m j v s d
1 2 3
4 5 6 7 8 9 10
11 12 13 14 15 16 17
18 19 20 21 22 23 24
25 26 27 28 29 30 31

avril
l m m j v s d
1 2 3 4 5 6 7
8 9 10 11 12 13 14
15 16 17 18 19 20 21
22 23 24 25 26 27 28
29 30

mai
l m m j v s d
1 2 3 4 5
6 7 8 9 10 11 12
13 14 15 16 17 18 19
20 21 22 23 24 25 26
27 28 29 30 31

juin
l m m j v s d
1 2
3 4 5 6 7 8 9
10 11 12 13 14 15 16
17 18 19 20 21 22 23
24 25 26 27 28 29 30

juillet
l m m j v s d
1 2 3 4 5 6 7
8 9 10 11 12 13 14
15 16 17 18 19 20 21
22 23 24 25 26 27 28
29 30 31

août
l m m j v s d
1 2 3 4
5 6 7 8 9 10 11
12 13 14 15 16 17 18
19 20 21 22 23 24 25
26 27 28 29 30 31

septembre
l m m j v s d
1
2 3 4 5 6 7 8
9 10 11 12 13 14 15
16 17 18 19 20 21 22
23 24 25 26 27 28 29
30

octobre
l m m j v s d
1 2 3 4 5 6
7 8 9 10 11 12 13
14 15 16 17 18 19 20
21 22 23 24 25 26 27
28 29 30 31

novembre
l m m j v s d
1 2 3
4 5 6 7 8 9 10
11 12 13 14 15 16 17
18 19 20 21 22 23 24
25 26 27 28 29 30

décembre
l m m j v s d
1
2 3 4 5 6 7 8
9 10 11 12 13 14 15
16 17 18 19 20 21 22
23 24 25 26 27 28 29
30 31

le 1er décembre = le premier décembre

C'est le quatorze février.

C'est le vingt-cinq décembre.

C'est le premier janvier.

C'est le premier avril.

NOTEZ: le cinq février, mais le cinq octobre

le deux février		le deux octobre
le trois février		le trois octobre
le six février	MAIS	le six octobre
le huit février		le huit octobre
le dix février		le dix octobre

B Quel jour est-ce aujourd'hui?

MODÈLE

—Quel jour est-ce aujourd'hui?
—C'est lundi.
—C'est le 3 octobre.

Les mois et les saisons

Quelle est la date? Quelle est la saison?

1. C'est le trente avril.
   C'est le printemps.

2. C'est le premier octobre.
   C'est l'automne.

VOCABULAIRE

NOMS
masculins
un ami	*friend (boy)*
un bureau	*office*
un capitaine	*captain*
un directeur	*principal (man)*
un gymnase	*gymnasium*
un mois	*month*
un sous-directeur	*assistant principal (man)*
un stade	*stadium*

féminins
une amie	*friend (girl)*
une année	*year*
une bibliothèque	*library*
une cantine	*(school) cafeteria*
une cour	*playground*
une directrice	*principal (woman)*
une équipe	*team*
une maison	*house*
une piscine	*swimming pool*
une saison	*season*
une sous-directrice	*assistant principal (woman)*
une toilette	*lavatory*

EXPRESSIONS
là	*there*
maman	*mom*
quelle est la date?	*what is the date?*
quelle est la saison?	*what season is it?*
le printemps	*spring*
l'été (*m*)	*summer*
l'automne (*m*)	*autumn*
l'hiver (*m*)	*winter*

3. C'est le vingt-neuf juin.
   C'est l'été.

4. C'est le onze janvier.
   C'est l'hiver.

LES MOIS DE L'ANNÉE

janvier	*January*
février	*February*
mars	*March*
avril	*April*
mai	*May*
juin	*June*
juillet	*July*
août	*August*
septembre	*September*
octobre	*October*
novembre	*November*
décembre	*December*

LES SONS

hi, han

France
janvier
novembre
en
enfant
cantine

juin
cinq
vingt
quinze
Martin
Alain
demain
matin

hein?

PRATIQUE

A Quel jour est-ce aujourd'hui?

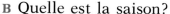

5 octobre
C'est le 5 octobre

1. 8 août
2. 9 avril
3. 2 janvier
4. 15 septembre
5. 25 juillet
6. 18 mars
7. 20 juin
8. 17 février
9. 31 décembre
10. 1 mai
11. 26 novembre

B Quelle est la saison?

le vingt et un
    décembre
C'est l'hiver

1. le trois mai
2. le vingt-deux août
3. le treize octobre
4. le quinze février
5. le vingt-quatre novembre
6. le quatre juillet

C Mini-dialogue

LISE: Qu'est-ce que tu as là?
ANNICK: J'ai un cahier
LISE: C'est le cahier de Guy?
ANNICK: Non, c'est le cahier de
    Julie

1. un vélo
   André
   Jacques

2. des disques
   Josette
   amie de Josette

3. des photos
   maison de Marc
   maison de Paul

4. un vélomoteur
   professeur
   Monsieur Dupont

VOUS VOUS SOUVENEZ?

J'ai un cahier. ⟶ Je n'ai pas de cahier.

Vous avez une piscine. ⟶ Vous n'avez pas de piscine.

Ils ont des enfants. ⟶ Ils n'ont pas d'enfants.

D Recombinaison

CLAUDINE:	Qu'est-ce que tu as là?
ÉRIC:	C'est un vélomoteur.
CLAUDINE:	Mais tu n'as pas de vélomoteur!
ÉRIC:	Non, c'est le vélomoteur de Jean-Claude

1. un vélo
   Robert

2. une affiche de
   Roc Leroc
   Madeleine

3. un bikini
   Nicole

4. une voiture de
   sport
   M. Leclerc

5. un livre de
   français
   les enfants

6. un magnétophone
   l'ami de
   Françoise

E Les possessions

Match these objects with their likely owners.

EXEMPLE: Ce sont les cassettes de Michel.

1.

3.

M. Dupont

le frère d'Yves

2.

4.

la directrice

Yves

75

LEÇON NEUF

CE N'EST PAS VRAI!

A
Éric ne téléphone pas à Paul; il téléphone à Suzanne.

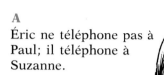

B
Monsieur Vanier n'est pas à Paris; il est à Londres.

C
Les élèves ne sont pas en classe; ils sont à la bibliothèque.

D
Les jeunes filles ne sont pas à la cantine; elles sont au restaurant.

E Le directeur ne parle pas aux élèves; il parle aux professeurs.

F L'équipe n'est pas au gymnase; elle est au stade.

G Anne n'est pas à la maison; elle est au lycée.

CONVERSATIONS

A Un touriste à Paris

LE TOURISTE: Pardon, Monsieur. Où est la tour Eiffel, s'il vous plaît?

LE MONSIEUR: Pardon?

LE TOURISTE: La tour Eiffel.

LE MONSIEUR: Pardon?

LE TOURISTE: La tour Eiffel! Vous êtes sourd?

LE MONSIEUR: Non! Je ne suis pas de Paris. Je suis touriste!

B À l'école

LE DIRECTEUR:	Vous êtes en retard?
LES ÉLÈVES:	Non, Monsieur. Nous ne sommes pas en retard.
LE DIRECTEUR:	Mais vous n'êtes pas en classe! Pourquoi?
LES ÉLÈVES:	Parce que le professeur n'est pas là. Il est malade!

C Dans la rue

LE MONSIEUR:	Qu'est-ce que c'est? C'est un téléphone?
L'ARTISTE:	Non, ce n'est pas un téléphone.
LE MONSIEUR:	C'est une banane?
L'ARTISTE:	Non, ce n'est pas une banane!
LE MONSIEUR:	Alors, qu'est-ce que c'est?
L'ARTISTE:	C'est la lune!
LE MONSIEUR:	Vive l'art moderne!

VOCABULAIRE

NOMS

masculins
un artiste	*artist*
le lycée	*(high) school*
un restaurant	*restaurant*
un touriste	*tourist*
le temps	*weather*

féminins
une banane	*banana*
une jeune fille	*girl*

la lune	*moon*
une maison	*house*
la météo	*weather report*
une tour	*tower*

EXPRESSIONS
à	*in/to/at*
à la maison	*at home*
Londres	*London*
moderne	*modern*

Quel temps fait-il?

Il pleut.

Il neige.

Il fait beau.

Il fait sombre.

Il fait frais.

Il fait chaud.

Il fait froid.

Il fait mauvais.

Il fait du vent.

Il fait du soleil.

sourd	*deaf*
vive l'art moderne!	*long live modern art!*
il parle à . . .	*he speaks to . . .*
il téléphone à . . .	*he phones . . .*
quel temps fait-il?	*what's the weather like?*
il neige	*it's snowing*
il pleut	*it's raining*

il fait

beau	*nice out/sunny*
chaud	*hot*
du soleil	*sunny*
du vent	*windy*
frais	*cool*
froid	*cold*
mauvais	*bad weather*
sombre	*overcast*

it's

ATTENTION

LA PRÉPOSITION À

à + le → au
à + les → aux

Il parle au garçon.   Il parle à la fille.
Il est au lycée.   Il est à la maison.
Il est au stade.   Elle parle aux garçons.
Il est à l'école.   Il parle aux filles.
Elle parle aux enfants.

LES SONS

oua, oua!

mois
trois
moi
Benoît
François

cou, cou!

vous
douze
août
Édouard
sous

PRATIQUE

A Est-ce que c'est: à, à l', au, à la, aux . . . ?

1. Il est à l' école.
2. Il téléphone .... ami de Caroline.
3. Elle est .... bibliothèque.
4. Il parle .... Jacques.
5. Le professeur parle .... élèves.
6. Tu es .... stade.

B Les saisons

Describe the weather in your town for each season.

3. En automne . . .

4. En hiver . . .

1. Au printemps . . .

2. En été . . .

C La météo

Quel temps fait-il . . .

EXEMPLE

. . . à CAËN?   À Caën il fait frais

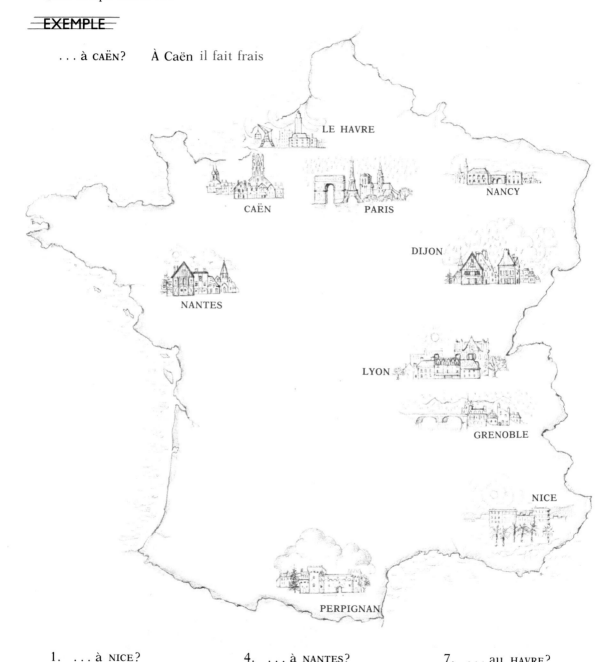

1. . . . à NICE?
2. . . . à PERPIGNAN?
3. . . . à PARIS?

4. . . . à NANTES?
5. . . . à NANCY?
6. . . . à GRENOBLE?

7. . . . au HAVRE?
8. . . . à LYON?
9. . . . à DIJON?

D Répondez: Non, . . .

Est-ce qu'il habite rue Zola?
Non, il n'habite pas rue Zola.

1. Est-ce que c'est la soeur de Pierre?
2. Est-ce qu'il pleut?
3. Est-ce qu'ils sont chez Philippe?
4. Est-ce que tu as un examen demain?
5. Est-ce que c'est l'hiver?
6. Est-ce qu'elle est là?
7. Est-ce qu'il fait froid?
8. Est-ce que c'est l'auto du professeur?
9. Est-ce que c'est le bureau du directeur?
10. Est-ce qu'ils sont à l'école?

E Qu'est-ce que c'est?

—Est-ce que c'est un téléphone?
—Non, ce n'est pas un téléphone,
c'est une banane

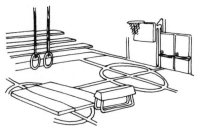

1. Est-ce que c'est une
   bibliothèque?

2. Est-ce que c'est un
   professeur?

3. Est-ce que c'est une
   Porsche?

4. Est-ce qu'il fait beau?

5. Est-ce que c'est un
   disque de Roc Leroc?

6. Est-ce que c'est le
   bureau de la sous-
   directrice?

F Quelle est la date? Quelle est la saison?
Quel temps fait-il?

1.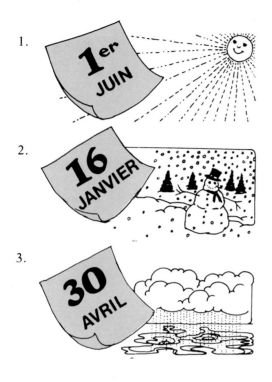

2.

3.

4.

5.

6.

G Au téléphone

—C'est Jean-Luc?
—Oui, je suis à Londres.
—Ah! Il fait beau à Londres au
  printemps!
—Aujourd'hui il ne fait pas beau!
  Il fait froid et il pleut!

1. Mireille
   New York
   froid/hiver
   frais/il pleut

2. Marc
   Nice
   chaud/été
   du vent/il pleut

3. Daniel
   Marseille
   beau/printemps
   frais/du vent

4. Maurice
   Strasbourg
   beau/automne
   froid/il neige

5. Claudine
   Perpignan
   du soleil/été
   chaud/ il pleut

6. René
   Boston
   frais/printemps
   sombre/
   mauvais

LEÇON DIX
QU'EST-CE QU'IL Y A?

AU LYCÉE

A Voilà Daniel. C'est un élève américain. Il est en France pour une semaine. Aujourd'hui il visite un lycée français.

B Voilà Annie. Annie est le guide de Daniel.

C ANNIE: Voilà une classe. Dans la classe il y a un professeur, des pupitres, un tableau, une fenêtre et des élèves.

DANIEL: Combien d'élèves est-ce qu'il y a?

ANNIE: Il y a dix élèves.

DANIEL: Mais est-ce qu'il y a un tourne-disque?

ANNIE: Non, il n'y a pas de tourne-disque.

DANIEL: Est-ce qu'il y a un magnétophone?

ANNIE: Non, il n'y a pas de magnétophone.

84

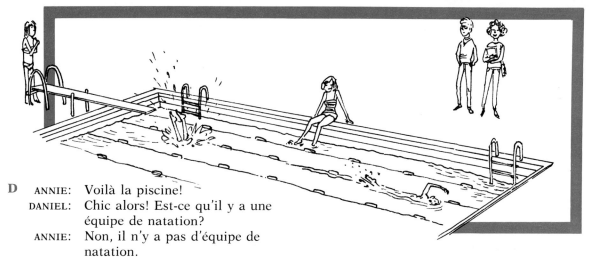

D ANNIE: Voilà la piscine!

DANIEL: Chic alors! Est-ce qu'il y a une
équipe de natation?

ANNIE: Non, il n'y a pas d'équipe de
natation.

DANIEL: Dommage!

SILENCE
S.V.P.

E ANNIE: Voici la bibliothèque. Il y a des
livres ici ... beaucoup! Mais il
n'y a pas de disques.

DANIEL: Chut!

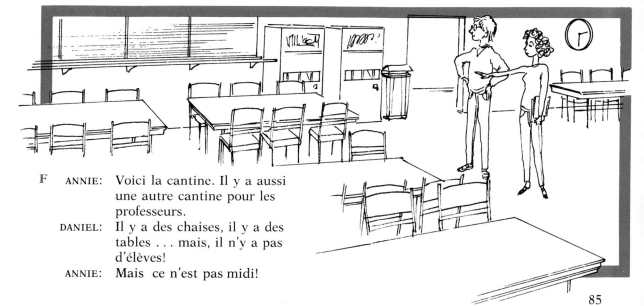

F ANNIE: Voici la cantine. Il y a aussi
une autre cantine pour les
professeurs.

DANIEL: Il y a des chaises, il y a des
tables ... mais, il n'y a pas
d'élèves!

ANNIE: Mais ce n'est pas midi!

EN VILLE

Après les classes Daniel et Annie vont en ville.

ANNIE: ... Et voilà la ville! Il y a des magasins, des restaurants, des cinémas ...

DANIEL: Combien de cinémas?

ANNIE: Il y a deux cinémas.

DANIEL: C'est très intéressant!

ANNIE: ... Il y a aussi une église, une bibliothèque, des restaurants, des hôtels, et l'Hôtel de Ville.

DANIEL: Et voilà l'agence de voyages!

ANNIE: Mais oui!

VRAI OU FAUX?

Correct the sentences that are false.

1. Daniel est français.
2. Annie est le guide de Daniel.
3. Dans la classe il n'y a pas de professeur.
4. Il y a quinze élèves dans la classe.
5. Il n'y a pas de piscine à l'école.
6. Il y a une équipe de natation.
7. Il n'y a pas d'élèves à la cantine parce que ce n'est pas midi.
8. Il y a des cinémas en ville.
9. Il n'y a pas d'Hôtel de Ville.
10. Il n'y a pas d'agence de voyages.

VOCABULAIRE

NOMS

masculins

un cinéma	movie theatre
un guide	guide
un hôtel	hotel
l'Hôtel de Ville	town hall
un magasin	store

féminins

une agence de voyages	travel agency
une église	church
la natation	swimming

ADJECTIFS

américain	American
autre (un(e) autre)	other (another)
intéressant	interesting

EXPRESSIONS

après	after
après les classes	after school
beaucoup	a lot, many
chic alors!	great! terrific!
chut!	shh!
combien de?	how much?/how many?
en ville	in town
il est midi	it is noon
il visite	he visits, he is visiting
ils vont	they go
il y a	there is, there are
mais oui!	of course!
qu'est-ce qu'il y a?	what is there?

Chaque ville a son Hôtel de Ville. C'est le centre administratif du gouvernement municipal. Voici l'Hôtel de Ville de Paris.

ATTENTION

IL Y A ET VOILÀ (there is, there are)

Pointing out:	Voilà la piscine.
Stating a fact:	Il y a une piscine à l'école.

Il y a $\left\{\begin{array}{l} \text{un} \ldots \\ \text{une} \ldots \\ \text{des} \ldots \end{array}\right.$ *there is a (an)* . . .

there are (some) . . .

Qu'est-ce qu'il y a?

—Est-ce qu'il y a des disques sur la table?
—Oui, il y a des disques sur la table.

—Qu'est-ce qu'il y a sur la table?
—Il y a des stylos sur la table.

—Est-ce qu'il y a un tourne-disque sur la table?
—Non, il n'y a pas de tourne-disque sur la table.

—Qu'est-ce qu'il y a dans la boîte?
—Il y a des bonbons dans la boîte.

—Est-ce qu'il y a un livre sur la table?
—Non, il n'y a pas de livre sur la table.

—Qu'est-ce qu'il y a sur la photo?
—Sur la photo, il y a la famille de Georges.

—Est-ce qu'il y a une règle sur la table?
—Non, il n'y a pas de règle sur la table.

—Qu'est-ce qu'il y a derrière le professeur?
—Il y a un tableau derrière le professeur.

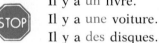

Il y a un livre.	Il n'y a pas de livre.
Il y a une voiture.	Il n'y a pas de voiture.
Il y a des disques.	Il n'y a pas de disques.
Il y a un avion.	Il n'y a pas d'avion.

Use de *or* d' *in a negative sentence to replace* un, une, *or* des. *This is true with all verbs except the verb* être.

J'ai un disque.	Je n'ai pas de disque.
Nous avons une voiture.	Nous n'avons pas de voiture.

C'est un élève.	Ce n'est pas un élève.
Je suis une fille.	Je ne suis pas une fille.
Ce sont des livres.	Ce ne sont pas des livres.

PRATIQUE

A L'agence de voyages

MODÈLE: —Est-ce qu'il y a des restaurants à Paris?
             —Bien sûr, il y a des restaurants à Paris.

1. des hôtels/Paris
2. des écoles/Lille
3. des restaurants/Nice
4. des cinémas/Albi

5. des bibliothèques/New York
6. des piscines/Toulouse
7. des églises/Québec
8. des lycées/Bordeaux

B Qu'est-ce qu'il y a?

EXEMPLE   un crayon sur le cahier   —Qu'est-ce qu'il y a sur le cahier?
                                           —Il y a un crayon sur le cahier.

1. une boîte sous la table
2. des bonbons dans la boîte
3. un stylo sous la chaise

4. un autobus devant l'école
5. une agence de voyages en ville
6. une voiture dans le garage

C Mini-dialogue

MODÈLE

DANIEL: Est-ce qu'il y a un stade à l'école?
ANNIE: Oui, il y a un stade.
DANIEL: Mais où?
ANNIE: Voilà le stade!

1. un cinéma en ville
2. une piscine chez les Dupont
3. une agence de voyages ici

4. des hôtels ici
5. un restaurant français rue Montmartre

D Combien?

MODÈLE   —Combien de disques est-ce qu'il y a?
                                 —Il y a quatre disques.

1.

2.

3.

4.

5.

6.

E En bon français!

Give the best French expression for the following situations.

1. Point out your friend, Chantal, to Philippe.
2. State that there are three cars in front of the school.
3. Tell how many students are in class today.
4. Say whether or not there is a movie theatre in your town.
5. Point out the cafeteria to a new student.
6. Explain that there is a teachers' cafeteria at school.
7. Say that there are no windows in the office.
8. Point out the principal's car.
9. Tell how many books are on your desk.
10. Point out the travel agency to a lost tourist.

F Il n'y a rien!

Answer the following questions negatively.

1. Est-ce qu'il y a une règle sur la table?
2. Est-ce que tu as une voiture?
3. Est-ce qu'il y a un livre sous la chaise?
4. Est-ce qu'il y a une fenêtre dans la cantine des professeurs?
5. Est-ce qu'il y a un garage derrière la maison?
6. Est-ce qu'il y a une photo de Paul?
7. Est-ce que tu as un avion?
8. Est-ce que tu es un guide?

G Mini-dialogue

MODÈLE —Est-ce que tu as des disques?
—Non, je n'ai pas de disques, mais j'ai une cassette.

1. des stylos
   des crayons

2. une moto
   un vélomoteur

3. un magnétophone
   une radio

H Les questions, s'il vous plaît!

Voilà les réponses. Écrivez les questions.

1. Oui, il y a une piscine à l'école.
2. La piscine est derrière le lycée.
3. Il y a trois livres sur le pupitre.
4. Non, il n'y a pas de bonbons dans la boîte.
5. J'ai deux stylos.
6. Non, il n'y a pas de cinéma en ville.
7. Oui, c'est une Simca.
8. Voilà le stade.

NOTE CULTURELLE

Les écoles secondaires

School is very important in the lives of French teenagers. There are three types of secondary schools in France: the *C. E. S. (collège d'enseignement secondaire),* the *lycée,* and the *lycée d'enseignement professionnel.* All students attend the *C. E. S.* for four years, from ages eleven to fourteen. Then, after what corresponds to the ninth grade, they choose between an academic program and a vocational program. Look at the chart below. Notice that the French count grades backward in relation to the way it is done in the United States.

FRANCE			UNITED STATES	
School	Grade	Age	School	Grade
	6^e	11	Elementary	6th
C. E. S.	5^e	12		7th
	4^e	13	Junior High	8th
	3^e	14		9th

At this point in their studies, students take an exam leading to the *B. E. P. C. (Brevet d'études du premier cycle).*

Lycée	2^e	15		10th
ou	1ère	16	High School	11th
Lycée	terminale	17		12th
d'enseignement				
professionnel				

Upon completing their secondary studies, students take either the *Baccalauréat* exam *(le bac)* or the *C. A. P. (Certificat d'Aptitude Professionnelle).*

In order to be promoted from the *collège (C. E. S.)* to the *lycée,* French students must take a test. If they pass this test, they receive the *B. E. P. C. (Brevet d'études du premier cycle),* a sort of diploma. If not, they must repeat the year *(redoubler).* It is not uncommon for French students to repeat a grade, even in high school.

Students leaving the *C. E. S.* have two options for continuing their education (largely depending on their scores on the *B. E. P. C).* They may enter the *lycée,* a primarily academic high school; or they may go to the *lycée d'enseignement professionnel,* which corresponds more or less to our vocational schools. At the end of either of these programs, there are exams. Students at the *lycée* take the *baccalauréat* exam *(le bac).* Passing this exam allows students to attend the university. Students in the *lycée d'enseignement professionnel* take an exam leading to the *C. A. P. (Certificat d'Aptitude Professionnelle)* which is required for entrance into most trades.

LISONS!

Daniel, l'Américain qui visite la ville d'Annie, écrit° une lettre à ses° parents.

is writing
his

le 23 octobre

Mes chers° parents,

Je suis maintenant° à l'hôtel. C'est aujourd'hui vendredi et je passe des vacances formidables°! Il fait du soleil tous les jours°. J'adore la France et les Français°!

Aujourd'hui, Annie est mon guide. Nous avons visité° l'école et la ville. L'école est très moderne. Il y a même° une piscine! La ville est assez ancienne°. Il y a des magasins, une église, des cinémas et des restaurants. Naturellement, il n'y a pas de gratte-ciel°. Mais tant pis°. J'adore la ville!

Je pars° d'ici dimanche matin. J'arrive chez nous lundi. Je ne suis pas content de quitter° la France et mes amis.

Maintenant, c'est l'heure du dîner°. La cuisine° française est vraiment° sensationnelle! Et je suis content pour une autre raison°... ce soir° j'ai rendez-vous° avec Annie. C'est un guide° vraiment super... et une jolie° fille aussi!

Grosses bises,°
Daniel

Dear . . .
now

I'm having a wonderful vacation!
every day
French people

have visited
even

fairly old

skyscrapers/
too bad (no matter)

I'm leaving

to leave

dinner time/cooking/
really

reason/tonight
date
pretty

Hugs and kisses

A Vrai ou faux?

1. Daniel est chez Annie.
2. Il fait beau en France.
3. L'école est moderne, mais la ville est ancienne.
4. En ville, il y a des gratte-ciel.
5. Daniel est content de quitter la France.
6. Daniel arrive chez ses parents dimanche matin.
7. Daniel adore la cuisine française.
8. Annie est très jolie.

B Questions

Répondez par une phrase complète.

1. Où est Daniel?
2. Quel jour est-ce?
3. Quel temps fait-il?
4. Qui est le guide de Daniel?
5. Où est-ce qu'il y a une piscine?
6. Pourquoi est-ce que Daniel n'est pas content?
7. Avec qui est-ce qu'il a rendez-vous ce soir?

C Questions personnelles

1. Quel jour est-ce aujourd'hui?
2. Quel temps fait-il?
3. Qu'est-ce qu'il y a en ville?
4. Est-ce qu'il y a des gratte-ciel en ville?
5. Comment s'appelle ton école?
6. Est-ce qu'il y a une piscine à ton école?
7. Combien d'élèves est-ce qu'il y a dans ta classe de français?
8. Est-ce que tu es content aujourd'hui?

COGNATES

Cognates are words that are similar in spelling and meaning in two languages. Of course, their pronunciation is usually quite different. Look at the cognates below. Practice pronouncing them with your teacher.

FRANÇAIS	ANGLAIS
Daniel	*Daniel*
société	*society*
indépendance	*independence*
attention	*attention*
touriste	*tourist*

Look at the letter on the preceding page. Make a list of the cognates you see. Write their meaning in English, too.

Be careful! There are many false cognates (faux amis) in French and English. Be sure not to confuse these. Can you add to the list below?

FRANÇAIS	FAUX AMIS	ANGLAIS
pour	*to pour*	*for*
crayon	*crayon*	*pencil*
disque	*disc*	*record*
enfant	*infant*	*child*
bureau	*bureau*	*desk; office*
vent	*vent*	*wind*
collège	*college*	*junior high school*

94

QUE SAIS-JE?

A L'élimination des mots

Which word does not belong?

1. janvier, juin, printemps, août
2. mère, directeur, professeur, élève
3. cahier, crayon, livre, bikini
4. mère, soeur, professeur, frère
5. mercredi, mardi, jeudi, merci
6. semaine, automne, printemps, hiver
7. école, église, lycée, collège
8. garage, moto, voiture, vélo
9. soleil, beau, vent, sourd
10. mois, semaine, jour, lundi

B Mini-dialogues

—Est-ce que tu as une moto?
—Non, je n'ai pas de moto.

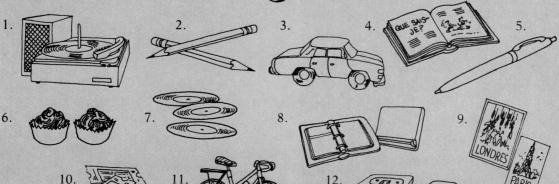

1.   2.   3.   4.   5.

6.   7.   8.   9.

10.   11.   12.

C Il, elle, ils *ou* elles?

Exemple: —Où est Pierre? (au stade)
              —Il est au stade.

1. Où est Monique? (chez Annette)
2. Où sont les élèves? (en classe)
3. Où sont les Dufort? (chez les Beaumont)
4. Où est l'amie de Marc? (à Paris)
5. Où sont les motos? (dans le garage)
6. Où sont Jacques et Lise? (dans la piscine)
7. Où sont les cahiers? (au bureau du directeur)
8. Où est l'autobus? (devant l'école)

D Chez qui?

Exemple: François/Luc/25, rue d'Épernay

—Où est François?
—Il est chez Luc.
—Où habite Luc?
—Il habite 25, rue d'Épernay.

1. Claire et Thérèse/Annick/15, av. Louis Pasteur
2. Marc et Jeanne/Guillaume/21, rue Lafontaine
3. Roger et Patrice/Frédéric/19, av. Lachine
4. Yvonne/Nicole/30, rue Charnier
5. Francine/Éric/31, rue Beaupré
6. Nicolas/René/27, rue Duclos

E Choisissez bien!

Choose the best answer to each question.

1. Où sont les Dufort?
2. Où est la voiture?
3. Où sont les billets?
4. Où est Pierre?
5. Où est Yvonne?
6. Où est le stylo?

(a) Ils sont sur la table.
(b) Ils sont chez les Renoir.
(c) Elle est dans la piscine.
(d) Il est sur le bureau.
(e) Elle est dans le garage.
(f) Il est au bureau du directeur.

F À, au, à la, à l', ou aux?

1. . . . Paris il fait beau, mais . . . Londres il pleut.
2. . . . hôtel il y a un restaurant fantastique.
3. Pierre parle . . . téléphone, . . . amis de Marc.
4. Le directeur parle . . . professeur et . . . élèves.
5. Je suis élève . . . lycée Rousseau . . . Lyon.
6. Est-ce qu'il est . . . bibliothèque ou . . . cantine?

G Quelle est la date? Quelle est la saison? Quel temps fait-il?

Exemple: C'est le trente et un juillet. C'est l'été. Il fait chaud.

1.  2. 3.  4. 5. 6.

H En français!

Prepare these dialogues in French.

1. *A* is curious about the town where *B* lives.

A	B
Ask if there is a movie theatre in town.	Answer that there isn't one, but say that there is a library.
Ask, "A library???" and state that a library is *not* a movie theatre.	Reply that what *A* says is true, but that at the library there are books, records, and films.
Say, "That's great!"	

2. *A* is newly enrolled in the high school and wants more information about the French class.

A	B
Ask where the French class is.	Indicate the class.
Ask who the teacher is.	Say that his name is M. Bonmot.
Ask how many students there are in class.	Answer that there are 18 students.
Thank *A*.	Say, "You're welcome."

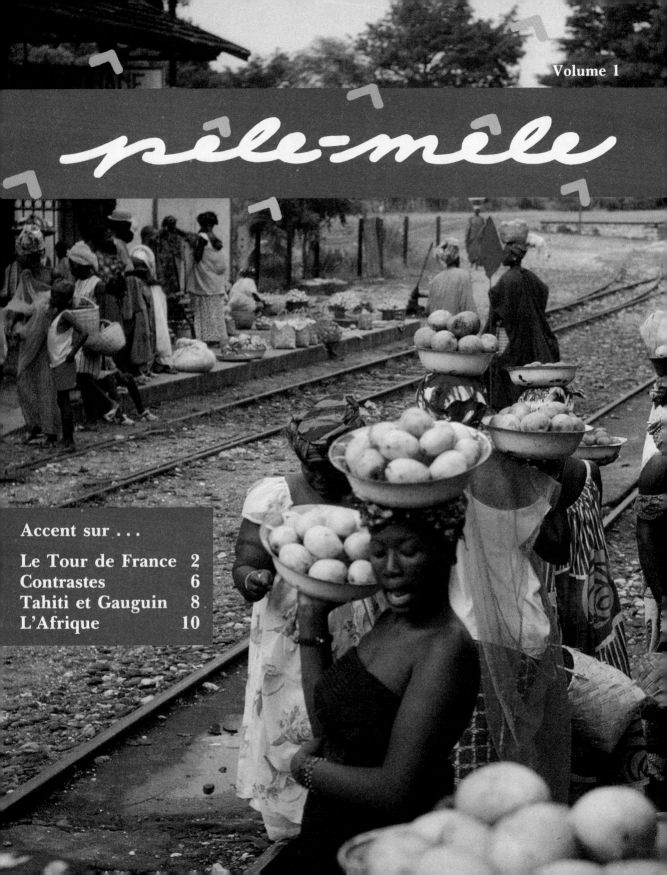

Volume 1

pêle-mêle

Accent sur . . .

Le Tour de France   2
Contrastes   6
Tahiti et Gauguin   8
L'Afrique   10

Chaque été, au mois de juillet, des coureurs cyclistes° professionnels de diverses nations font le tour de la France en trois semaines. Ils participent à une course° qui s'appelle le Tour de France. Tous les ans°, le trajet° change. Mais tous les ans, ce tour traverse les diverses régions de France.

Chaque jour, les coureurs doivent° aller d'une ville à une autre. Ce trajet s'appelle une étape°. Au total, ils voyagent 4000 kilomètres, en environ° 20 étapes.

par les villages de Bretagne ...,

par les petites fermes de Dordogne ...,

... et du Pays basque dans les Pyrénées ...

glossaire

coureurs cyclistes *bicycle racers* • course *race* • tous les ans *every year* • trajet *route* doivent *must* • étape *stage* • environ *about*

moulins *windmills* • rocheuse *rocky* • marais *marshes*

TOUR de France

Le Tour commence au nord.
On passe par les moulins° du Nord ...,

par la campagne de Normandie ...,

par la côte rocheuse° de l'Atlantique ...,

par les marais° de Poitou ...,

par la Grande Motte d'Hérault ...,

3

par les calanques° de Provence . . . ,

par les cols des Alpes . . . ,

par les vastes plaines de Lorraine.

. . . et d'Alsace . . . ,

4

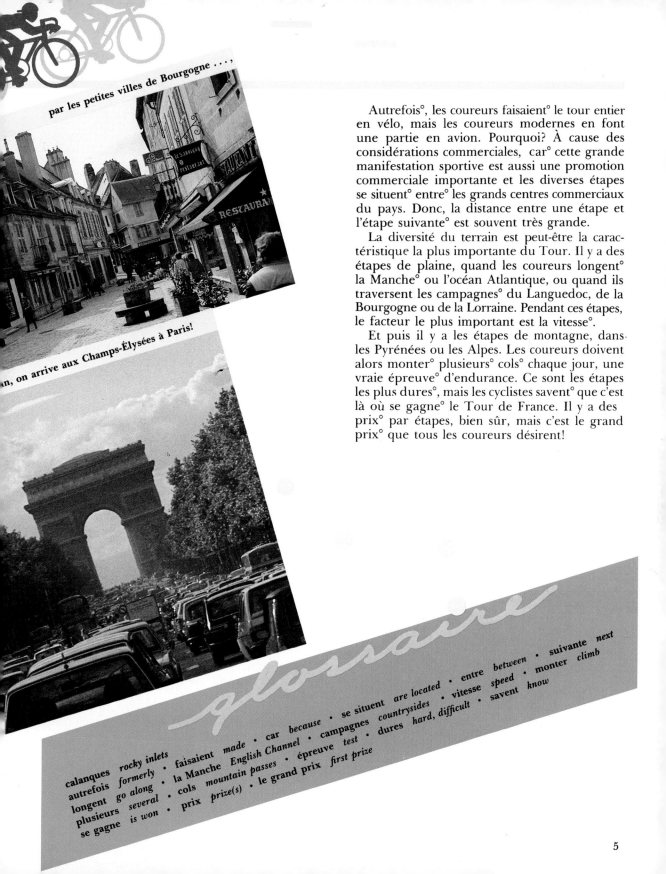

par les petites villes de Bourgogne . . .,

...n, on arrive aux Champs-Élysées à Paris!

Autrefois°, les coureurs faisaient° le tour entier en vélo, mais les coureurs modernes en font une partie en avion. Pourquoi? À cause des considérations commerciales, car° cette grande manifestation sportive est aussi une promotion commerciale importante et les diverses étapes se situent° entre° les grands centres commerciaux du pays. Donc, la distance entre une étape et l'étape suivante° est souvent très grande.

La diversité du terrain est peut-être la caractéristique la plus importante du Tour. Il y a des étapes de plaine, quand les coureurs longent° la Manche° ou l'océan Atlantique, ou quand ils traversent les campagnes° du Languedoc, de la Bourgogne ou de la Lorraine. Pendant ces étapes, le facteur le plus important est la vitesse°.

Et puis il y a les étapes de montagne, dans les Pyrénées ou les Alpes. Les coureurs doivent alors monter° plusieurs° cols° chaque jour, une vraie épreuve° d'endurance. Ce sont les étapes les plus dures°, mais les cyclistes savent° que c'est là où se gagne° le Tour de France. Il y a des prix° par étapes, bien sûr, mais c'est le grand prix° que tous les coureurs désirent!

glossaire

calanques *rocky inlets* • autrefois *formerly* • longent *go along* • plusieurs *several* • se gagne *is won* • faisaient *made* • car *because* • la Manche *English Channel* • cols *mountain passes* • prix *prize(s)* • se situent *are located* • campagnes *countrysides* • épreuve *test* • le grand prix *first prize* • entre *between* • vitesse *speed* • dures *hard, difficult* • suivante *next* • monter *climb* • savent *know*

contrastes

Le plus grand . . .

Étendue (en millions de km²)					
	0,5	1	1,5	2	2,5
Algérie					
France					
Monaco					

Population (en millions d'habitants)					
	10	20	30	40	50	60
Algérie					
France					
Monaco					

L'Algérie est le plus grand° pays francophone du monde. Cette ancienne° colonie française, indépendante depuis° 1962, a une étendue de 2.376.391 kilomètres carrés°. La plupart° de ses 19.590.000 habitants se trouvent° au nord, où le climat est typiquement méditerranéen. Le climat du reste du pays est désertique.

La population est fortement° musulmane°. Les deux langues officielles de l'Algérie sont le français et l'arabe.

L'industrialisation graduelle du pays a produit un mouvement de la population vers les villes. Par exemple, la capitale, Algers, a presque 1,5 millions d'habitants. Comme l'économie ne peut pas° supporter cette transformation rapide de culture agricole en culture urbaine, il y a une importante émigration d'Algériens vers la France, où ils espèrent° trouver du travail.

contrastes

Le plus
petit . . .

La principauté de Monaco est le plus petit des
pays francophones; elle a 1,5 kilomètres carrés
et seulement° 23.000 habitants. Situé au littoral°
de la Méditerranée, dans le département français
des Alpes-Maritimes, Monaco est aujourd'hui
un grand centre touristique, renommé surtout
pour son casino. Rainier III est le prince de
Monaco depuis 1949, et sa famille règne depuis
le Xe siècle°. Monaco a reçu son indépendance
en 1512, mais il existe encore des relations
étroites° entre la France et cette principauté
voisine°.

9377
PRINCIPAUTE DE MONACO

TAHITI ET GAUGUIN

Gina Russo

Dis adieu° à tes amis, à tes parents et à tes profs! Échappe° au bruit°, aux embouteillages° et à la pollution de la ville! Plus de° travaux ménagers°, plus de devoirs, plus de responsabilités! Tahiti t'attend°!

La plus grande des îles de la Polynésie Française, Tahiti se trouve dans le Pacifique, à 4500 kilomètres au sud d'Honolulu. Produite de nombreuses éruptions de deux volcans anciens, l'île est protégée par un grand récif° de corail. Son intérieur rocheux°, ses belles plages° et son climat doux° contribuent à son impression idyllique. La plupart des 100.000 habitants gagnent leur vie° comme agriculteurs ou comme pêcheurs°.

En 1891, Paul Gauguin, un agent de change° français devenu° artiste, a quitté sa famille, ses amis, et son pays pour une vie° plus primitive et plus simple. À l'âge de 44 ans, il a fait la traversée vers Tahiti, où il espérait° dédier° le reste de sa vie à la peinture, libre des soucis quotidiens° qu'il confrontait en France.

Pour peindre les gens° et le riche paysage de la Polynésie, Gauguin a choisi des couleurs vives° et pures. C'est à son art que Tahiti doit° sa renommée°. Le monde entier a admiré la tranquillité et la beauté naturelle du Tahiti de Gauguin, mais lui, il n'y a jamais trouvé le calme qu'il cherchait. Il a passé ses dernières° années malade et réduit à la misère°. En 1903, il est mort° dans cette île qu'il adorait et qu'il a immortalisée dans ses tableaux°.

glossaire

dis adieu *say goodbye* • échappe *escape* • plus de ··· *no more* ···
bruit *noise* • embouteillages *traffic jams* • attend *awaits* • récif *reef*
travaux ménagers *household chores* • plages *beaches* • doux *mild*
rocheux *rocky* • plages *beaches* • pêcheurs *fishermen*
gagnent leur vie *earn their living* • vie *life* • espérait *hoped*
agent de change *stockbroker* • devenu *turned* • gens *people*
dédier *to dedicate* • soucis quotidiens *daily cares* • dernières *last*
vives *lively, warm* • doit *owes* • renommée *renown* • tableaux *paintings*
réduit à la misère *in poverty* • il est mort *he died*

Te Saaturuma (*Brooding Woman*)

Paysage tahitien (*Tahitian Landscape*)

un lycéen africain parle

Charles Whipple

Abdoulaye Mahomet a 16 ans. Il est lycéen à Cotonou, au Bénin. Il parle deux langues africaines et aussi le français qu'il étudie depuis 10 ans°. Il y a deux ans°, il a commencé à étudier l'anglais.

«Cette année je suis en deuxième», dit-il. «J'espère passer le bac, gagner une bourse° et étudier la médecine à Paris.»

Abdoulaye a cinq professeurs: un missionaire canadien, deux Français et deux Africains. Pendant son temps libre° il aime jouer au football, rendre visite à ses amis et aller au cinéma. Il habite chez son oncle pendant l'année scolaire.

«Mon oncle est propriétaire d'une station-service. J'y travaille° après les classes pour gagner de l'argent de poche°. Ma famille habite toujours le village où je suis né°. Ils me manquent beau-

coup°, mais il faut penser à l'avenir° et s'adapter aux circonstances.»

Pour retourner à son village, Abdoulaye doit° voyager pendant deux jours. Donc, il n'y passe que° les vacances d'été. Là, il aide sa famille à cultiver les arachides°, le maïs et les autres grains que son père vend° au marché à Parakou.

Le cas d'Abdoulaye n'est pas unique et illustre en partie les adaptations que l'Afrique exige de° ses habitants pendant sa période de transition à la modernité.

glossaire

qu'il étudie . . . which he has been studying for 10 years • il y a . . . two years ago
gagner . . . win a scholarship • pendant . . . during his free time
j'y travaille I work there • pour gagner . . . to earn spending money
où je suis né where I was born • ils me . . . I miss them a lot
il faut . . . one must think of the future • doit must • ne . . . que only
arachides peanuts • vend sells • exige de demands of

La journée de Sidibé

Le soir, Sidibé et ses amis aiment aller à l'arbre de palabre°, au milieu° du village. Là, ils discutent des potins° du village, mais aussi des choses° sérieuses. Alors, Sidibé invite ses amis à manger le yassa au poulet chez lui. Ce soir, on parle de la fête de la récolte°, où chacun° portera° un masque et dansera au son du tam-tam. C'est un sujet agréable; donc, la conversation dure° longtemps.

Assad Chamas

À Kangaba, village au Mali, un coq chante, puis un autre. Sidibé va déjà à ses champs° d'arachide, de mil° et de maïs. Là, il contemple les épis° de maïs et de mil; il soupire° et commence à travailler. Vers neuf heures, sa femme et ses enfants viennent° l'aider.

À midi, ils s'arrêtent et se reposent à l'ombre° d'un arbre. La fille de Sidibé apporte° un bol de couscous avec de la sauce et de la viande. Après le repas, ils font la sieste° car° il fait trop chaud pour travailler.

glossaire

champs *fields* • mil *millet* • épis *ears (of corn)*
soupire *sighs* • viennent *come* • ombre *shade*
apporte *brings* • faire la sieste *take a nap* • car *because*
arbre de palabre *meeting tree* • au milieu *in the middle*
potins *gossip* • choses *things* • récolte *harvest*
chacun *everyone* • portera *will wear* • dure *lasts*

11

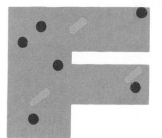

AFRI

En Afrique les traditions de la brousse° cèdent lentement° à la modernisation évidente dans les grandes villes. Dans plus de 20 pays africains, concentrés surtout° au centre et à l'occident°, le français est la langue officielle du governement, des écoles et des affaires°, c'est-à-dire°, de l'Afrique progressiste.

DANS LES VILLES, on remarque partout° l'influence française: dans l'architecture, dans les vêtements°, dans les métiers°. Mais, même° dans les capitales les plus modernisées, on n'est jamais° très loin de l'influence des coutumes° du village.

Jour de noces à Dakar

Deux agents de police à Lomé, Togo

Femmes autour d'un puits° communautaire à Lomé, Togo

QUE

d'aujourd'hui

Aéroport de Haute-Volta

Passage en bac° sur la Gambie

Pêcheurs à Abidjan, Côte d'Ivoire

glossaire

brousse *bush* • lentement *slowly* • surtout *especially*
occident *west* • affaires *business*
c'est-à-dire *that is* • remarque... *notices everywhere*
vêtements *clothes* • métiers *jobs* • même *even*
ne ... jamais *never* • coutumes *customs*
bac *ferryboat* • puits *well*

13

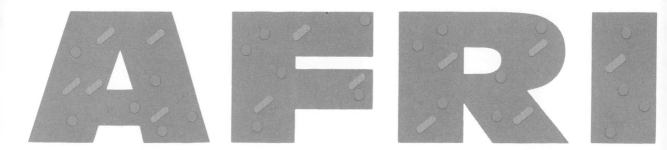

AFRI

DANS LES VILLAGES africains les traditions persistent toujours. En général, les vêtements des habitants sont traditionnels et faits à la maison°. La famille et la communauté sont les deux aspects fondamentaux de la vie.

Le chef est le personnage principal du village. Il est souvent parent de la plupart° des habitants à cause de° mariages de convenance. Le griot,° qui raconte l'histoire et les traditions du village, et le sorcier°, qui s'occupe des malades, sont les autres figures importantes de l'hiérarchie.

Ces petites communautés subsistent principalement d'agriculture. Les marchés en plein air°, caractéristiques des villages et des villes africains, jouent à la fois° un rôle commercial et un rôle social. Les produits qui s'y trouvent° sont très variés.

Charles Whipple

La vie en communauté est très importante dans les villages.

Calebasses sculptées pour la vente dans un marché.

Une femme porte ses pots au marché.

Des griots à l'inauguration d'un chef de village.

QUE

d'hier

Marché typique au Niger.

Une femme fait des pots d'argile.

Préparation de la confiture de mangues.

glossaire

faits à ... home-made • la plupart majority
à cause de because of • griot African poet and musician
le sorcier medicine-man • en plein air outdoor
jouent ... play at the same time
qui ... that are found there

15

Adji, appelé aussi **Wari** ou **Kalah,** est très populaire dans toute° l'Afrique. Si vous n'avez pas de tablier° d'**Adji,** utilisez une boîte à oeufs° et 48 cailloux° ou haricots rouges°.

adji

Règles

Mettez° quatre cailloux dans chacun° des douze trous° du tablier. Puis, décidez qui va° commencer le jeu.

Le premier joueur sort° tous les cailloux d'un des six trous de son côté° du tablier. Il les met, un par un, dans les trous successifs. Son adversaire répète cette action. Si le dernier° caillou d'un joueur tombe° dans un trou du côté de son adversaire où il y a seulement° un ou deux cailloux, ce joueur gagne tous les cailloux dans le trou (maximum de trois). Le gagnant° est le joueur qui ramasse° le premier plus de° la moitié° (au moins° 25) des cailloux.

Suggestions: Si c'est possible, laissez° au moins trois cailloux dans les trous de votre côté du tablier, ou laissez des trous vides°.

Charles Whipple

Nombre de joueurs:
2 personnes par tablier.

glossaire

toute *all* • tablier *(game)board* • boîte . . . *egg carton* • cailloux *pebbles* • haricots rouges *kidney beans*
mettez *put* • chacun *each* • trous *holes* • va *is going* • sort *takes out* • seulement *only* • gagnant *winner*
de son côté *on his (her) side* • dernier *last* • tombe *falls* • au moins *at least* • laissez *leave* • vides *empty*
ramasse *collects* • plus de . . . *more than half*

---

recette

Yassa au poulet

Le yassa est d'origine casamançaise°. On peut le préparer au poulet, au mouton, ou au poisson°.

Repas pour 6 personnes:

  1 poulet de 2 kg
  3 citrons°
  4 oignons moyens°
  1 piment°
  sel et poivre°
  6 cuillerées à soupe° d'huile° végétale

La veille° du repas, préparez la marinade: pressez les citrons, ajoutez° le sel, le poivre, le piment coupé en morceaux° et 2 cuillerées d'huile. Coupez le poulet et les oignons et mettez-les dans la marinade. Remuez le tout°.

Le lendemain°, égouttez° les morceaux de poulet et grillez-les légèrement° sur une bonne braise°. Égouttez les oignons et faites-les dorer° dans le reste de l'huile. Ajoutez la marinade, puis le poulet. Versez° un verre d'eau, couvrez, et laissez mijoter° une demi-heure environ°. Servez avec du riz blanc.

Assad Chamas

glossaire

casamançaise *from Casamance, a region in southern Sénégal*
poisson *fish* • citrons *lemons* • moyens *medium*
piment *pepper* • sel et poivre *salt and pepper*
cuillerées à soupe *tablespoonfuls* • huile *oil*
veille *night before* • ajoutez *add* • coupé . . . *cut into pieces*
remuez le tout *mix it all up* • lendemain *next day*
égouttez *drain* • légèrement *slightly* • braise *charcoal fire*
faites dorer *brown* • versez *pour* • laissez mijoter *let simmer*
une demi-heure . . . *about a half hour*

UNITÉ TROIS
YOU WILL LEARN

- to say that you are hungry and thirsty,

- to use a menu and order food,

- to name the rooms in a house and some of their uses,

- to express likes and dislikes,

- to talk about your studies,

- to describe some of your activities,

- to find out other people's ages and birthdays and tell them yours,

- to find out how much something costs.

- numbers from 32 to 100,

- possessive adjectives (my, your, his, etc.).

UNITÉ TROIS PRÉCIS

—J'ai faim! Nous allons° au snack° après les classes?

are we going
fast food restaurant

—D'accord.

—Qu'est-ce que tu fais ce soir°?

this evening

—J'étudie chez Roger. Nous avons un examen de chimie demain.

—Salut, Renée! Salut, Monique!

—Salut, Jean-Claude! Ça va?

—Pas très bien! J'ai trois examens demain et, après les classes, un match de football.

—Alors, tu fais du sport?

—Oui, je fais du football, du hockey, du tennis, de la natation . . .

—Moi, j'aime les sports, mais je déteste la classe d'éducation physique.

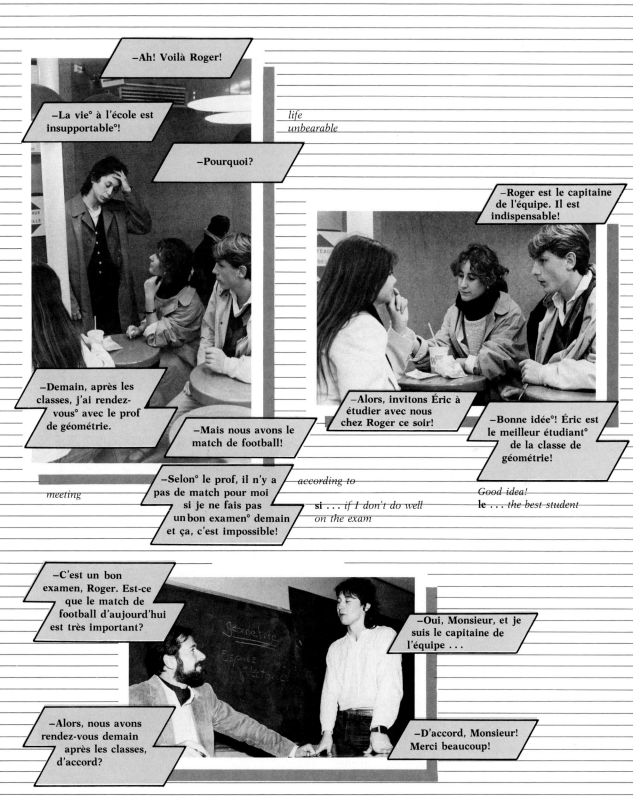

–Ah! Voilà Roger!

–La vie° à l'école est insupportable°!

life
unbearable

–Pourquoi?

–Roger est le capitaine de l'équipe. Il est indispensable!

–Demain, après les classes, j'ai rendez-vous° avec le prof de géométrie.

–Mais nous avons le match de football!

–Alors, invitons Éric à étudier avec nous chez Roger ce soir!

–Bonne idée°! Éric est le meilleur étudiant° de la classe de géométrie!

–Selon° le prof, il n'y a pas de match pour moi si je ne fais pas un bon examen° demain et ça, c'est impossible!

according to

si . . . if I don't do well on the exam

meeting

Good idea!
le . . . the best student

–C'est un bon examen, Roger. Est-ce que le match de football d'aujourd'hui est très important?

–Oui, Monsieur, et je suis le capitaine de l'équipe . . .

–Alors, nous avons rendez-vous demain après les classes, d'accord?

–D'accord, Monsieur! Merci beaucoup!

LEÇON ONZE
LES REPAS

VOUS AVEZ FAIM?

A

PETER: J'ai faim!

PIERRE: Moi aussi!

PETER: Qu'est-ce qu'il y a pour le petit déjeuner?

PIERRE: Pour toi, il y a du jus d'orange, des céréales, des fruits et du lait.

PETER: Ah, merci! Et pour toi?

PIERRE: Pour moi, il y a du chocolat, du pain et de la confiture.

B CLIENT: Garçon! Un hamburger, s'il vous plaît.

GARÇON: Un hamburger? Mais, Monsieur, nous n'avons pas de hamburgers.

CLIENT: Du rosbif, alors.

GARÇON: Nous n'avons pas de rosbif.

CLIENT: Mais, qu'est-ce que vous avez?

GARÇON: Du veau, du poulet, des escargots, . . .

CLIENT: Euh . . . ah, oui, . . . des escargots, alors. Et j'ai soif aussi. Un verre de coca, s'il vous plaît.

GARÇON: Nous n'avons pas de coca, Monsieur.

CLIENT: Alors, est-ce que vous avez du jus d'orange?

GARÇON: Non, Monsieur, nous n'avons pas de jus d'orange. Nous avons de l'eau minérale, de la bière, du vin, du champagne . . .

BON APPÉTIT!

Le petit déjeuner

Qu'est-ce qu'il y a?
Il y a du pain, du beurre, de la confiture,
du chocolat, du café au lait, du jus d'orange,
        et des céréales.

le café au lait

le pain

le jus d'orange

les céréales

le chocolat

le beurre

la confiture

Le déjeuner

Qu'est-ce qu'il y a?
Il y a une salade de tomates, un bifteck,
des frites, de la glace à la vanille, de l'eau
et du vin.

une bouteille
de vin

la glace à la vanille

le bifteck
(la viande)

la salade de tomates

les frites

l'eau

Le dîner

Qu'est-ce qu'il y a?
Il y a de la soupe, une omelette, des fruits,
du fromage, de l'eau et du vin.

le dessert

les fruits

le fromage

la soupe

l'omelette

l'eau

l'argent

le vin

101

VOCABULAIRE

LA NOURRITURE

1 le beurre
2 un bifteck
3 le chocolat
4 un escargot
5 le fromage
6 un fruit
7 un gâteau
8 un hamburger
9 le jambon
10 un oignon
11 un pain
12 un poulet
13 le rosbif
14 un sandwich
15 le sucre
16 les céréales (f. pl.)
17 la confiture
18 des frites (f. pl.)
19 la glace (à la vanille,
        au chocolat)
20 une omelette
21 une pomme
22 une salade
23 la soupe
24 une tomate

LES BOISSONS

25 le café (au lait)
26 le champagne
27 le chocolat
28 le coca
29 le jus d'orange
30 le lait
31 le thé
32 le vin
33 la bière
34 l'eau minérale (f.)
35 la limonade

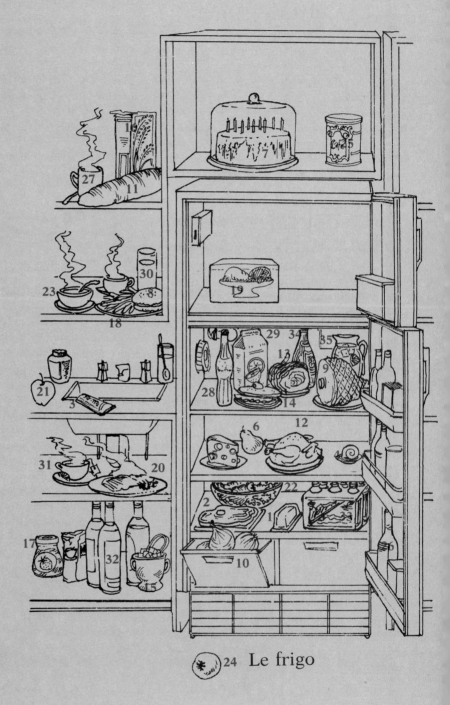

24 Le frigo

102

NOMS

masculins

l'argent	*money*
le déjeuner	*lunch*
un dessert	*dessert*
le dîner	*dinner*
un frigo	*refrigerator*
un garçon	*waiter*
le petit déjeuner	*breakfast*
un repas	*meal*
le veau	*veal*
un verre	*glass*

féminins

une bouteille	*bottle*
une orange	*orange*
la viande	*meat*

EXPRESSIONS

avoir faim	*to be hungry*
avoir soif	*to be thirsty*
bon appétit!	*enjoy your meal!*
c'est combien?	*how much does it cost?*
pour moi	*for me*
très bien	*very well*

LE GOÛTER

French children usually have a *goûter* around 4 P.M. This *goûter* often consists of:

du pain et du chocolat

ou du pain beurré avec du chocolat

ou du pain beurré avec du sucre.

The beverage is normally *du chocolat*.

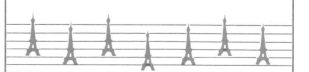

103

LE FROMAGE

Cheese plays an important role in the diet of most Western Europeans and is extremely popular in France. It appears often as part of the *hors d'oeuvre* (appetizer prior to a meal), alone or in the company of meat or cold cuts in *un sandwich*, and as an accompaniment to fruit for *le dessert*.

A number of French cheeses have attained international renown for their high quality and distinctive flavors. You may already be familiar with some of the more popular ones, but did you know that:

le brie comes from the region *la Brie* in north central France?

le camembert comes from a town called *Camembert* in northwestern France?

le roquefort comes from the town of *Roquefort* in southeastern France?

le port-salut comes from *Port-Salut*, a river port in western France?

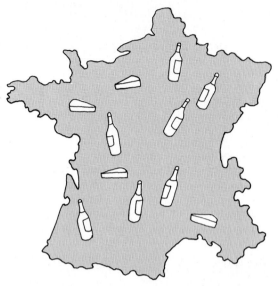

LE VIN

Wine is another product for which France is justly renowned. The varied climate of the different regions of France makes each ideally suited to certain kinds of grapes. Different varieties of grapes produce different kinds of wine, from sweet dessert wines, to dry reds and whites, to sparkling wines.

Because a large portion of French wine is destined for exportation, and thus contributes substantially to France's economy, the French government carefully monitors the wine industry. Those *châteaux* whose wines are exported are licensed by the government and their products are inspected frequently to ensure quality.

Over the centuries, the names of some of the more important wine-producing cities and regions have become synonymous with the wines they produce. For instance:

le bourgogne is the wine from the region *la Bourgogne*

le champagne is the wine from the region *la Champagne*

le beaujolais refers to wines from the *Beaujolais* region

les sauternes are produced in the area near the town *Sauternes*

l'armagnac is a liqueur produced in the *Armagnac* region

le cognac is produced in the area surrounding the town of *Cognac*

le chablis refers to wines produced near the town of *Chablis*

Under French law, each of these generic names is carefully controlled, and may only be used to refer to a wine produced in its region. No wine from *Beaujolais* can call itself a *chablis*, nor can any sparkling wine be called *champagne*, unless it was produced in *la Champagne*.

ATTENTION

L'ARTICLE PARTITIF *DU, DE LA, DE L'*
(some, any)

The partitive article, du, de la, de l', *is used to indicate part of a whole, some, or an undetermined quantity. Contrast the difference between the indefinite and partitive articles below.*

Il y a un poulet sur la table.

l'article indéfini

un poulet

un pain

Il y a du poulet pour le dîner.

l'article partitif

du poulet

du pain

before a masculine noun:	*before a feminine noun:*	*before a masculine or feminine noun beginning with a vowel sound:*
le	la	l'
du café du chocolat	de la confiture	de l'argent
du vin	de la soupe	de l'eau

With plural nouns, use the indefinite article.

Il y a des élèves dans le gymnase.

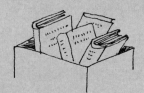

Il y a des livres dans la boîte.

Il y a des tomates dans le frigo.

As with the indefinite article, the partitive article changes to de (d') *after the negative.*

—Est-ce qu'il y a du pain?
—Non, il n'y a pas de pain.

—Est-ce qu'il y a de la glace?
—Non, il n'y a pas de glace.

—Est-ce qu'il y a de l'eau?
—Non, il n'y a pas d'eau.

Mini-dialogues

A Du, de la ou de l'?

–Est-ce que nous avons du poulet?
–Oui, il y a du poulet dans le frigo.

1.
2.
3.
4.
5.
6.
7.
8.

B Qu'est-ce qu'il y a?

EXEMPLE

–Qu'est-ce qu'il y a pour le dîner?
–Du poulet, de la salade et du vin.

1. petit déjeuner/café, pain, confiture
2. déjeuner/soupe, salade, thé
3. dîner/rosbif, pain, eau minérale
4. dîner/jambon, salade, limonade
5. petit déjeuner/pain, beurre, chocolat
6. déjeuner/omelette, soupe, glace
7. petit déjeuner/jus d'orange, fruits, café
8. dîner/rosbif, frites, bière

C À l'épicerie

EXEMPLE

–Bonjour, Monsieur. Est-ce que vous
avez des bananes?
–Non, Madame, je n'ai pas de bananes
aujourd'hui.

1. tomates	6. biftecks
2. pommes	7. eau minérale
3. jambon	8. oranges
4. beurre	9. confiture
5. glace	10. limonade

D Qu'est-ce qu'il y a dans le frigo?

EXEMPLE

–Est-ce qu'il y a du poulet?
–Non, il n'y a pas de poulet, mais il y a
du rosbif.

1. oranges/pommes	6. beurre/
2. eau minérale/	confiture
coca	7. orangeade/
3. jambon/poulet	limonade
4. salade/tomates	8. bananes/
5. vin/bière	gâteau

ATTENTION

EXPRESSIONS AVEC *AVOIR*

Il a soif.

Il a faim.

106

Les nombres 30–69

30 trente	40 quarante	50 cinquante	60 soixante
31 trente et un	41 quarante et un	51 cinquante et un	61 soixante et un
32 trente-deux	42 quarante-deux	52 cinquante-deux	62 soixante-deux
33 trente-trois	43 quarante-trois	53 cinquante-trois	63 soixante-trois
34 trente-quatre	44 quarante-quatre	54 cinquante-quatre	64 soixante-quatre
35 trente-cinq	45 quarante-cinq	55 cinquante-cinq	65 soixante-cinq
36 trente-six	46 quarante-six	56 cinquante-six	66 soixante-six
37 trente-sept	47 quarante-sept	57 cinquante-sept	67 ?
38 trente-huit	48 quarante-huit	58 ?	68 ?
39 trente-neuf	49 ?	59 ?	69 ?

Mini-dialogues

A **Faim ou soif?**

~~EXEMPLE~~ poulet

–J'ai faim! Qu'est-ce qu'il y a dans le frigo?
–Il y a du poulet.

1. pommes	3. glace à la vanille	5. eau minérale	7. limonade
2. coca	4. gâteau	6. tomates	8. bière

B **C'est combien?**

Jouez les rôles.

~~EXEMPLE~~

–C'est combien,
Mademoiselle?
–Soixante-cinq francs,
Madame.

PRATIQUE

A Oui ou non?

Christian does not know what is on the table. Chantal answers oui *or* non.

MODÈLE   CHRISTIAN: Est-ce qu'il y a un gâteau?
                      CHANTAL: Non, il n'y a pas de gâteau.

1. du chocolat   3. une omelette   5. des tomates   7. du jus d'orange
2. une banane   4. une orange   6. de la confiture   8. du fromage

B Mettez au négatif:

EXEMPLE   Il y a une moto.   Il n'y a pas de moto.

1. Il y a un concert.   5. André a de l'argent.
2. J'ai une soeur.   6. Il y a de la limonade.
3. C'est du pain.   7. Il y a du chocolat pour toi.
4. Ce sont des bananes.   8. Nous avons une voiture.

C C'est combien?

EXEMPLE: C'est quarante-quatre francs

D Qu'est-ce que nous avons?

You are helping with the errands, but first you have to find out what you need to buy.

MODÈLE   beurre   –Est-ce qu'il y a du beurre?
                                   –Non, il n'y a pas de beurre.

1. confiture   4. pain   7. fromage
2. oranges   5. lait   8. céréales
3. chocolat   6. limonade   9. eau minérale

E Vocabulaire en images

1. ! Un de coca, s'il vous plaît!

2. Fifi a , mais elle n'a pas d' pour une .

3. Robert! Tu as faim? Il y a du et du dans le frigo!

F Oui ou non?

–Est-ce qu'il y a de la salade?
–Oui, il y a de la salade.

–Est-ce qu'il y a du vin?
–Non, il n'y a pas de vin.

G Mini-dialogue

–Vous avez le numéro de téléphone de Roger Béliveau?
–Oui, c'est le 34.75.10.
–Et l'adresse, s'il vous plaît?
–58, rue Gendron, appartement 42.
–Merci beaucoup.

1. Denise Leblanc
   65.53.32
   22, av. Martin, app. 51

2. Michel Larue
   44.59.67
   35, av. Tremblay, app. 46

3. Dominique Gaston
   57.42.34
   41, rue Savard, app. 39

4. Julien Leclerc
   38.66.51
   57, rue Papineau, app. 66

LEÇON DOUZE
TU PARLES FRANÇAIS?

A Il mange.

C Ils travaillent.

B Ils aiment chanter.
   Elles chantent bien.
   Ils ne chantent pas bien.

D Les enfants n'écoutent pas.

E Les enfants regardent la télé.

F Il parle français.
   Elle ne parle pas français.

ATTENTION

LES VERBES EN -ER

Modèle   par**l**er   *(to speak, to talk)*

singulier   *pluriel*

je par**l**e*   nous par**l**ons
tu par**l**es   vous par**l**ez
il par**l**e   ils par**l**ent
elle par**l**e   elles par**l**ent

* I speak, I am speaking, I do speak

Find the stem by dropping -er from the infinitive. Then, add the correct ending. Most French verbs end in -er and follow this pattern.

STOP   *All forms of the verb sound the same, even if spelled differently, except* parlons *and* parlez.

LES VERBES en -GER

Modèle   man**g**er   *(to eat)*

je mange   nous mang**e**ons
tu manges   vous mangez
il mange   ils mangent
elle mange   elles mangent

AIMER + VERBE À L'INFINITIF
(to like to do something)

Exemples: Nous aimons chanter.
                Il aime écouter la radio.

aimer   +   { le . . .
              la . . .
              l' . . .
              les . . .

Exemples:

J'aime l'école.   J'aime la musique.
J'aime le café.   J'aime les enfants.

         mais   J'aime maman.
                  J'aime Juliette.

Chez les Lemaire

Voilà la maison des Lemaire.

1. Madame Lemaire est dans le garage. Elle travaille. Elle écoute la radio.
2. Monsieur Lemaire est dans la cuisine. Il prépare le dîner.
3. Jean est dans la salle de séjour. Il regarde la télévision.
4. Monique est dans la salle à manger. Elle parle à un ami.
5. Mireille est dans le couloir. Elle est au téléphone. Elle parle à une amie.
6. Claudine est dans la chambre. Elle travaille.
7. C'est la salle de bains.
8. C'est la chambre des parents.

Où est maman?	Que fait maman?
papa?	papa?
Jean?	Jean?
Monique?	Mireille?
Mireille?	Claudine?

Qu'est-ce que vous aimez?

–Est-ce que tu aimes le chocolat?
–Non, j'aime le café au lait.

–Est-ce qu'il aime les bananes?
–Non, il n'aime pas les bananes;
 il aime les oranges.

–Moi, j'aime écouter la musique.
 Est-ce que vous aimez la musique?
–Non, je n'aime pas la musique;
 j'aime le sport.

Et vous, qu'est-ce que vous aimez?

VOCABULAIRE

NOMS

masculins

un couloir	*hallway*
un garage	*garage*
les parents	*parents*
le sport	*sports*

féminins

une chambre	*bedroom*
une cuisine	*kitchen*
la musique	*music*
une radio	*radio*
une salle à manger	*dining room*
une salle de séjour	*living room, family room*
une salle de bains	*bathroom*
la télé	*television (TV)*

VERBES (-er)

aimer	*to like*
chanter	*to sing*
écouter	*to listen (to)*
manger	*to eat*
(nous mangeons)	
parler (à)	*to speak, to talk (to)*
préparer	*to prepare*
regarder	*to look (at)*
travailler	*to work*

EXPRESSIONS

à la télé	*on TV*
au téléphone	*on the telephone*
bien	*well*
que fait . . . ?	*what is . . . doing?*

113

PRATIQUE

A Joël demande à Colette:

> JOËL: Est-ce que tu regardes la télé?
> COLETTE: Oui, je regarde la télé.

1. parler français
2. écouter la radio
3. aimer travailler
4. chanter bien
5. travailler à l'école
6. écouter des disques
7. aimer le gâteau
8. regarder des photos
9. manger de la confiture

B Madame Laval demande à André et à Marie:

MODÈLE

> MADAME LAVAL: Est-ce que vous aimez Monsieur Lemaître?
> ANDRÉ ET MARIE: Oui, nous aimons Monsieur Lemaître.

1. écouter la radio
2. aimer la musique
3. chanter bien
4. parler anglais
5. regarder la télé
6. manger du pain
7. travailler bien

C Chez les Durand

Décrivez les activités.

Monsieur Durand (regarder la télé)   Il regarde la télé

1. Madame Durand (parler à une amie)
2. Charles (travailler dans le garage)
3. Lucie et Monique (écouter des disques)
4. Minou (manger du poulet)
5. Jean-Claude et Christine (regarder des photos)
6. Yvette (écouter la radio)

D Madame Duclos demande à Madame Doucette

> MADAME DUCLOS: Est-ce que Paul aime regarder la télé?
> MADAME DOUCETTE: Non, il n'aime pas regarder la télé.

1. Marie/chanter
2. Marie et Paul/manger des bananes
3. Monsieur Doucette/préparer le dîner
4. vous/écouter la radio
5. vous et Monsieur Doucette/regarder des films
6. Marie et Annick/parler au téléphone
7. Paul et Henri/parler français
8. Annick/travailler au restaurant

E Vocabulaire en images

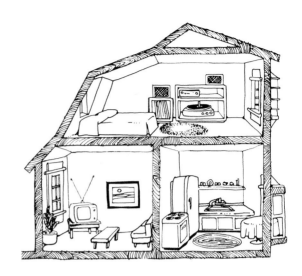

1. Les enfants 👀 la 📺 dans la . . . .

2. J' 👂 la 📻 dans la . . . .

3. Maman 🧺 dans la . . . .

4. Nous 👂 des 💿 dans la . . . .

5. Louise prépare un 🥪 dans la . . . .

F Quel verbe? Quelle forme?

1. Vous (manger/écouter) un sandwich?
2. Je (parler/regarder) au téléphone.
3. Est-ce que tu (travailler/aimer) le lait?
4. Oui, nous (être/regarder) des films à l'école.
5. Georges et Michèle (manger/écouter) des fruits.
6. Brigitte (être/aimer) les comédies à la télé.

G Décrivez les images!

~~EXEMPLE~~   1.   Ils regardent un film.

H Chez les Béliveau

Regardez les images et répondez aux questions.

1. Qui est dans la cuisine? la chambre? la salle de bains? la salle de séjour? la salle à manger?
2. Est-ce que Chantal regarde la télé?
3. Que fait maman?
4. Est-ce que Jacques écoute la radio?
5. Que fait Denise?
6. Est-ce que papa travaille dans le garage?
7. Où est Jacques? Denise? Chantal?
8. Où est-ce que maman et Marcel parlent?
9. Où est la voiture?

I Composez bien!

1. la surprise-partie est
2. il y a un film
3. le téléphone est
4. Jean-Paul est
5. le garçon travaille
6. l'autobus est
7. le poulet est

dans le frigo
sur la table
dans la salle de séjour
chez Catherine
devant l'école
à la télé
au restaurant

J Mini-dialogue:

Est-ce que tu aimes . . . ?

=MODÈLE=

HENRI: Est-ce que tu aimes le sport?
LISE: Bien sûr, j'aime le sport!
HENRI: Et toi, Paul?
PAUL: Non, je n'aime pas le sport!

1. l'école
2. la salade de tomates
3. le professeur
4. le coca
5. les films
6. les frites
7. la musique "pop"
8. les bonbons
9. le directeur

K Mini-dialogue:

Où sont les enfants?

=MODÈLE=

PAPA: Où sont les enfants?
MAMAN: Jean est dans la salle de séjour. Il écoute des disques.
PAPA: Et Lise et Marie?
MAMAN: Elles regardent un mystère à la télé.

1. la cuisine
   préparer le dîner
   un film

2. la salle de séjour
   parler avec des amis
   un match de tennis

3. le garage
   travailler
   une comédie

4. la salle de séjour
   parler au téléphone
   un policier

117

LEÇON TREIZE

UNE RÉDACTION

Nanette fait une rédaction pour son professeur de français.

MA FAMILLE

par Nanette Sardou

Il y a six personnes dans ma famille. Nous habitons une maison rue Saint-Denis.

Mes parents travaillent en ville. Mon père a quarante ans. Il travaille dans un bureau. Il est sympathique. Il joue au tennis avec moi. Ma mère est très aimable. Elle travaille dans un magasin. Elle a trente-neuf ans.

Mon frère Paul a dix-huit ans. Il étudie beaucoup! Il aime l'école. Ma soeur Louise a seize ans. Elle parle toujours au téléphone avec son amie, Claudette. Mon petit frère Jean-Marc a neuf ans. Il est vraiment pénible!

Et moi? C'est mon anniversaire aujourd'hui. J'ai quatorze ans. J'adore les sports et je déteste les rédactions!

Voilà ton dîner, Paul!

Tu fais tes devoirs, Claudette?

Voici ton vélo, Nanette!

LA FAMILLE DE CLAUDINE

A Voici mon amie Claudine Belmont et sa mère. Elles jouent au golf.

B Et voici son père. Il joue quelquefois aux échecs avec son ami.

C Ses frères, Jules et Luc, jouent au football, au hockey, au basket-ball . . .

D Claudine, sa soeur Hélène et moi, nous jouons au volley-ball.

E En été, nous nageons chez les Belmont. Ils ont une piscine formidable!

F En hiver, nous jouons aux dames, aux cartes ou au Monopoly.

ATTENTION

LES ADJECTIFS POSSESSIFS

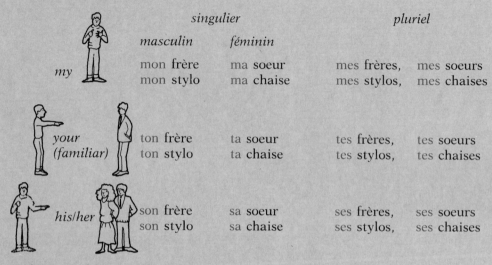

	singulier		*pluriel*	
	masculin	*féminin*		
my	mon frère mon stylo	ma soeur ma chaise	mes frères, mes stylos,	mes soeurs mes chaises
your (familiar)	ton frère ton stylo	ta soeur ta chaise	tes frères, tes stylos,	tes soeurs tes chaises
his/her	son frère son stylo	sa soeur sa chaise	ses frères, ses stylos,	ses soeurs ses chaises

The noun following the possessive adjective determines whether you will use:

mon, ma, *or* mes, *etc.*

 Au singulier, devant une voyelle: ma → mon école
ta → ton auto
sa → son amie

mon école
‿
n
ton ami
‿
n

MY {	MON MA MES	*YOUR (familiar)* {	TON TA TES	*HIS/HER* {	SON SA SES

LE VERBE JOUER (À)

Jouer + à + l'article + sport ou jeu

Je joue au tennis.
Tu joues au football.
Il joue aux échecs.
Elle joue au trictrac.

Nous jouons au basket-ball.
Vous jouez aux cartes.
Ils jouent aux dominos.
Elles jouent au bridge.

VOCABULAIRE

NOMS

masculins

un anniversaire	*birthday*
le basket-ball	*basketball*
les dominos	*dominoes*
les échecs	*chess*
le football	*soccer*
le golf	*golf*
le hockey	*hockey*
un magasin	*store*
un père	*father*
le tennis	*tennis*
le trictrac	*backgammon*
le volley-ball	*volleyball*

féminins

les cartes	*cards*
les dames	*checkers*
une mère	*mother*
une personne	*person*
une rédaction	*essay*
une rue	*street*

VERBES

adorer	*to love, to adore*
détester	*to hate, to detest*
habiter	*to live in*
jouer (à)	*to play (a sport, a game)*
nager	*to swim*

ADJECTIFS

aimable	*nice, likeable*
pénible	*terrible, a pain*
petit	*little*
sympathique (sympa)	*nice, pleasant*

ADJECTIFS POSSESSIFS

mon, ma, mes	*my*
ton, ta, tes	*your (familiar)**
son, sa, ses	*his, her*

* used among close friends, relatives, and young people

EXPRESSIONS

avec	*with*
avoir . . . ans	*to be . . . years old*
en été	*in the summer*
en hiver	*in the winter*
il étudie	*he studies*
par	*by*
quelquefois	*sometimes*
toujours	*always*
tu as quel âge?	*how old are you?*
vraiment	*really*

PRATIQUE

A Utilisez: *mon, ma* ou *mes*

~~EXEMPLE:~~ le crayon   mon crayon

1. la voiture
2. les disques
3. la surprise-partie
4. les chaises
5. le bureau
6. l'amie
7. les amis
8. la famille
9. l'école

B Utilisez: *ton, ta* ou *tes*
Use the items in Exercise A, above.

C Utilisez: *son, sa* ou *ses*

Suivez le modèle.
la moto de Martin
sa moto

1. le stylo de Marc
2. les disques de Jacqueline
3. la chaise de papa
4. la voiture de Paul
5. les livres du garçon
6. les amis du professeur
7. la moto du directeur
8. le bureau de la directrice
9. la voiture de Mme Chevalier
10. les livres de la fille

D Bon anniversaire!

Roger et Jean-Louis parlent.

1. C'est quand l'anniversaire de Roger?
2. Il a quel âge?

3. C'est quand l'anniversaire de Jean-Louis?
4. Il a quel âge?

E Ils ont quel âge?

Monsieur Sardou   Paul   Nanette   Madame Sardou   Louise   Jean-Marc

F Questions personnelles

1. Tu as quel âge?
2. Ton frère a quel âge?
3. Ta soeur a quel âge?
4. Ton ami (ou ton amie) a quel âge?
5. Ta mère a quel âge? Et ton père?
6. Tu es sympa?
7. Est-ce que tu aimes nager?
8. Est-ce que tu aimes jouer aux cartes?
9. C'est quand ton anniversaire?

G En classe

Le professeur demande:

Attention: les cahiers

LE PROFESSEUR: Où est ton cahier?
LOUISE: Voilà mon cahier.
Où sont tes cahiers?

1.
2.
3.
4.
5.
6.
7.
8.
9.

122

H Jacqueline regarde des photos

le frère JACQUELINE: C'est ton frère?
DOMINIQUE: Oui, c'est mon frère.

Attention: les frères   Ce sont tes frères?

1. le père
2. la mère
3. les frères
4. l'amie
5. les soeurs
6. l'école
7. la maison
8. les amis
9. la voiture
10. le vélo
11. l'ami
12. le professeur de français

I Mini-dialogue

C'est ton stylo, Louise?

Non, c'est le stylo de Paul.

Ce n'est pas son stylo; c'est mon stylo!

Attention: c'est ... *ou* ce sont ...?

1. le livre
2. la radio
3. les disques
4. le gâteau
5. l'argent
6. les photos
7. les billets
8. les bonbons

J Nous jouons!

MODÈLE

Robert joue au hockey et au football.

1. Suzanne
2. M. Duclos
3. Mlle Martin

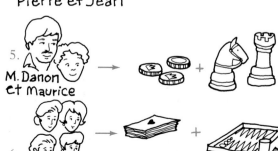

4. Pierre et Jean
5. M. Danon et Maurice
6. Mme Laval et ses amies

123

LISONS!

Luc est malade

Aujourd'hui, Luc n'est pas à l'école. Est-ce que c'est un jour de congé? Non, c'est mardi. Luc est malade. Mais ce n'est pas sérieux. Dans la chambre de Luc il y a une radio. Il écoute de la musique.

La mère de Luc apporte le petit déjeuner. Il y a du pain, du beurre, et du jus d'orange.

Luc est très content. Pourquoi? Aujourd'hui, il pleut et à l'école les amis de Luc ont un examen de mathématiques!

VOCABULAIRE

un jour de congé	*holiday, day off*
apporter	*to bring*
content	*happy*
sérieux	*serious*

A VRAI OU FAUX?

1. C'est jeudi.
2. Le père apporte le petit déjeuner.
3. Ce n'est pas un jour de congé.
4. Il y a un examen de français à l'école.
5. Il pleut.
6. Luc n'est pas content.

B QUESTIONS

1. Pourquoi est-ce que Luc n'est pas à l'école?
2. Est-ce que Luc regarde la télé?
3. Qu'est-ce qu'il y a pour le petit déjeuner?
4. Quel temps fait-il?
5. Qu'est-ce qu'il y a aujourd'hui à l'école?

C VIVE LA DIFFÉRENCE!

français	*anglais*
sér**ieux**	ser**ious**
nerveux	?
curieux	?
furieux	?
dangereux	?

D QUESTIONS PERSONNELLES

1. Est-ce que tu as une radio?
2. Est-ce que tu écoutes de la musique?
3. Est-ce que tu as des examens à l'école?
4. Est-ce que tu aimes les examens?
5. Est-ce que tu aimes les mathématiques?
6. Est-ce que tu aimes travailler?
7. Est-ce que tu aimes le sport?
8. Est-ce que tu aimes manger?

LEÇON QUATORZE

L'ANNIVERSAIRE DE ROGER DUBÉ

Les Dubé habitent à Lafayette. C'est le 10 mai. C'est l'anniversaire de Roger. Il a seize ans aujourd'hui.

A Le facteur arrive chez les Dubé avec un paquet pour Roger. C'est un cadeau de ses grands-parents.

B Roger invite des amis.

C M. et Mme Dubé font le gâteau d'anniversaire.

D Roger a un problème. Le tourne-disque ne marche pas. Mais sa soeur Madeleine a la solution.

E Les invités arrivent chez Roger.

F Leur voisin, M. Labarbe, n'aime pas la musique "pop."

G Roger adore les posters!

H Anne n'est pas toujours pénible!

127

VOCABULAIRE

NOMS
masculins

un cadeau	*gift, present*
un facteur	*mailman*
un gâteau	*birthday cake*
d'anniversaire	
les grands-parents	*grandparents*
un invité	*guest*
un paquet	*package, parcel*
un poster	*poster*
un problème	*problem*
un voisin	*neighbor*

feminins

une bougie	*candle*
une solution	*solution*
une voisine	*neighbor*

VERBES

apporter	*to bring*
arriver	*to arrive*
habiter (à)	*to live in (town, city, etc.)*
inviter	*to invite*
marcher	*to work, function*

ADJECTIFS POSSESSIFS

notre ⎫
nos ⎬ *our*
        votre ⎫
        vos ⎬ *your*
                leur ⎫
                leurs ⎬ *their*

EXPRESSIONS

bon anniversaire!	*happy birthday!*
enfin	*finally*
ils font	*they make, they are making*
merci de	*thank you for*
pas de problème!	*no problem!*
zut!	*darn it!*

LE SAVIEZ-VOUS?

To write the plural of the following French nouns, add x:

singulier	*pluriel*
un gâteau	des gâteaux
un cadeau	des cadeaux
un bureau	des bureaux
un tableau	des tableaux

Les nombres

soixante-douze

soixante-dix → VANIER 70 | VISITEUR 71

soixante et onze

quatre-vingts

128

ATTENTION

LES ADJECTIFS POSSESSIFS

Plusieurs personnes et le singulier:
Quand plusieurs personnes ont un objet . . .

OUR $\begin{cases} \text{notre disque} \\ \text{notre voiture} \end{cases}$ $YOUR$ $\begin{cases} \text{votre disque} \\ \text{votre voiture} \end{cases}$

$THEIR$ $\begin{cases} \text{leur disque} \\ \text{leur voiture} \end{cases}$

Plusieurs personnes et le pluriel:
Quand plusieurs personnes ont plus
d'un objet . . .

OUR $\begin{cases} \text{nos disques} \\ \text{nos voitures} \end{cases}$ $YOUR$ $\begin{cases} \text{vos disques} \\ \text{vos voitures} \end{cases}$

$THEIR$ $\begin{cases} \text{leurs disques} \\ \text{leurs voitures} \end{cases}$

 Liaison!

nos enfants   vos élèves   leurs amis

PRATIQUE

A Anne et Roger répondent:

MODÈLE   père/en ville

MLLE VINAY: Où est votre père?
ANNE ET ROGER: Notre père est en ville

1. mère/au magasin
2. frère/à l'école
3. soeur/chez André
4. père/à la bibliothèque
5. mère/chez une amie
6. voisin/dans le garage

B La classe de français

Jeanne et Guy ne sont pas préparés!

MODÈLE   cahiers

LE PROFESSEUR: Où sont vos cahiers?
JEANNE ET GUY: Nos cahiers sont
à la maison!

1. livres
2. stylos
3. crayons
4. devoirs
5. examens
6. rédactions

c Les voisins

MODÈLE   maison   —C'est la maison des **Rivard**?
                          —Non, ce n'est pas leur maison.

1. autos   3. cadeau   5. garage   7. enfants
2. moto   4. invités   6. vélos   8. tourne-disque

D L'équipe de football

C'est toi l'annonceur! Lis la liste des joueurs et leurs numéros.

ANDRÉ MARCHAND   88
SIMON SIMARD   75
ROBERT FORTIER   80
PAUL LAFLEUR   43
DAVID PAYETTE   71
CLAUDE VACHON   94
HENRI TREMBLAY   77
DANIEL LAROCQUE   90
ALBERT MARTIN   85
JACQUES PRIDEAU   99
MARCEL LARONDE   82
JULIEN PERRAULT   70
MICHEL BÉLIVEAU   96

E Les substitutions

1. Oh! Ma radio ne marche pas! (tourne-disque, vélo, magnétophone, moto)
2. C'est votre voiture, n'est-ce pas? (livres, stylo, cahier, enfants)
3. Voici Nicolas et Luc et leur père. (mère, parents, soeur, amis)
4. Ce n'est pas notre moto! (disque, maison, professeur, amie, auto)

F Mini-dialogue: C'est votre voiture?

—C'est votre voiture?
—Non, ce n'est pas notre voiture. C'est leur voiture!

1. moto   5. amis   8. maison
2. enfants   6. professeur   9. parents
3. argent   7. équipe   10. livres
4. paquet

G Où est-ce qu'ils habitent?

MODÈLES:

Laurent/Montréal

—Où habite Laurent?
—Il habite à Montréal.

Marc et Annick/45,
rue de la Cathédrale

—Où habitent Marc et Annick?
—Ils habitent 45, rue de la Cathédrale.

1. Suzanne/89, rue de la Paix
2. Luc/Nantes
3. Marc-Antoine et Marie-Claire/76,
   avenue Zola
4. les Leclerc/la Nouvelle-Orléans
5. Roger/92, rue Clermont
6. Fabrice/64, boulevard Saint-
   Germain
7. Nicole et Valérie/Bâton-Rouge
8. les Martin/71, rue Desjardins
9. Michel et Henri/91, avenue Sorel
10. Gisèle et Simone/Nîmes

H Choisissez bien!

1. Quand est-ce que vos parents
   arrivent?
   A. Ses parents arrivent demain.
   B. Nos parents arrivent demain.
   C. Tes parents arrivent demain.

2. Est-ce que ta moto marche?
   A. Non, ta moto ne marche pas.
   B. Oui, sa moto marche.
   C. Non, ma moto ne marche pas.

3. Est-ce que c'est votre frère?
   A. Oui, c'est notre frère.
   B. Oui, c'est leur frère.
   C. Oui, c'est votre frère.

4. Ce sont les enfants des Goulet?
   A. Non, c'est leur enfant.
   B. Oui, ce sont leurs enfants.
   C. Oui, ce sont mes enfants.

LEÇON QUINZE
UNE INTERVIEW AVEC ROGER DUBÉ

Un speaker de la station de radio est au lycée Cartier. Il fait une interview pour l'émission *Les écoles d'aujourd'hui.*

A

SPEAKER:	Bonjour! Est-ce que tu as une minute?
ROGER:	Bien sûr!
SPEAKER:	Comment t'appelles-tu?
ROGER:	Je m'appelle Roger Dubé.
SPEAKER:	Est-ce que tu aimes l'école, Roger?
ROGER:	Ah, oui! Le basket-ball, le football, le hockey, c'est formidable!

B

SPEAKER:	Alors, tu aimes le sport, n'est-ce pas?
ROGER:	Mais oui! Nous avons des classes d'éducation physique. Nous faisons de la natation, nous ...
SPEAKER:	Mais Roger, tu étudies l'anglais, le français et les maths aussi, n'est-ce pas?
ROGER:	Oui, mais je n'aime pas tout ça! Moi, j'aime le basket-ball, le football ...

C

SPEAKER:	Tu as des amis, Roger?
ROGER:	Oui. Pierre, Henri, Lise ...
SPEAKER:	Qu'est-ce que vous faites après les classes?
ROGER:	Nous avons un goûter, et nous faisons du sport.
SPEAKER:	Alors, quand est-ce que vous faites vos devoirs?
ROGER:	Eh bien, mes amis font leurs devoirs après le dîner.

132

D

SPEAKER: Et toi, quand est-ce que tu fais tes devoirs?

ROGER: Moi, je n'ai pas le temps! En automne je fais du basket-ball. en hiver je fais du hockey . . .

SPEAKER: Merci, Roger.

ROGER: Mais, Monsieur! Au printemps je fais . . .

SPEAKER: Au revoir, Roger! Merci beaucoup!

Les matières

Qu'est-ce que tu étudies?
J'étudie . . .

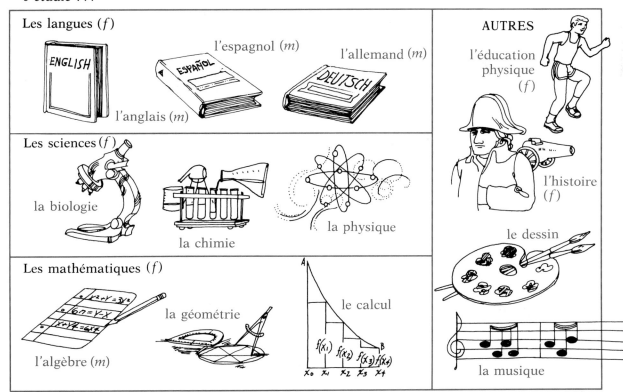

Les langues (*f*)

l'espagnol (*m*)

l'allemand (*m*)

ENGLISH

ESPAÑOL

DEUTSCH

l'anglais (*m*)

Les sciences (*f*)

la biologie

la chimie

la physique

Les mathématiques (*f*)

l'algèbre (*m*)

la géométrie

le calcul

AUTRES

l'éducation physique (*f*)

l'histoire (*f*)

le dessin

la musique

VOCABULAIRE

NOMS

masculins

l'allemand	*German*
l'anglais	*English*
les devoirs	*homework*
l'espagnol	*Spanish*
le français	*French*
un goûter	*afternoon snack*
un speaker	*radio announcer*

féminins

l'éducation physique	*physical education*
une émission	*program (TV, radio)*
une interview	*interview*
les maths	*mathematics*
une minute	*minute*
la natation	*swimming*
une station de radio	*radio station*

VERBES

étudier	*to study*
faire	*to do, to make*

EXPRESSIONS

au printemps	*in the spring*
avoir le temps	*to have time*
eh bien	*well*
en automne	*in the fall*
faire de la natation	*to swim*
faire du sport	*to play sports*
qu'est-ce que (qu')?	*what?*
tout ça	*all that*

ATTENTION

LE VERBE *ÉTUDIER* (to study)

j'étudie	nous étudions
tu étudies	vous étudiez
il étudie	ils étudient
elle étudie	elles étudient

J'étudie le français.

       l'histoire.

       la chimie.

       l'espagnol.

LE VERBE *FAIRE* (to do, to make)

je fais	nous faisons
tu fais	vous faites
il fait	ils font
elle fait	elles font

 Je fais de l'éducation physique.
I take physical education.

de la musique.	*music.*
du dessin.	*art.*
de la natation.	*swimming.*

134

PRATIQUE

A Les devoirs

Les amis de Chantal travaillent beaucoup!

CHANTAL: Qu'est-ce que tu fais ce soir?
HENRI: Je fais mes devoirs.

CHANTAL: Qu'est-ce que vous faites ce soir?
PAUL ET ANDRÉ: Nous faisons nos devoirs.

1. Marcel   3. Anne   5. Louise   7. François
2. Roger   4. Jean et Pierre   6. Guy et Janine   8. Marie et Lise

B Est-ce que tu aimes . . . ?

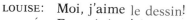

LOUISE: Moi, j'aime le dessin!
ANDRÉ: Et moi, je n'aime pas le dessin!

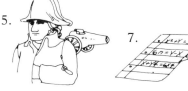

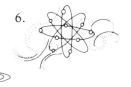

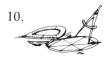

C Les activités

Thérèse pose des questions à Richard.

Laurent (regarder la télé)

THÉRÈSE: Qu'est-ce que Laurent fait?
RICHARD: Il regarde la télé.

1. Luc (regarder la télé)
2. Lise (manger une salade)
3. François (faire ses devoirs)
4. Jean et Pierre (étudier le français)
5. M. Dubé (travailler en ville)
6. Chantal et Claire (faire du dessin)

D Une interview avec Roger Dubé

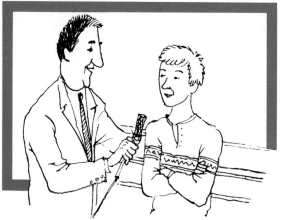

1. Comment s'appelle l'école?
2. Quel est le nom de l'émission?
3. Qu'est-ce que Roger aime à l'école?
4. Qu'est-ce qu'il étudie?
5. Est-ce qu'il a des amis?
6. Qu'est-ce qu'ils font après les classes?
7. Quand est-ce que les amis de Roger font leurs devoirs?
8. Est-ce que Roger fait ses devoirs?

E Mini-dialogue:

Je ne regarde pas la télé!

RICHARD: Salut, Danièle! Qu'est-ce que tu fais ce soir?
Tu regardes la télé?
DANIÈLE: Non, je ne regarde pas la télé. J'étudie pour un examen.

1. après le dîner
faire mes devoirs

2. demain soir
écouter des disques

3. samedi soir
regarder un film

F Décrivez la semaine de Roger

1. Quel jour est-ce qu'il y a un match de football?
2. C'est quand l'examen de français?
3. Qu'est-ce qu'il y a le neuf février?
4. Qu'est-ce que Roger fait jeudi?
5. Où est la surprise-partie? Quand?

FÉVRIER

DIMANCHE - 8 *match de basket-ball*

LUNDI - 9 *examen d'anglais*

MARDI - 10 *examen de maths*

MERCREDI - 11 *émission de radio*

JEUDI - 12 *match de hockey*

VENDREDI - 13 *examen de français*

SAMEDI - 14 *surprise-partie chez Marie!*

G Quel verbe? Quelle forme?

1. Nous (étudier/manger) le français.
2. J'ai faim! Quand est-ce que nous (chanter/manger)?
3. Les élèves (étudier/manger) dans un restaurant.
4. Thérèse (faire/manger) ses devoirs ce soir.
5. Georges et Roger aiment le sport. Ils (travailler/faire) du hockey.
6. Après les classes, Roger (étudier/manger) les mathématiques.
7. Est-ce que vous (chanter/faire) du sport?

H Mini-dialogue:

Qu'est-ce que tu fais ce matin?

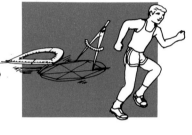

LOUISE: Qu'est-ce que tu fais ce matin?
ROGER: J'étudie les maths.
LOUISE: Tu aimes ça?
ROGER: Non, j'aime le sport!

1.

2.

3.

4.

5.
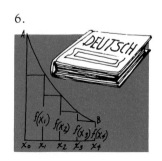

6.

I Faim ou soif?

Faites des dialogues!

MODÈLE:

1. biscuits
2. limonade
3. gâteau
4. salade

5. coca
6. hamburgers
7. frites
8. lait

9. pizza

J Une surprise-partie chez Gisèle

C'est samedi. Il y a une surprise-partie chez Gisèle. Il y a de la musique. Sur la table il y a des hamburgers, des frites et de la pizza. Pour le dessert il y a un gâteau magnifique. Dans le frigo il y a du coca et de la limonade. C'est une surprise-partie fantastique!

Vrai ou faux?

1. Il n'y a pas de musique chez Gisèle.
2. Il n'y a pas de limonade.
3. Il y a de la glace pour le dessert.
4. Il y a du coca dans le tourne-disque.
5. C'est vendredi soir.
6. C'est une surprise-partie formidable!

K Une interview personnelle

1. Comment t'appelles-tu?
2. Qu'est-ce que tu fais après les classes?
3. Qu'est-ce que tu aimes à l'école?
4. Qu'est-ce que tu n'aimes pas?
5. Est-ce que tu as des devoirs?
6. Quand est-ce que tu fais tes devoirs?
7. Est-ce que tu aimes les devoirs?
8. Est-ce que tu étudies beaucoup?
9. Est-ce que tu aimes le sport?
10. Qu'est-ce que tu fais après le dîner?
11. Qu'est-ce que tu aimes faire en hiver? au printemps? en été? en automne?
12. Est-ce que tu aimes la musique? Les concerts? Les surprises-parties?

LISONS!

Un film d'horreur

Robert et Élisabeth regardent un film d'horreur. Élisabeth tremble.
Il est minuit dans un château en Transylvanie! Le terrible comte
Dracula menace une jeune fille . . . Élisabeth crie . . . La victime
tombe sur le plancher . . . Élisabeth pleure . . . Enfin un agent de
police tue Dracula . . . Élisabeth ne regarde pas.

Après le film, Robert demande à Élisabeth: "Tu viens chez moi? Il y
a *Le Monstre de la planète X* à la télé." Élisabeth répond: "Volontiers!
J'adore les films d'horreur!"

un agent de police	*policeman*
un château	*castle*
un comte	*count*
minuit	*midnight*
le plancher	*floor*
crier	*to scream, to cry out*
demander (à)	*to ask*
menacer	*to threaten*
pleurer	*to cry*
répondre	*to answer, to reply*
tomber	*to fall*
trembler	*to shake, to tremble*
tuer	*to kill*
jeune	*young*
tu viens?	*are you coming?*
volontiers!	*gladly!*

A Vrai ou faux?

1. Le comte Dracula est de Montréal.
2. Robert et Élisabeth regardent un match de tennis.
3. Dans le film, Dracula menace son frère.
4. Élisabeth tremble et pleure.
5. Après le film, Élisabeth va chez Robert.

B Questions

1. Où est-ce que le comte Dracula habite?
2. Où est-ce que la victime tombe?
3. Qui tue Dracula?
4. Qu'est-ce qu'il y a à la télé après le film?
5. Qu'est-ce qu'Élisabeth adore?

C Questions personnelles

1. Est-ce que tu aimes les films d'horreur?
2. Est-ce que tu aimes les westerns? Les comédies? Les policiers?
3. C'est combien un billet de cinéma?

Vive la différence!

FRANÇAIS	ANGLAIS
horr*eur*	horr*or*
projecteur	?
docteur	?
moteur	?
navigateur	?
spectateur	?
visiteur	?

L'explosion des mots!

LA JOURNÉE

142

QUE SAIS-JE?

A Dans le frigo

MODÈLE: rosbif   —Est-ce qu'il y a du rosbif?
—Non, il n'y a pas de rosbif.

1. tomates
2. fromage
3. glace
4. salade

5. vin
6. oranges
7. bifteck

8. lait
9. limonade
10. eau minérale

B Faire: Quelle forme?

1. David! Henri! Qu'est-ce que vous ...?
2. Les enfants ... de la natation.
3. Papa ... des frites dans la cuisine.
4. Qu'est-ce qu'ils ... ici?
5. Nous ... toujours nos devoirs.

6. Qu'est-ce que tu ..., Valérie?
7. Je ... un gâteau pour la surprise-partie de Jacques.
8. Fabrice et moi, nous ... du football.

C Les numéros de téléphone

MODÈLE: Laurent/50.76.98   —Quel est le numéro de téléphone de Laurent?
—C'est le cinquante, soixante-seize, quatre-vingt-dix-huit.

1. Luc/19.29.71
2. Claudine/60.75.88

3. Christine/25.80.79
4. Brigitte/72.96.85

5. M. Martin/77.83.90
6. Annick/13.97.86

D Faites une paire

Pair related words from each list.   *Exemple:*   paquet   facteur

Liste A			Liste B		
paquet	football	tour Eiffel	facteur	sciences	sport
gâteau	eau	algèbre	école	piscine	Paris
rosbif	chimie	directrice	mathématiques	maison	cinéma
rédaction	film	salon	devoirs	dessert	viande

E Mini-dialogues

MODÈLES: maison/les Doucette   —C'est la maison des Doucette?
—Oui, c'est leur maison.

billets/Luc   —Ce sont les billets de Luc?
—Oui, ce sont ses billets.

1. vélo/Roger
2. disques/Anne
3. bikini/Brigitte
4. tourne-disque/Pierre et Annick
5. amie/François

6. voisins/les Sarnot
7. parents/Alain et David
8. rédaction/Fabrice
9. affiches/Patrice
10. frère/Jacques

143

F Répondez

MODÈLE: PAUL: C'est ton vélo?

        HENRI: Non, ce n'est pas mon vélo.

1. amie   2. photo   3. voisins   4. moto   5. paquet   6. parents

G Au pluriel, s'il vous plaît

Use the items from Exercise F.

MODÈLE: PAUL: C'est votre vélo?

     MARC ET HENRI: Non, ce n'est pas notre vélo.

H Au restaurant

MODÈLE: –Des céréales, du jus d'orange et du thé, s'il vous plaît.

          –Nous n'avons pas de céréales, Monsieur.

          –Du pain avec du beurre, alors.

1. escargots, soupe, rosbif/salade   3. eau minérale, fruits, fromage/limonade
2. hamburger, frites, coca/sandwich   4. poulet, frites, glace/jambon

I Les préférences

MODÈLE: Pierre,  –Il aime l'éducation physique, mais il déteste les maths.

1. Jacques et Lise, 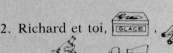   4. Nicole,

2. Richard et toi, 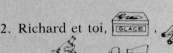   5. toi,    7. Robert,

3. moi, 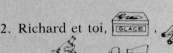   6. Luc et moi,    8. Annie et Yvonne,

J Complétez les phrases

Give as much information as you can.

1. J'adore . . .   5. Je fais . . .   8. J'aime l'émission . . .
2. Je déteste . . .   6. Mon professeur . . .   9. Je n'ai pas . . .
3. Je mange . . .   7. Dans notre école il y a . . .   10. Après les classes, je . . .
4. J'étudie . . .

K Questions personnelles

1. Qu'est-ce que tu étudies à l'école?   7. C'est quand ton anniversaire?
2. Où est-ce que tu fais les devoirs chez toi?   8. Est-ce que tu as des frères et des soeurs?
3. Est-ce que tu aimes les sports?   9. Qui regarde la télé chez toi?
4. Où est-ce que tu habites?   10. Qu'est-ce que vous mangez aujourd'hui pour le dîner?
5. Est-ce que tu as un vélo? une auto?
6. Tu as quel âge?

UNITÉ QUATRE
YOU WILL LEARN

- to ask people where they are going and how they are going to get there
- to tell where you are going and how you will get there
- to arrange to meet with friends and plan what you're going to do
- to make suggestions about what to do next
- to tell time and name the different parts of the day
- to express the distance between two places
- to explain your schedule of activities
- the numbers from 101 to 1,000,000
- the European decimal system
- the 24-hour time system
- a new way to ask questions

UNITÉ QUATRE
PRÉCIS

ROGER: Salut, Monique! Où vas-tu après les classes?

MONIQUE: Je rentre chez moi. Pourquoi?

ROGER: Aujourd'hui, comme c'est vendredi, nous allons en ville en groupe.

MONIQUE: Je regrette.° Pour moi, c'est impossible. Ma mère est malade et j'ai beaucoup à faire.

I'm sorry.

JEAN-CLAUDE: Salut, Renée! Tu vas en ville cet après-midi avec les copains?

RENÉE: Oui, et toi?

JEAN-CLAUDE: Bien sûr! On y va ensemble?

RENÉE: Volontiers! On va en train, n'est-ce pas?

JEAN-CLAUDE: Oui, nous allons à la gare en autobus.

ROGER: Renée! Un moment! Tu vas en ville avec le groupe?

RENÉE: Oui, nous prenons le train à 4 heures.

ROGER: Et pour aller à la gare?

RENÉE: Nous y allons en autobus.

ROGER: Moi, j'y vais en auto avec Fabrice et Paulette. Tu viens° avec nous?

RENÉE: Je regrette. Je vais avec Jean-Claude et les autres. Nous avons rendez-vous à trois heures moins le quart.

Will you come?

PAULETTE: J'ai très faim!

JEAN-CLAUDE: Et moi, j'ai soif!

ROGER: Regardez! Voilà un café. Allons-y!

RENÉE ET FABRICE: D'accord!

PAULETTE: Un moment! À quelle heure part le train?

ROGER: Oh là là! Regarde! Le dernier° train part à onze heures et demie.

JEAN-CLAUDE: Ça ne fait rien.° Le cinéma est près d'ici.

last
That's OK.

À suivre°
To be continued

147

LEÇON SEIZE

LES VACANCES DE GISÈLE ROUSSEAU

A À la maison

C'est le 3 juillet. Gisèle va à l'aéroport. Elle fait un voyage
au Canada. Elle va voir ses grands-parents.

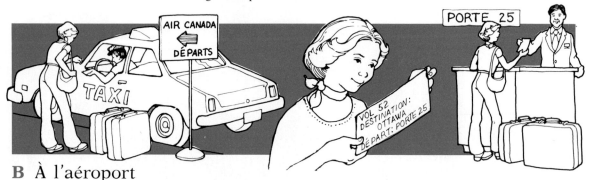

B À l'aéroport

Gisèle va à l'aéroport en taxi. Elle regarde son billet. C'est
le vol numéro 52. À la porte 25 elle donne son billet à
l'employé.

C Dans l'avion

Gisèle montre son billet à l'hôtesse. Elle trouve sa place.
L'hôtesse dit bonjour aux passagers.

D Pendant le vol

À côté de Gisèle il y a un garçon. Elle parle au garçon.
Il s'appelle Guy.

E Devant l'aéroport

Guy et Gisèle arrivent à Ottawa.
Guy donne son numéro de téléphone à son amie
Gisèle. Ils font des projets pour voir la ville ensemble.

ATTENTION

LE VERBE *ALLER (to go)*

singulier	*pluriel*
je vais	nous allons
tu vas	vous allez
il va	ils vont
elle va	elles vont

The verb aller *is not used by itself. Most of the time, it will be used with* à: (*However,* aller chez Monsieur Lemaître, aller chez Paul, *etc.*)

aller à l'aéroport   aller au restaurant   aller à la bibliothèque   aller au lycée

Ils vont à l'aéroport.   Nous allons au restaurant.   Didier va à la bibliothèque.   Jeanne et Luc vont au lycée.

ALLER ET *LES NOMS GÉOGRAPHIQUES*

aller + à + (nom de ville) (*Use no article.*)

aller à Paris
aller à New York
aller à Montréal
aller à Rome
aller à Tokyo

Exception: Cities beginning with an article

la Nouvelle-Orléans → à la Nouvelle-Orléans
le Havre → au Havre

aller + en + *feminine country**

aller en France
aller en Suisse
aller en Italie
aller en Espagne

* *Feminine countries usually end in* e.

aller + au + *masculine country**

aller au Japon   aller au Mexique
aller au Canada   aller au Zaïre
aller au Danemark

Note: aux États-Unis (*m. pl.*)
aux Pays-Bas (*m. pl.*)

* *Except for* le Mexique *and* le Zaïre, *masculine countries do not end in* e.

PRATIQUE

A À l'aéroport

Où est-ce qu'ils vont?

MODÈLE: Madame Dupont (28)
– Elle va à Nice.

1. M. Lebrun (22)

2. Monsieur et Madame Laval (20)

3. Mademoiselle Arnaud (24)

4. les élèves de la classe de français (28)

5. Monsieur Leroc (26)

PORTE 20   LOS ANGELES
PORTE 22   MADRID
PORTE 24   AMSTERDAM
PORTE 26   BORDEAUX
PORTE 28   NICE

B Bon voyage!

Les vacances d'été arrivent.

MODÈLE: – Où est-ce que tu vas?
– Je vais au Mexique.

1. États-Unis

2. Canada

3. Italie

4. Suisse

5. Japon

C À la douane

MODÈLE

Japon/Tokyo

L'AGENT: Vous allez au Japon Madame?
MME MARCHAND: Oui, Monsieur, à Tokyo

1. Canada/Toronto

2. Danemark/Copenhague

3. Espagne/Séville

4. Suisse/Berne

5. France/Marseille

6. États-Unis/la Nouvelle-Orléans

7. Italie/Pisa

8. Pays-Bas/Amsterdam

D Où vont ses amis?

MODÈLE

GEORGES: Où va Claudine?
PAUL: Elle va à la bibliothèque.

1. Pierre

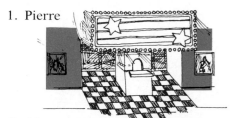

2. Lise

3. Paulette et Claire

4. Anne et Michel

5. David et Robert

6. Sylvie

NOMS

masculins

un aéroport	airport
un avion	airplane
un employé	employee
un numéro	number
un numéro de téléphone	telephone number
un passager	passenger
un projet	plan
un taxi	taxi
un vol	flight
un voyage	trip

féminins

une hôtesse	stewardess
une place	seat (on plane, in movie theatre, etc.)
une porte	door, gate (airport)
les vacances	vacation, holidays
une ville	city

VERBES

aller	to go
donner	to give
montrer	to show
trouver	to find
voir	to see

ADJECTIF

premier	first

EXPRESSIONS

à côté de	beside, next to
à demain!	see you tomorrow!
elle dit bonjour	she says hello
elle va voir	she is going to see
en taxi	by taxi
ensemble	together
faire un voyage	to take a trip
je te téléphone?	shall I call you?
pendant	during
pour voir	(in order) to see
souvent	often

QUELQUES PAYS

masculins

le Canada	Canada
le Danemark	Denmark
les États-Unis	United States
le Japon	Japan
le Mexique	Mexico
les Pays-Bas	Holland (the Netherlands)
le Sénégal	Senegal
le Zaïre	Zaire

féminins

l'Algérie	Algeria
l'Allemagne	Germany
l'Angleterre	England
l'Autriche	Austria
la Belgique	Belgium
la Côte d'Ivoire	Ivory Coast
l'Espagne	Spain
la France	France
la Grande-Bretagne	Great Britain
l'Italie	Italy
la Suisse	Switzerland

PRATIQUE

A Les vacances de Gisèle Rousseau

1. Qu'est-ce que Gisèle fait le 3 juillet?
2. Où est-ce qu'elle va?
3. Où est-ce que ses grands-parents habitent?
4. Comment est-ce qu'elle va à l'aéroport?
5. Quel est le numéro du vol?
6. Où habite Guy Cloutier?
7. Qu'est-ce que Guy donne à Gisèle?

B Vocabulaire en images

1. donne à Gisèle.

2. Gisèle arrive à 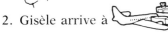 en

3. 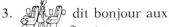 dit bonjour aux

4. Gisèle sa place.

5.  à

C Michel demande à ses amis

MODÈLE: Annie

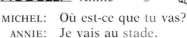

MICHEL: Où est-ce que tu vas?
ANNIE: Je vais au stade.

1. Alain

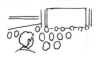

2. Marie

3. Denise

4. Jean-Jacques et Henri

5. Chantal et Jean-Louis

6. Paulette et Yvonne

153

D Qu'est-ce qu'on fait?

Match the action in column B to the question or statement in column A.

A	B
1. «Vous avez vos cahiers?»	A. Je montre les photos à mon amie.
2. «Votre billet, s'il vous plaît.»	B. Je n'étudie pas.
3. «Il n'y a pas d'examen demain.»	C. J'apporte mon tourne-disque.
4. «J'ai faim.»	D. Nous donnons nos examens au professeur.
5. «Il y a une surprise-partie chez Monique.»	E. Nous montrons nos cahiers au directeur.
6. «Vous avez un examen demain.»	F. Je donne un sandwich à mon frère.
7. «Tu as les photos?»	G. Je donne mon billet à l'employé.
8. «Vos examens, s'il vous plaît.»	H. Nous étudions pour l'examen.

E Quel verbe? Quelle forme?

1. (montrer/trouver)   Je .... la photo à mon amie.
2. (regarder/donner)   Le facteur .... le paquet à mon père.
3. (arriver/parler)   Nous .... à Paris demain.
4. (manger/parler)   Claudine et Paul .... à la directrice.
5. (trouver/donner)   Tu ne .... pas ton ami?
6. (regarder/étudier)   Vous .... l'anglais?

F Tes parents demandent...

1. (faire)
   –Qu'est-ce que tu .... ?
   –Je .... mes devoirs.

2. (aller)
   –Où est-ce que tu .... ?
   –Je .... chez Élisabeth.

3. (aller)
   –Où .... tes frères?
   –Ils .... au cinéma.

4. (regarder)
   –Qu'est-ce que vous .... ?
   –Nous .... un film d'horreur.

5. (étudier)
   –Vous .... le français?
   –Non, nous .... la géométrie.

6. (parler)
   –Tes amis .... anglais?
   –Non, ils .... espagnol.

7. (inviter)
   –Est-ce que tu .... Paul?
   –Oui, et j'....... Pierre aussi.

8. (parler)
   –Est-ce que vous .... à vos grands-parents?
   –Non, nous .... aux voisins.

G Choisissez bien!

1. Qu'est-ce que tu fais après les classes?
   A. Je vais à la classe de chimie.
   B. Je vais au lycée.
   C. Je vais chez moi.

2. Qu'est-ce qu'il y a au stade?
   A. Il y a une classe d'algèbre.
   B. Il y a un match de football.
   C. Il y a une piscine.

3. Où est ton père?
   A. Elle est en ville.
   B. Il est en ville.
   C. Il est sympa.

4. Qu'est-ce que tu as là?
   A. C'est un cadeau pour mon ami.
   B. J'ai quatorze ans.
   C. C'est le printemps.

5. Où va ta mère?
   A. Elle est à l'école.
   B. Elle fait du tennis.
   C. Elle va en France.

6. Qu'est-ce que l'hôtesse fait?
   A. Elle montre des places aux passagers.
   B. Elle montre l'examen aux professeurs.
   C. Elle travaille à la bibliothèque.

H Rendez-vous impossible

Here is your schedule. Can you and your friend arrange to go to the movies? Invent a dialog.

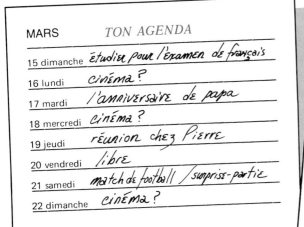

MARS	TON AGENDA
15 dimanche	étudier pour l'examen de français
16 lundi	cinéma?
17 mardi	l'anniversaire de papa
18 mercredi	cinéma?
19 jeudi	réunion chez Pierre
20 vendredi	libre
21 samedi	match de football / surprise-partie
22 dimanche	cinéma?

MARS	L'AGENDA DE TON AMI(E)
15 dimanche	cinéma?
16 lundi	étudier l'algèbre chez Marc
17 mardi	cinéma?
18 mercredi	match de football
19 jeudi	réunion chez Pierre
20 vendredi	anniversaire de maman
21 samedi	match de football / surprise-partie
22 dimanche	libre

LEÇON DIX-SEPT
À OTTAWA

LES PRÉPARATIONS

C'est samedi matin.
Après le petit déjeuner, Guy téléphone à Gisèle.

GUY: Allô! Gisèle? C'est Guy.

GISÈLE: Salut, Guy.

GUY: Ça va?

GISÈLE: Très bien, merci! Alors, où est-ce que nous allons aujourd'hui?

GUY: Au Château Laurier, aux bâtiments du Parlement et à la tour de la Paix.

GISÈLE: D'accord! Allons-y!

GUY: J'ai ton adresse. J'arrive tout de suite!

LA VISITE

Les deux amis vont en ville à pied. Il fait très beau. Ils arrivent aux bâtiments du Parlement. Ils visitent les bâtiments avec un groupe de touristes. Puis, ils vont au Château Laurier.

GISÈLE: J'ai faim. Est-ce qu'il y a un restaurant ici?

GUY: J'ai faim aussi. Il y a un restaurant au centre d'achats: c'est «Le Bon Appétit».

GISÈLE: Bon! Allons-y!

UNE PROMENADE EN VILLE

Après le déjeuner, Gisèle et Guy font une promenade en ville. Il y a une banque, des magasins, et un cinéma.

GUY: Tu vas souvent au cinéma?
GISÈLE: Oui! J'adore les films!
GUY: Regarde! Aujourd'hui il y a un film comique: «Les Aventures de Maurice».
GISÈLE: Nous y allons ce soir?
GUY: D'accord!

VOCABULAIRE

NOMS			
masculins		*féminins*	
un bateau	*boat*	une adresse	*address*
les bâtiments du Parlement	*Parliament Buildings*	une aventure	*adventure*
		une banque	*bank*
le centre-ville	*center (i.e., of a city)*	une bicyclette	*bicycle*
un centre d'achats	*shopping center*	une promenade	*walk*
un groupe	*group*	la tour de la Paix	*Peace Tower*
l'Hôtel Château Laurier	*hotel in Ottawa*		
		VERBE	
le métro	*subway*	visiter	*to visit*
un théâtre	*theater*		
		ADJECTIF	
un train	*train*	comique	*funny, comical*

En route!

Où va Jean-Claude et comment est-ce qu'il y va?

Il va à la banque en métro.

Il va au lycée à bicyclette.

Il va au théâtre en taxi.

Il va en France en avion.

Il va chez Yvette à pied.

Il va en ville en autobus.

Il va à Bordeaux en bateau.

Il va à Marseille en train.

Il va au centre d'achats en voiture.

Il va au stade en vélomoteur.

Il va au centre-ville en moto.

EXPRESSIONS

à bicyclette	*by bicycle*	allons-y!	*let's go (there)!*
à pied	*on foot*	ce soir	*tonight*
en autobus	*by bus*	comment	*how*
en avion	*by plane*	faire une	*to take a walk*
en bateau	*by boat*	promenade	
en métro	*by subway*	puis	*then*
en moto	*by motorcycle*	tout de suite	*immediately, right*
en train	*by train*		*away*
en vélo	*by bicycle*	y	*there*
en vélomoteur	*by moped*		
en voiture	*by car*		

ATTENTION

LE PRONOM *Y*

The pronoun y *is used to replace a preposition plus a noun in answering questions concerning place names preceded by:* à, en, dans, chez. *In affirmative statements,* y *precedes the verb.*

In the negative, ne *precedes* y → n'y *and* pas *follows the verb.*

—Tu vas à la bibliothèque?
—Oui, j'y vais ce matin.

—Jean va chez Suzette?
—Oui, il y va après les classes.

—Vous étudiez dans votre chambre?
—Oui, nous y étudions toujours.

—Ta soeur est en classe?
—Non, elle n'y est pas.

PRATIQUE

A À Ottawa

1. Quand est-ce que Guy téléphone à Gisèle?
2. Où est-ce qu'ils vont?
3. Comment est-ce qu'ils vont en ville?
4. Qu'est-ce qu'il y a au centre d'achats?
5. Qu'est-ce qu'ils font après le déjeuner?
6. *Les Aventures de Maurice,* qu'est-ce que c'est?
7. Quel temps fait-il?

B Alain demande à ses amis

MODÈLE: Pierre   ALAIN: Est-ce que tu vas à la bibliothèque?
          PIERRE: Oui, j'y vais!

1. Rose et Michèle/le théâtre
2. Noëlle/le magasin
3. Yves/le stade
4. Marc et Robert/le gymnase
5. Sylvie et sa soeur/la piscine
6. Jean-Claude/la banque
7. Claudette/l'hôtel
8. Annick et son frère/le centre-ville

C À la négative!

Repeat the preceding exercise in the negative according to the model.

MODÈLE:

ALAIN: Est-ce que tu vas à la bibliothèque?
PIERRE: Non, je n'y vais pas.

D Allons-y!

MODÈLE:

PIERRE: Nous allons en ville en train?
CLAUDETTE: Non, nous y allons en autobus.

1.   5.

2.   6.

3.   7.

4.   8.

161

E Où et quand?

MODÈLE: Charles/Rome/samedi

PAUL: Charles va à Rome.
ANNETTE: Quand est-ce qu'il y va?
PAUL: Il y va samedi.

1. Brigitte/Paris/vendredi
2. François/Montréal/mardi
3. Luc/États-Unis/lundi

4. Éric/Canada/dimanche
5. Nanette/France/mercredi
6. Fabrice/cinéma/jeudi

F Quel dommage!

1. Je n'ai pas d'argent.
   Je ne vais pas au cinéma.

2. Papa est malade. Il . . .

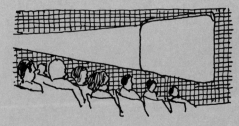

3. Il pleut. Ils . . .

4. Vous n'avez pas faim. Vous . . .

5. Notre voiture ne marche pas. Nous . . .

6. Tu as beaucoup de devoirs. Tu . . .

G Questions personnelles

1. Qu'est-ce que tu fais samedi?
2. Tu vas souvent au cinéma?
3. Est-ce que tu aimes les films comiques?
4. Ce soir, tu vas chez toi ou au restaurant pour le dîner?
5. Comment est-ce que tu vas à l'école?
6. Où est-ce que tu vas pendant les vacances?
7. Tu vas souvent en ville? Comment?
8. Est-ce que tu vas souvent au restaurant? Avec qui?

H Mini-dialogue

MODÈLE:

MAMAN: Tu ne vas pas au stade?
RÉMI: Non, je vais à la bibliothèque avec Chantal.
MAMAN: Vous y allez à pied?
RÉMI: Non, nous y allons en vélo.

1. magasin
   piscine
   en autobus

2. théâtre
   cinéma
   en voiture

3. lycée
   stade
   en moto

VIGNETTES

Chère Nanette:

J'ai 16 ans et j'habite à Lyon avec mes parents. Ils sont assez bons° pour moi dans tous les sens° sauf° un: ils sont très radins° avec moi et trop généreux° avec mon frère. Pierre a 15 ans et mes parents lui° donnent 125F par mois°; je reçois° 80F. Vous trouvez que c'est juste? Comment est-ce que je peux° changer ma situation?

Yolande

pretty good
all ways/except
stingy
too generous
him
per month/receive

How can I

Chère Yolande:

Tu n'es pas seule°. Beaucoup de° parents croient° qu'on invite toujours leurs filles au cinéma, au snack, etc. Et comme° les garçons invitent, ils ont besoin de° plus d'°argent. Ce n'est pas vrai°, chers parents, et ce n'est pas juste non plus°!

Nanette

alone/many
believe

as, since
need/more
true
either

Nous déjeunons ensemble?

D'accord!

Je n'ai pas assez d'argent!

LEÇON DIX-HUIT

LA RENTRÉE DES CLASSES

A Aujourd'hui, c'est mardi, le 8 septembre. Il fait beau à Paris ce matin. C'est la rentrée des classes. Dans la rue, Henri Martin rencontre une jeune fille.

HENRI: Salut! Je m'appelle Henri Martin. Et toi, comment t'appelles-tu?

JEANNE: Jeanne Leblanc. Je suis de Marseille, mais nous habitons ici maintenant.

HENRI: Alors, tu vas au lycée aussi?

JEANNE: Oui. Comment trouves-tu ton école?

HENRI: Elle est formidable!

B Jeanne et Henri arrivent au lycée. Dans la cour, Henri présente Jeanne à son copain Jacques.

HENRI: Salut, Jacques! Voici Jeanne Leblanc. Elle est de Marseille.

JACQUES: Bienvenue, Jeanne! Comment vas-tu?

JEANNE: Très bien, merci.

JACQUES: As-tu des frères et des soeurs?

JEANNE: Je n'ai pas de soeurs, mais j'ai un frère. Il est à l'université à Grenoble. Il a dix-neuf ans.

JACQUES: Et toi, quel âge as-tu?

JEANNE: J'ai seize ans.

HENRI: Les classes commencent! Allons-y!

C Deux jours plus tard, Jeanne et Henri parlent dans le couloir.

HENRI: Alors, Jeanne, est-ce que tu aimes notre lycée?
JEANNE: Oui, beaucoup!
HENRI: Qui est ton professeur de français?
JEANNE: C'est Mlle Lévêque.
HENRI: Mlle Lévêque? Dommage! Elle est sévère, n'est-ce pas?
JEANNE: Oui, un peu. J'ai déjà des devoirs, mais elle est très sympa.

D

HENRI: Oh là là! J'ai faim! Où vas-tu après le déjeuner aujourd'hui? Tu vas chez toi ou tu restes ici?
JEANNE: Je rentre chez moi. Ce n'est pas loin.
HENRI: Et demain, que fais-tu après les classes?
JEANNE: Je vais au centre-ville.
HENRI: Moi aussi! On y va ensemble?
JEANNE: D'accord!

AS-TU COMPRIS?

A Questions

1. Quelle est la date? Quelle est la saison?
2. Quel temps fait-il?
3. Où est-ce que Jeanne rencontre Henri?
4. Où vont-ils?
5. D'où est Jeanne?

B Vrai ou faux?

1. Jeanne rencontre Henri en classe.
2. Jeanne et Henri rencontrent Jacques en classe.
3. Jeanne a quatorze ans.
4. Elle a un frère.
5. Il va au lycée.
6. Il a quatorze ans.

C Complétez

1. Jeanne parle à son . . . Henri dans le . . .
2. Mlle Lévêque est son . . . de français.
3. Elle est . . . .
4. Jeanne a déjà des . . . .
5. Elle . . . chez elle après le déjeuner.
6. Demain, elle va . . . après les classes.

VOCABULAIRE

NOMS		ADJECTIFS	
masculin		jeune	*young*
un copain	*friend*	sévère	*strict*
féminins		EXPRESSIONS	
une copine	*friend*	comment allez-vous?	*how are you?*
la rentrée des classes	*first day of school*	comment trouves-tu . . . ?	*what do you think of . . . ?*
une université	*university*	comment vas-tu?	*how are you?*
VERBES		déjà	*already*
		loin	*far*
commencer	*to begin, to start*	maintenant	*now*
présenter	*to introduce*	on y va?	*shall we go (there)?*
rencontrer	*to meet*	plus tard	*later*
rentrer	*to return home*	un peu	*a little*
rester	*to stay*	que?	*what?*

La langue vivante

En français, comme en anglais, il y a des expressions qui sont «familières». Voici quelques exemples:

les mathématiques	les maths
un professeur	un prof
la télévision	la télé
sympathique	sympa
Comment vas-tu?	Ça va?
un ami *ou* une amie	un copain *ou* une copine

Pour la rentrée

As-tu . . .

. . . une gomme?

. . . un cahier?

. . . une règle?

. . . un stylo?

. . . un dictionnaire?

. . . du papier?

. . . une calculatrice?

ATTENTION

LES QUESTIONS
There are three ways to ask a question in French.
1. *Let your voice go up at the end of the sentence:*
   Vous parlez français? ↗
2. *Use the expression est-ce que (est-ce qu' before a vowel sound):*
   Est-ce que vous parlez français?
3. *Use inversion. (Reverse the order of the subject and verb):*
   Parlez-vous français?

Compare the following examples:

Est-ce que	Inversion
Quand est-ce que vous rentrez?	Quand rentrez-vous?
Où est-ce que nous allons?	Où allons-nous?
Qu'est-ce que tu fais?	Que fais-tu?
Est-ce que c'est une Chevrolet?	Est-ce une Chevrolet?

STOP *Liaison!*

Parlent-ils français?

Ont-ils des frères?

L'INVERSION
In written form the word and subject are always joined with a hyphen.
   Vas-tu au cinéma?
   Êtes-vous d'ici?

With the pronoun je, inversion is almost never used. Instead, follow one of these two patterns:

   Je chante bien?
   Est-ce que je chante bien?

LE VERBE *COMMENCER* (to begin)

je commence	nous commençons*
tu commences	vous commencez
il commence	ils commencent
elle commence	elles commencent

* Attention à la cédille!

PRATIQUE

A Henri et Jacques ne sont pas préparés!

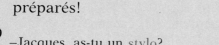

–Jacques, as-tu un stylo?
–Non, je n'ai pas de stylo!
–Et la classe de maths commence!

B Henri est très curieux!

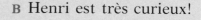

–Jeanne, qui est ton prof de français?
–C'est Mlle Lévêque.
–Comment est-elle?
–Elle est sévère!

1.
2.
3.
4.
5.
6.

1. anglais
   Mme Jackson
   aimable

2. histoire
   M. Rondeau
   intéressant

3. sciences
   Mlle Julien
   comique

4. maths
   M. Campeau
   sympathique

5. espagnol
   Mme Varenne
   pénible

6. musique
   M. Rémi
   formidable

C Les questions

Trouvez deux autres façons de poser les questions suivantes.

1. Aimes-tu la musique «pop»?
2. Vous restez ici pour les vacances?
3. Tu habites à Chicago?
4. Est-ce que vous allez au cinéma avec Éric?
5. Où est-ce qu'elles vont?
6. Vous parlez français?
7. Avez-vous faim?
8. C'est une Chevrolet?
9. Elles vont à la surprise-partie?
10. Sont-ils en retard?
11. Est-ce que nous commençons l'examen maintenant?
12. Elle est de Toulouse?

D Les substitutions

Remplacez le mot souligné.

1. Commences-<u>tu</u> tout de suite?
   (ils, nous, vous, elles)

2. Restons-<u>nous</u> ici?
   (vous, tu, ils, elles)

3. Es-<u>tu</u> de Montréal?
   (vous, il, elles, elle)

4. Aiment-<u>ils</u> le film?
   (vous, elles, tu)

5. Avez-<u>vous</u> une voiture?
   (tu, elles, ils)

6. Est-ce que je <u>chante</u> bien?
   (parler, nager, travailler)

E L'élimination des mots!

1. classe, professeur, élève, frigo
2. frère, soeur, mère, directrice
3. français, anglais, bikini, sciences
4. déjeuner, jeudi, dîner, petit déjeuner
5. septembre, octobre, sept, décembre
6. copain, cuisine, ami, copine

F Mettez en ordre!

1. vas/comment/tu/?
2. âge/tu/quel/as/?
3. appelles/t'/tu/comment/?
4. ce/qui/est/?
5. frères/vous/des/avez/?
6. samedi/tu/que/fais/?
7. aujourd'hui/manges/tu/où/?
8. concert/commence/quand/est-ce que/
   le/?
9. êtes/retard/pourquoi/en/vous/?
10. temps/quel/il/fait/?

G Prononcez bien!

1. Parlent-ils français?
2. D'où sont-elles?
3. Étudient-ils chez Régine?
4. Rentrent-elles demain?
5. Où habitent-ils?
6. Vont-ils au cinéma avec Lucie?
7. Aiment-elles les films comiques?
8. Quel temps fait-il?
9. Travaillent-ils ce soir?
10. Font-elles le dîner?

H Les conversations téléphoniques

Voici dix réponses.
Quelles sont les questions?

1. Non, je suis de Nice.
2. J'ai quinze ans.
3. 39, rue Papineau.
4. Nous allons au cinéma ce soir.
5. Après les classes!
6. Elle est formidable!
7. C'est le père de Monique Dubois.
8. Non, je ne vais pas au match de
   basket-ball.
9. Non, je rentre chez moi.
10. Ils font leurs devoirs maintenant.

I Questions personnelles

1. Comment t'appelles-tu?
2. Comment vas-tu?
3. Quel âge as-tu?
4. D'où es-tu?
5. As-tu des frères et des soeurs?
6. Aimes-tu ton école? Pourquoi?
7. Que fais-tu à l'école?
8. Où habites-tu?
9. Que fais-tu après les classes?
10. Quand fais-tu tes devoirs?

Recombinaison

You overhear your friend Martine on the phone. Can you guess what is being said on the other end of the line?

F: . . .

M: Salut, Fabrice. Ça va?

F: . . .

M: Oh, pas mal, mais j'ai un examen de français demain.

F: . . .

M: Samedi soir? Impossible. C'est l'anniversaire de maman.

F: . . .

M: Un moment . . . Oui, je suis libre dimanche.

F: . . .

M: Mais, je déteste le football!

F: . . .

M: Bon, d'accord. C'est vrai que tu vas à l'opéra avec moi. Mais c'est un sacrifice quand même°.

quand même *just the same*

SAVOIR-LIRE

Guess the meaning of the underlined words.

1. Le premier janvier, c'est <u>le commencement</u> de l'année.

2. Le 31 décembre, c'est <u>la fin</u> de l'année.

3. Dans la ville de Plymouth il y a 6500 <u>habitants</u>.

4. Henri fait des <u>calculs</u> avec sa calculatrice.

LEÇON DIX-NEUF
SALUT, LES COPAINS!

Salut! Je m'appelle Jacques Dubois. J'ai 16 ans. J'habite à Paris en France. Notre appartement est dans un immeuble moderne, près du lycée.

Ma soeur s'appelle Marie-Thérèse. Elle a 13 ans et elle va au collège.

Ma cousine, Réjeanne, habite loin du lycée, alors elle prend l'autobus avec ses copains, François et Monique. Ils déjeunent à la cantine.

J'étudie neuf matières. J'aime les sciences mais je préfère les maths! Je prends des leçons de guitare, parce que j'aime beaucoup la musique.

À midi, je rentre chez moi pour déjeuner. D'habitude, je fais mes devoirs à la maison après mon goûter.

Après le dîner, je regarde la télé ou j'écoute la radio.

AS-TU COMPRIS?

A Questions

1. Quel âge a Jacques?
2. Où habite-t-il?
3. Est-ce qu'il habite dans une maison ou dans un appartement?
4. A-t-il une soeur?
5. Comment s'appelle-t-elle?
6. Quel âge a-t-elle?
7. Est-ce que Jacques habite loin ou près du lycée?
8. Comment est-ce que sa cousine va au lycée?
9. Comment s'appellent ses amis?
10. Qu'est-ce que Jacques étudie au lycée?
11. Aime-t-il les sciences?
12. Quelles leçons de musique prend-il?
13. Avec qui est-ce que Réjeanne prend son déjeuner?
14. Où déjeunent-ils?
15. Où est-ce que Jacques fait ses devoirs?
16. Que fait-il après le dîner?

B Vrai ou faux?

1. Jacques habite à Lille en France.
2. Il déjeune à la cantine.
3. Il étudie neuf matières.
4. Il prend l'autobus pour aller au lycée.
5. Après le dîner, il fait du sport.

C Complétez

1. Jacques fait ses . . . à la maison.
2. Il . . . son déjeuner à . . . .
3. Après le dîner, il regarde la . . . ou il écoute la . . . .

ATTENTION

L'INVERSION

When a verb ending in a vowel is followed by the pronoun il or elle, a "t" is inserted between the verb and the pronoun. Note that the verb, the "t" and the pronoun are separated by hyphens.

Où va-t-il?
Où travaille-t-elle?
A-t-il un vélomoteur?
Y a-t-il du lait dans le frigo?

STOP Écrivez bien!

-t-

VOCABULAIRE

NOMS
masculins

un appartement	*apartment*
un collège*	*junior high school/ high school*
un cousin	*cousin*
un immeuble	*apartment building*

féminins

une cousine	*cousin*
une guitare	*guitar*
une leçon	*lesson*

VERBES

déjeuner	*to have lunch*
préférer	*to prefer*
prendre	*to take*

PRÉPOSITIONS

loin de	*far from*
pour	*in order to*
près de	*near, close to*

EXPRESSIONS

à combien de kilomètres . . . ?	*how many kilometers . . . ?*
à midi	*at noon*
d'habitude	*in general, usually*
être à . . . kilomètres de . . .	*to be . . . kilometers from . . .*
il (elle) s'appelle	*his (her) name is . . .*
ils (elles) s'appellent	*their names are . . .*

* Collège d'Enseignement Secondaire
ou C.E.S.

ATTENTION

LE VERBE *PRÉFÉRER* (to prefer)

Attention aux accents!

préférer

je préfère	nous préférons
tu préfères	vous préférez
il préfère	ils préfèrent
elle préfère	elles préfèrent

LE VERBE *PRENDRE* (to take)

je prends	nous prenons
tu prends	vous prenez
il prend	ils prennent
elle prend	elles prennent

à l'interrogatif:

Est-ce que je prends l'autobus?
Est-ce que tu prends l'autobus?
ou   Prends-tu l'autobus?
Est-ce qu'il/elle prend l'autobus?
ou   Prend-il/elle l'autobus?
Est-ce que nous prenons l'autobus?
ou   Prenons-nous l'autobus?
Est-ce que vous prenez l'autobus?
ou   Prenez-vous l'autobus?
Est-ce qu'ils/elles prennent l'autobus?
ou   Prennent-ils/elles l'autobus?

Expressions avec prendre:

prendre le petit déjeuner
(to have breakfast)
prendre le déjeuner
(to have lunch)
prendre un coca
(to have a Coke)
prendre un sandwich
(to have a sandwich)

Les nombres

100	cent		2000	deux mille	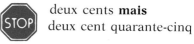	deux cents **mais**
101	cent un		⬇			deux cent quarante-cinq
200	deux cents		100.000	cent mille		
201	deux cent un		⬇		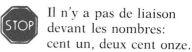	Il n'y a pas de liaison
202	deux cent deux		1.000.000	un million		devant les nombres:
⬇			2.000.000	deux millions		cent un, deux cent onze.
1000	mille					

Note: Observe that the French use the period rather than the comma to denote thousands, and the decimal comma to represent tenths, hundredths, etc. (8,5 = 8.5).

	milliers	centaines	dizaines	unités
4720	4 quatre mille	7 sept cent	2	0 vingt
3304	3 trois mille	3 trois cent	0	4 quatre
2097	2 deux mille	0	9 quatre-vingt-dix-sept	7

TABLE DES DISTANCES

Distances approximatives en kilomètres

–À combien de kilomètres est Québec de Montréal?
–Québec est à deux cent soixante-dix kilomètres de Montréal.

Québec est à huit cent soixante-quatre kilomètres de New York et à cinq mille deux cents kilomètres de Los Angeles.

	Winnipeg	Washington, D.C.	Vancouver	Trois-Pistoles	Toronto	San Francisco	Québec	Ottawa	New York	Montréal	Miami	Los Angeles	Halifax	Edmonton	Dallas	Columbus	Chicago	Calgary	Boston	Atlanta
Atlanta																			1783	
Boston																		4242	3812	
Calgary																	2776	1616	1139	
Chicago																576	3103	1289	941	
Columbus															1688	1482	3114	2821	1323	
Dallas														3412	3275	2797	299	4315	4110	
Edmonton													5013	3920	2388	2618	4973	1099	2808	
Halifax												6178	3006	2251	3608	3296	2707	4855	3526	
Los Angeles											4371	3581	5092	2161	1884	2248	4794	2446	1067	
Miami										2654	4929	1249	3764	2848	1159	1370	3743	499	1930	
Montréal									613	2147	4482	1278	4340	2509	895	1302	3906	335	1374	
New York								777	190	2866	4789	1439	3574	2705	1098	1230	3553	563	2023	
Ottawa							460	864	270	2918	5200	982	4035	3093	1423	1640	4014	658	2222	
Québec						5245	4834	4720	4974	4978	610	6223	2478	2819	3904	3446	2179	5034	3996	
San Francisco					4435	809	399	885	539	2404	4390	1788	3455	2309	702	830	3434	980	1627	
Toronto				1063	5499	276	714	1113	524	3135	5454	725	4288	3310	1640	1894	4268	875	2440	
Trois-Pistoles			5325	4492	1630	5071	4611	5414	4801	5547	2313	6050	1244	3595	3993	3833	1057	5077	4435	
Vancouver		4646	1596	919	4575	1241	724	381	977	1701	4258	1815	4596	2103	694	1141	4298	721	995	
Washington, D.C.	2456	2232	2932	2099	3430	2678	2218	2984	2408	3573	3401	3656	1357	2105	1880	1440	1336	2881	2535	

175

PRATIQUE

A Entre copains

MODÈLE

–Qui est-ce?
–C'est Sylvie Marchand.
–Aime-t-elle la musique pop?
–Oui, elle adore la musique pop!

1. Jean Lecomte
   avoir des frères
   avoir trois frères

2. Hélène Dubois
   aller en ville
   y aller avec son père

3. Guy Deschamps
   étudier pour un examen
   étudier pour l'examen d'histoire

4. Claudine Vernet
   déjeuner avec des copains
   déjeuner avec Paul et Guy

5. Pierre Larose
   aller chez lui
   rentrer à la maison

6. Thérèse Leblanc
   parler anglais
   parler très bien

B Les leçons

MODÈLE

–Où va-t-il?
–En ville.
–Pourquoi?
–Il prend des
leçons de musique!

1. elle
   guitare

2. tu
   piano

3. vous
   danse

4. il
   dessin

5. il
   tennis

6. elles
   karaté

C À combien de kilomètres est ...

MODÈLE   Strasbourg de Marseille?

Strasbourg est à cinq cent quatre-vingts kilomètres de Marseille.

1. Paris de Marseille?
2. Marseille de Lille?
3. Lille de Toulouse?
4. Toulouse de Dijon?
5. Dijon de Lille?
6. Paris de Bordeaux?
7. Paris de Nice?
8. Paris de Grenoble?

DISTANCES EN KILOMÈTRES

DIJON	GRENOBLE	LILLE	MARSEILLE	NICE	PARIS	STRASBOURG	TOULOUSE	
							699	STRASBOURG
					364	570		PARIS
				645	516	439		NICE
			145	626	580	302		MARSEILLE
		785	780	189	383	750		LILLE
	601	199	189	452	385	363		GRENOBLE
235	365	429	414	245	219	485		DIJON
496	469	671	488	600	474	715	210	BORDEAUX

D Questions et réponses

Pose des questions à ton voisin! (Utilise l'inversion.)

 1    2.    3.   4.

E Tu prends le taxi?

Fais des phrases avec le verbe prendre.

Je ...
Tu ...
Mlle Ledoux ...
Nous ...
Pierre et Monique ...
Jeanne et Lise ...
Ils ...

1.   2.   3.   4.

F Que préfères-tu?

1. une voiture ou une moto?

   2.   3.    4.

G Questions personnelles

1. Où habites-tu?
2. Comment s'appellent tes copains? Tes copines?
3. Est-ce que tes parents travaillent? Où?
4. Prends-tu l'autobus pour aller à l'école?
5. Comment s'appelle le directeur (ou la directrice) de ton école?
6. Comment s'appellent tes professeurs?
7. Préfères-tu le sport ou la musique?
8. Est-ce que tes parents préfèrent le théâtre ou le cinéma?
9. Prends-tu le déjeuner chez toi?
10. Que fais-tu après le dîner?

PERSPECTIVES

Il y a plus de 3000 langues dans le monde. Seulement 200 langues sont parlées par plus d'un million de personnes. Il y a 95.000.000 de personnes dans plus de 24 pays qui parlent français. Voici d'autres langues importantes:

l'allemand
l'anglais
l'arabe
le chinois
l'espagnol
l'italien
le japonais
le portugais
le russe

LEÇON VINGT
LA JOURNÉE DE JEANNE

A

🕐 À sept heures mon réveil sonne.

🕐 À huit heures je prends mon petit déjeuner. Je mange vite parce qu'à huit heures et demie je vais au lycée. Je suis souvent en retard!

🕐 À neuf heures moins le quart j'arrive au lycée. Aujourd'hui je suis en avance!

🕐 À neuf heures les classes commencent. J'ai quatre classes avant le déjeuner.

🕐 À midi je rentre chez moi et je prends mon déjeuner. J'ai toujours faim!

🕐 À une heure je reviens au lycée. J'arrive à l'heure!

🕐 À trois heures et demie j'arrive chez moi. Je prends un goûter, puis je range ma chambre. Quelquefois, après les classes, je vais au café avec des copains.

🕐 À cinq heures et demie, j'aide ma mère. Je mets la table.

🕐 À six heures et quart, nous dînons.

🕐 Après le dîner, je fais mes devoirs ou je regarde la télé. De temps en temps je garde les enfants de nos voisins. J'aime ça parce que je gagne de l'argent.

🕐 Vers dix heures et demie, je vais au lit. Bonne nuit!

B Voici mon emploi du temps pour le vendredi.

HEURE	MATIÈRE
9 h 00	ANGLAIS
9 h 45	SCIENCES
10 h 30	FRANÇAIS
11 h 15	ÉDUCATION PHYSIQUE
12 h 00	DÉJEUNER
1 h 00	MATHÉMATIQUES
1 h 45	GÉOGRAPHIE
2 h 30	HISTOIRE
3 h 15	LE WEEK-END COMMENCE!

AS-TU COMPRIS?

A Vrai ou faux?

1. Le réveil de Jeanne sonne à sept heures et demie.
2. Jeanne va au lycée à huit heures.
3. Elle arrive au lycée à neuf heures moins le quart.
4. Elle reste au lycée à midi.
5. Jeanne n'aide pas sa mère.

B Complétez avec l'heure

1. Jeanne va au lycée à . . .
2. À . . . les classes commencent.
3. Jeanne revient au lycée à . . . de l'après-midi.
4. La famille dîne à . . .
5. Vers . . . , Jeanne va au lit.

C Questions

1. Est-ce que Jeanne arrive au lycée toujours à l'heure?
2. Qu'est-ce qu'elle fait après les classes?
3. Comment est-ce qu'elle aide sa mère?
4. Qu'est-ce qu'elle fait après le dîner?
5. Comment est-ce qu'elle gagne de l'argent?
6. À quelle heure est son cours de français?

D En retard, en avance, ou à l'heure?

1. La classe de maths commence à onze heures et demie.
   J'arrive à onze heures et quart.
   Je suis . . .

2. Le match de football commence à deux heures.
   Nous arrivons au stade à deux heures et quart.
   Nous sommes . . .

3. Pierre a rendez-vous chez Yvette à quatre heures.
   Il arrive à quatre heures moins cinq.
   Il est . . .

Problèmes de logique:

4. Maintenant, il est six heures moins dix.
   Hélène a rendez-vous chez Luc à six heures.
   Elle y arrive dans dix minutes.
   Elle arrive . . .

5. Je vais au lycée en autobus.
   Les classes commencent à neuf heures.
   Il est neuf heures moins dix.
   J'ai vingt minutes d'autobus.
   Alors, j'arrive . . .

Quelle heure est-il?

Il est une heure.

1. Il est huit heures.

3. Il est trois heures et demie.

2. Il est une heure et quart.

4. Il est deux heures moins le quart.

6. Il est minuit.

5. Il est midi.

9. Il est huit heures moins vingt.

7. Il est six heures cinq.

8. Il est sept heures vingt-cinq.

10. Il est dix heures moins dix.

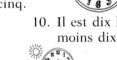
Il est midi et demi.
Il est minuit et demi.

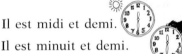

un réveil

une horloge

une montre à affichage numérique

un radio-réveil

À l'heure?

Les classes commencent à neuf heures.
Pierre est en avance.
Jeanne est à l'heure.
Le prof est en retard.

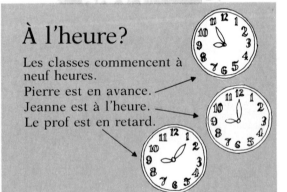

VOCABULAIRE

NOMS

masculins

un café	*cafe*
un cours	*class, course*
un emploi du temps	*schedule, timetable (for students)*
un horaire	*schedule, timetable (for buses, trains, etc.)*
un radio-réveil	*clock radio*
un rendez-vous	*appointment, date*
un réveil	*alarm clock*
un week-end	*weekend*

féminins

la géographie	*geography*
une heure	*hour*
une horloge	*wall clock*
une journée	*day*
une minute	*minute*
une montre	*watch*
une seconde	*second*

VERBES

aider	*to help*
dîner	*to eat dinner*
gagner	*to earn; to win*
ranger	*to clean up, tidy up*

180

NOTES CULTURELLE

L'heure exacte

If someone tells you: *Nous arrivons à l'aéroport à dix heures*,
when would you go to pick him up? At 10 A.M. or 10 P.M.?
The French have two ways of conveying this information.
In conversation, this information is conveyed by the qualifiers *du
matin, de l'après-midi,* and *du soir.* Consider this conversation.

> –J'arrive à Chicago à dix heures.
> –À dix heures *du matin*?
> –Non, à dix heures *du soir.*

These qualifiers are used only when the time of day is not obvious
from the context.
In official communications such as train, bus, and airline schedules,
and in advertising (films, stores, etc.), references to time are often
given in accordance with the twenty-four-hour system. This system
is not normally used in conversation.

une heure du matin = 01:00	une heure de l'après-midi = 13:00
neuf heures du matin = 09:00	neuf heures du soir = 21:00
midi = 12:00	minuit = 24:00 ou 00:00

HORAIRE

Départ	Destination	Départ	Destination	Départ	Destination
07 45	Grenoble	13 13	Strasbourg	19 50	Aix-en-Provence
08 58	Bordeaux	14 39	Paris-Lyon	20 21	St. Gervais-Metz
09 12	Nantes	15 45	Grenoble	21 08	Bordeaux
10 51	Aix-en-Provence	16 22	Nantes	22 11	Toulon
11 23	St. Gervais-Metz	17 35	Toulon	23 16	Strasbourg
12 05	Nice	18 10	Nice	24 00	Paris-Lyon

sonner — *to ring*

EXPRESSIONS

aller au lit	*to go to bed*
avant	*before*
bonne nuit	*good night*
de temps en temps	*now and then*
elle met la table	*she sets the table*
elle revient	*she returns*
garder des enfants	*to babysit*
je mets la table	*I set the table*
je reviens	*I return*
vite	*fast, quickly*

EXPRESSIONS — L'HEURE

à l'heure	*on time*
à quelle heure?	*(at) what time?*
de l'après-midi	*in the afternoon (p.m.)*
du matin	*in the morning (a.m.)*
du soir	*in the evening (p.m.)*
en avance	*early (for appointment, etc.)*
en retard	*late*
moins	*less*
quelle heure est-il?	*what time is it?*
vers	*about (time)*

181

PRATIQUE

A Henri n'a pas de montre

–Quelle heure est-il?
–Il est six heures et demie.
–Quand est-ce que le film commence?
–À sept heures.

1. 6 h 45
   le match de
   football
   7 h 00

2. 7 h 50
   la surprise-
   partie
   8 h 15

3. 8 h 45
   l'examen
   9 h 00

4. 12 h 15
   le cours de
   sciences
   12 h 30

5. 10 h 10
   le cours
   d'histoire
   10 h 20

6. 10 h 30
   le concert
   10 h 40

7. 2 h 25
   l'émission
   2 h 40

8. 7 h 30
   le rendez-vous
   chez Claudette
   8 h 00

B La journée de Frédéric

MODÈLE

–À quelle heure est-ce que tu prends le petit déjeuner?
–À huit heures moins le quart.

1. aller à l'école (8 h 30)

2. arriver à l'école (8 h 45)

3. rentrer chez toi (3 h 15)

4. écouter la radio (4 h 00)

5. commencer tes devoirs (4 h 45)

6. faire le dîner (5 h 15)

7. regarder la télé (8 h 00)

8. aller au lit (9 h 45)

NOTE CULTURELLE

Le café

The *café* is an important part of the average French person's social life. It is a place to meet with friends and acquaintances, to make new friends, or just to sit and relax with a book or newspaper and perhaps watch the world go by.

The *café* consists of two parts. *La salle* is inside and is open year round, and *la terrasse*, with its sidewalk tables, is usually open as soon as weather permits, and offers an excellent vantage point for the international pastime of people-watching.

C À quelle heure part l'avion?

L'avion pour Brest part à . . .

DESTINATION	DÉPART	ARRIVÉE
BREST	07 25	08 35
DINARD	08 50	10 00
FRÉJUS	09 15	11 25
GRENOBLE	10 05	11 05
LA ROCHELLE	11 50	13 20
ANNECY	12 40	14 10
CALVI	13 00	14 35
MARSEILLE	14 30	15 55

D À quelle heure arrive le train?

Le train de Boulogne-Abbeville arrive à . . .

ARRIVÉE	
heure	provenance
07^H 46	BOULOGNE ■ ABBEVILLE
08^H 54	ÉTAPLES ■ AMIENS
09^H 06	MONS ■ ST-QUENTIN
10^H 31	COMPIÈGNE ■ CHANTILLY
11^H 17	LILLE ■ DOUAI
12^H 48	SOISSONS ■ COTTERETS
13^H 02	BORDEAUX ■ TOURS
14^H 11	LYON ■ DIJON
15^H 23	CALAIS ■ AMIENS
16^H 57	DUNKERQUE ■ ARRAS

E L'heure dans le monde

Quelle heure est-il à Ottawa?
Et dans les autres villes?

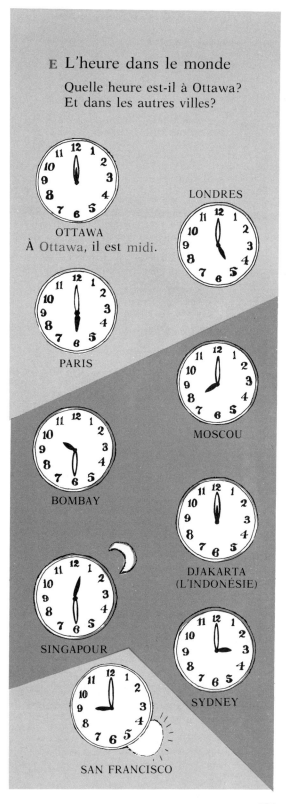

OTTAWA
À Ottawa, il est midi.

LONDRES

PARIS

MOSCOU

BOMBAY

DJAKARTA
(L'INDONÉSIE)

SINGAPOUR

SYDNEY

SAN FRANCISCO

183

F Les secondes, les minutes, les heures . . .

1. Combien de secondes y a-t-il dans une heure?
2. Combien de minutes y a-t-il dans une heure et demie?
3. Combien d'heures y a-t-il dans une semaine?
4. Combien de semaines y a-t-il dans une année?
5. Combien de jours y a-t-il dans une année?
6. Combien de jours y a-t-il d'aujourd'hui à Noël?

G Vous parlez à Jacques Dubois. Décrivez une journée à votre école.

MODÈLE: À 9 heures, nous avons un cours d'anglais avec Monsieur Wilson.

H Questions personnelles

1. À quelle heure est-ce que le réveil sonne chez toi?
2. À quelle heure est-ce que tu prends le petit déjeuner?
3. À quelle heure est-ce que tu vas à l'école?
4. À quelle heure est-ce que tu arrives à l'école?
5. Est-ce que tu arrives toujours en avance à l'école?
6. Quand est-ce que les classes commencent?
7. Est-ce que tu as ton cours de français le matin ou l'après-midi? À quelle heure?
8. À quelle heure est-ce que tu prends le déjeuner?
9. À quelle heure est-ce que tu rentres à la maison?
10. À quelle heure est-ce que tu dînes?
11. Est-ce que tu fais tes devoirs chez toi? À quelle heure?
12. Quand tu as rendez-vous avec tes amis, est-ce que tu arrives toujours à l'heure?

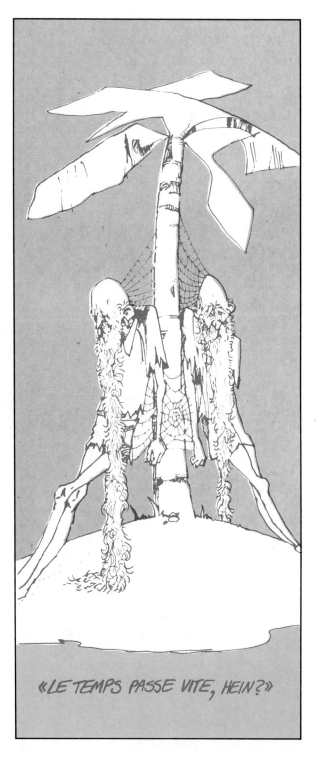

«LE TEMPS PASSE VITE, HEIN?»

AU REVOIR, ENFANCE . . .

Bonjour, adolescence.
Salut, liberté!
Au revoir, enfance,
Adieu, poupées°!
À bientôt°, diligence,
À demain, réalité!
Bienvenue, extravagance,
Entrez, individualité!

dolls
See you later

Vive la différence!

FRANÇAIS	ANGLAIS
liberté	liberty
réalité	?
individualité	?
curiosité	?
possibilité	?
société	?
popularité	?
majorité	?
beauté	?
personnalité	?

RÉALITÉS

Quel cours trouves-tu intéressant?

Histoire

Tu es fana° de l'histoire? Alors, tu sais° déjà que:

fan, buff/know

Le cadran solaire est l'instrument le plus ancien° de la chronométrie. Déjà connu° en Égypte et en Babylonie et perfectionné° par les Grecs°, le cadran solaire est toujours populaire comme élément décoratif dans les jardins° et l'architecture de nos jours.

most ancient/known
perfected
Greeks
gardens

Le sablier est une invention du XIVᵉ siècle° employée pour chronométrer la vélocité des navires° et la journée° de leurs équipages° et, plus tard, dans les églises°, la durée° des sermons.

14th century
ships
workday
crews
churches
duration, length

La première horloge date du XIVᵉ siècle et mesure le mouvement des planètes. La pendule°, inventée au XVIIᵉ siècle, signale le commencement de notre préoccupation avec l'heure.

pendulum clock

186

Sciences

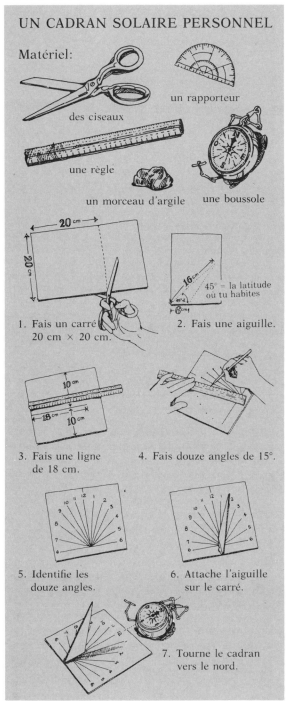

UN CADRAN SOLAIRE PERSONNEL

Matériel:

des ciseaux

un rapporteur

une règle

un morceau d'argile

une boussole

20 cm

20 cm

1. Fais un carré
20 cm × 20 cm.

16 cm

45° = la latitude
où tu habites

2. Fais une aiguille.

10 cm

18 cm   10 cm

3. Fais une ligne
de 18 cm.

4. Fais douze angles de 15°.

5. Identifie les
douze angles.

6. Attache l'aiguille
sur le carré.

7. Tourne le cadran
vers le nord.

Éducation physique

La chronométrie° et le mesu-rage° sont des aspects impor-tants du sport. Fais une table de ta performance et de la per-formance de tes amis dans les sports que vous faites. Par exemple:

time-keeping

measuring

			MOI
	la course à pied (100 mètres)	secondes	
	la course à pied (1 km)	minutes	
	le saut en longueur	mètres	
	le saut en hauteur	mètres	
	la natation (50 m)	secondes	
	la natation (200 m)	minutes	
	le patinage sur glace (50 m)	secondes	
	la descente	secondes	

187

LA PLANÈTE MÉKANO

La planète Mékano

Loin de la Terre, au centre d'un grand empire interplanétaire, il existe une planète étrange, la planète Mékano. Elle est sèche comme un désert, parce qu'il ne pleut jamais sur Mékano. Dans ce désert, il n'y a pas de fleurs, pas d'arbres, pas d'animaux.

Les habitants de la planète sont tous des robots, excepté leur chef, le sinistre Malévol. Il a un seul désir — il veut être chef de toutes les planètes. Avec son armée de robots, le terrible Malévol menace les habitants des autres planètes. Ils ont tous peur de Malévol et de ses robots.

Un seul jeune homme n'a pas peur. Il s'appelle Héros et il habite la planète Trèsbo. Héros a une idée pour arrêter le vilain Malévol et pour sauver sa planète.

Héros invente une machine à pluie, puis il attache son invention à son astronef. Un jour, il survole la planète Mékano et il fait marcher la machine à pluie. Tout à coup, la pluie tombe sur la planète et arrose l'armée de robots.

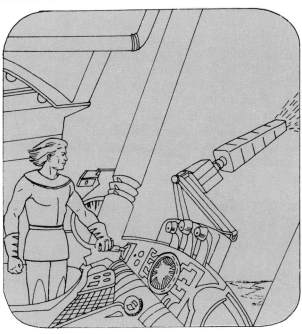

De son astronef, Héros voit des centaines de petites explosions sur la planète Mékano. Chaque explosion représente la destruction d'un robot quand l'eau entre dans ses contrôles!

L'empire de Malévol est fini. Il quitte Mékano et disparaît pour toujours dans l'espace. Après le grand succès de Héros, les autres planètes existent en paix.

A Vrai ou faux?

1. La planète Trèsbo est sèche comme un désert.
2. Il n'y a pas de fleurs sur Mékano.
3. Malévol veut être chef de la Lune.
4. Héros n'a pas peur.
5. Héros veut sauver la planète Trèsbo.
6. Héros attache son invention à son vélomoteur.
7. La pluie arrose les robots.
8. Héros quitte Mékano.
9. Malévol reste sur Mékano.
10. Il y a la paix maintenant.

B Questions

1. Décrivez la planète Mékano (trois détails).
2. Qui est Malévol? Qu'est-ce qu'il veut?
3. Qui va sauver Mékano? D'où est-il?
4. Quelle est l'invention de Héros?
5. Pourquoi est-ce qu'il y a des explosions sur Mékano?
6. Où va Malévol?

C Vive la différence!

français	anglais
interplané*taire*	interplanet*ary*
un salaire	?
contraire	?
un anniversaire	?
nécessaire	?
élémentaire	?
ordinaire	?
un dictionnaire	?

D Vive la ressemblance!

français	anglais
inven*tion*	inven*tion*
invitation	?
aviation	?
composition	?
préparation	?
action	?
nation	?
ambition	?

VOCABULAIRE

NOMS

masculins

un animal (des animaux)	*animal(s)*
un arbre	*tree*
un astronef	*spaceship*
un chef	*chief, leader*
l'espace	*space*

féminins

une fleur	*flower*
la paix	*peace*
la pluie	*rain*
la Terre	*Earth*

VERBES

arrêter	*to stop*
arroser	*to water; to drench*
disparaître	*to disappear*
faire marcher	*to turn on*
quitter	*to leave*
sauver	*to save*
survoler	*to fly over*
tomber	*to fall*
voir	*to see*

EXPRESSIONS

autre	*other*
avoir peur de	*to be afraid of*
chaque	*each*
comme	*like, as*
étrange	*strange*
grand	*large, great*
il existe	*there exists*
il veut être	*he wants to be*
ne . . . jamais	*never*
sec, sèche	*dry*
tous, toutes	*all*
tout à coup	*suddenly*
un jeune homme	*a young man*
un seul désir	*a single wish*

L'explosion des mots!

près de
en face de
au milieu de
à côté de
loin de

QUE SAIS-JE?

A Les questions, s'il vous plaît!

What questions might produce the following answers?

1. Je rentre à six heures, maman.
2. Nous allons au cinéma.
3. Je fais mes devoirs.
4. C'est mon amie Natalie.
5. Il fait beau.
6. C'est le 8 septembre.
7. J'ai treize ans.

B Des phrases complètes, S.V.P.!
le verbe *prendre*

1. Nous ... des leçons de guitare.
2. Est-ce que vous ... la voiture ce soir?
3. Je ... le déjeuner à midi.
4. À quelle heure est-ce que tu ... le dîner?
5. Elles ... leurs vacances le 17 juin.
6. M. Gendron ... du lait dans son thé.

C À l'aéroport

Read the times below, using the 24 hour clock. Classify each time according to le matin, l'après-midi, *or* le soir.

a) 10:00
b) 11:20
c) 13:25
d) 16:30
e) 17:40
f) 18:35
g) 20:10
h) 23:45
i) 01:05
j) 03:20

D Complétez avec le verbe *aller*.

RENÉE: Salut! Comment ça ... ?
CLAUDE: Ça ... bien, merci.
RENÉE: Où est-ce que tu ... maintenant?
CLAUDE: Je ... au match de football.
RENÉE: Est-ce que Lise et Michel ... au match aussi?
CLAUDE: Oui. Nous ... au match tout de suite.
RENÉE: Où est-ce que vous ... après le match?
CLAUDE: Au restaurant.
RENÉE: Formidable! ... -y!

E Les vacances

~~MODÈLE:~~ vous/France

–Où est-ce que vous allez?
–Nous allons en France.
–Oh! Nous y allons en août.

1. ils/États-Unis
2. elle/Canada
3. tu/Espagne
4. ton père/Italie
5. Louis/Zaïre
6. vos cousins/Suisse

F Comment y vont-ils?

~~MODÈLE:~~ stade/auto/autobus

–Nous allons au stade après les classes.
–Vous y allez en auto?
–Non, nous y allons en autobus.

1. bibliothèque/autobus/pied
2. cinéma/voiture/vélomoteur
3. piscine/bicyclette/pied
4. ville/train/métro
5. aéroport/taxi/train

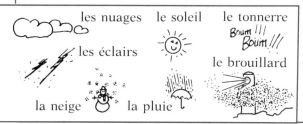

les nuages le soleil le tonnerre
Boum !!!
Boum !!!
les éclairs
le brouillard
la neige la pluie

G C'est combien?

Read the following numbers, then write them in words.

1. 285	6. 99.999
2. 3950	7. 6200
3. 132.500	8. 30.011
4. 1.675.240	9. 40.053
5. 864	10. 1001

H Les détails

a) Give, in French, as many details as you can about the students below. b) Give the same information about yourself. c) Give the same information about 2 classmates.

NOM	ÂGE	ADRESSE	MATIÈRE FAVORITE	AVERSIONS
1. Nicole Mercier	15	613, av. Tulipe	la géographie	la musique classique
2. Charles Campeau	14	717, rue Rose	le français	l'éducation physique
3. Philippe Garneau	12	878, av. Boucher	l'histoire	les rédactions
4. Jean Lafleur	13	15, av. Boulanger	l'anglais	l'opéra
5. Denise Potvin	11	991, rue Sauveur	les mathématiques	le football

I Des questions, s'il vous plaît!

Change these statements into questions, using inversion.

1. Il a une soeur.	6. Il écoute ses disques.
2. Elle aime les mathématiques.	7. Elle regarde la télé.
3. Il va au cinéma.	8. Elle arrive demain.
4. Il parle français.	9. Elle travaille samedi.
5. Elle mange dans la cantine.	

J Questions personnelles

a) Ask a classmate the questions below. b) Describe your classmate, using the pronoun il or elle. c) How would you answer the questions?

1. Quel âge as-tu?
2. Habites-tu dans un appartement?
3. Dans quelle rue habites-tu?
4. As-tu des frères et des soeurs?
5. Comment vas-tu à l'école?
6. Qu'est-ce que tu étudies à l'école?
7. Aimes-tu l'école? les professeurs?
8. À quelle heure est-ce que tu prends le dîner?
9. Que fais-tu après le dîner?
10. Est-ce que tu prends des leçons de musique?
11. Vas-tu souvent au cinéma?
12. Est-ce que tu travailles après les classes? les week-ends?
13. À quelle heure sonne ton réveil samedi matin?
14. Quand tu as rendez-vous avec tes amis, à quelle heure rentres-tu chez toi?

192

Volume 2

pêle-mêle

Accent sur . . .

Paris	2
Le pain	6
L'américanisation de la France	7
La Tabaski	8
Le Sénégal	9
L'Europe francophone	10

LES QUATRE

A.

B.

C.

D.

FACES DE *paris*

E.

A. Cité internationale universitaire, Paris.
B. Paris ancien et moderne. Au fond, l'édifice le plus haut de la ville.
C. Intérieur du Louvre.
D. Peintres à Montmartre.
E. Les quais de la Seine.

glossaire

de ... en ... *from ... to*
les arbres ... *the trees lose their leaves*
devient *becomes* • gens *people*
étroites *narrow* • pêcheurs *fishermen*
promeneurs *strollers* • s'arrête *stop*
devantures *store windows* • librairies *bookstores*
galeries ... *art galleries* • ou bien *or else*
se trouve *find yourself*
quelques *a few* • haute couture *high fashion*
pluvieux *rainy* • entouré de *surrounded by*
meilleur(e) *best* • en plein air *outdoors*
parmi *among* • oeuvres *works*

aris, la capitale de la France, change son tempérament de saison en saison°. Au mois d'octobre, les arbres s'effeuillent°, l'air devient° frais et les étudiants retournent en masse aux environs du Boulevard Saint-Michel pour la rentrée des classes à l'université.

Vers midi, on peut prendre un sandwich sur la terrasse d'un café-restaurant, tout en observant le spectacle des gens° qui passent dans la rue. Après, on fait une promenade le long des quais ou dans les rues étroites°.

Sur les quais, on peut contempler les pêcheurs°, les étudiants et les autres promeneurs° qui profitent de l'air toujours agréable. Dans les rues, on s'arrête° de temps en temps pour regarder les devantures° des librairies°, des galeries de tableaux°, ou des grands magasins. Ou bien°, si l'on se trouve° dans la rue Faubourg Saint-Honoré, on s'arrête aux devantures de Cardin, Courrèges ou Lanvin pour entrer pendant quelques° instants dans le monde privilégié de la haute couture° ...

anvier est un mois gris et souvent pluvieux° à Paris. Beaucoup de Parisiens passent leurs heures de loisir devant la télé en hiver, mais beaucoup d'autres profitent de la richesse culturelle que Paris offre jour et nuit.

À Paris on est entouré° d'art et d'artistes. Au Louvre on trouve la meilleure° collection d'art classique du monde; à Beaubourg, un centre important d'art moderne; à Montmartre, en plein air°, les peintres populaires (et peut-être, parmi° eux un futur Picasso). Si vous préférez la musique, Paris vous offre l'Opéra, les cafés-théâtres et les concerts de rock. Le théâtre est une force vitale de la vie culturelle de Paris, et les oeuvres° classiques présentées à la Comédie Française

A.

sont aussi populaires que° le théâtre de l'absurde de Beckett et d'Ionesco.

L'art se trouve partout,° même° dans les rues, où les artistes populaires, les mimes, les musiciens et les acrobates continuent la tradition ancienne des jongleurs° et des troubadours°.

Quand les jours s'allongent° à Paris, vers le mois d'avril, les parcs et les rues sont plongés dans une animation extraordinaire.

Autour du bassin oval d'un parc, de petits capitaines mettent leurs bateaux à la voile°. Derrière eux, de jeunes étudiants discutent de la vie. À côté, sur la pelouse°, un couple s'embrasse (après tout, les Français sont, en général, plus démonstratifs que les Américains, par exemple). Un peu plus loin, des mamans promènent° leurs bébés en poussette°; des grands-pères sortent° le chien, ou jouent aux dominos ou aux boules° avec leurs amis; et des écoliers, toujours en uniforme, jouent dans le sable°.

Les Français sont aussi très conscients de leur santé°. Le jogging est de plus en plus populaire parmi les jeunes. La planche à roulettes°, autre passe-temps des jeunes, est peut-être moins saine°.

Sous le soleil brûlant° d'été, on ne trouve presque plus de Parisiens en ville. On est déjà parti en vacances, ou vers la maison de campagne°, ou vers les plages° magnifiques du Midi°. En été, on quitte le Paris du «métro, boulot°, dodo°» pour aller vivre ailleurs°. Ceux° qui restent en ville se cachent° à l'ombre° des arbres dans les parcs ou profitent du soleil et de la chaleur° des quais.

B.

En été, la capitale devient vraiment internationale, peuplée de touristes qui occupent les terrasses des cafés, se perdent° dans le métro, et s'arrêtent pour écouter la musique sur le trottoir°. Les uns° s'intéressent aux° monuments, au Louvre, à Notre-Dame et aux Champs-Élysées. Les autres préfèrent les grands magasins: Les Galeries Lafayette, Le Printemps, La Belle Jardinière, où ils passent des heures très agréables à la recherche de° souvenirs de cette ville, pour eux mystérieuse et inoubliable.°

Pom Vattasingh

glossaire

aussi … que as … as • partout everywhere • même even
jongleurs et troubadours wandering poets and minstrels of the Middle Ages • pelouse grass
s'allongent grow longer • mettent à la voile launch their sailboats
promenent walk • poussette carriage • sortent walk • boules bowling
sable sand • santé health • planche à roulettes skate-boarding
saine healthy • brûlant burning • maison de campagne country house
plages beaches • Midi South • boulot work
dodo sleep • vivre ailleurs live elsewhere • chaleur warmth
ceux those • se cachent hide • ombre shade • les uns some
se perdent get lost • trottoir sidewalk
s'intéressent aux are interested in
à la recherche de in search of • inoubliable unforgettable

A. Devant le Louvre.

B. Jardin des Tuileries.

L'Arc de Triomphe.

5

quelques traditions persistent

D'après° les enquêtes°, les Français fréquentent de plus en plus° les supermarchés. D'ailleurs°, ils mangent aujourd'hui moins de pain qu'en 1950. Comment donc° expliquer° le succès des milliers° de boulangeries° qui existent toujours en France?

Malgré° la popularité des supermarchés, les Français préfèrent acheter° le pain dans des magasins spécialisés. Monsieur Joly, propriétaire de deux grandes boulangeries à Châlons-sur-Marne, dans le département de la Marne, nous explique pourquoi.

«Pour faire du bon pain, il faut° contrôler beaucoup de facteurs: le temps des différentes étapes°, la température, la qualité des ingrédients. Il faut aussi connaître° les douzaines de variétés de pain qui existent en France. Faire du pain, c'est une chose°; faire du bon pain, c'en est une autre°!»

*John
Wilson*

glossaire

quelques *some* • d'après *according to* • enquêtes *surveys* • de plus ... *more and more* • d'ailleurs *besides* • donc *then* • expliquer *to explain* • milliers *thousands* • boulangeries *bakeries specialized in bread* • malgré *in spite of* • acheter *to buy* • il faut *it is necessary* • étapes *stages* • connaître *to know* • chose *thing* • c'en est ... *is another (thing)*

l'américanisation
de la France

Qu'est-ce que vous les Américains avez en commun avec les Français de votre âge? Trop°, d'après les adultes qui contemplent la «contamination» de la langue et de la culture françaises par l'énorme influence américaine sur les jeunes Français!

On remarque° partout° l'invasion du «franglais»: dans la conversation, les affiches, les revues° et les journaux°. Quand on trouve enfin un «parking», on va prendre un «hot-dog» ou un «hamburger» au «self-service». Au grand magasin, les jeunes achètent leur uniforme: les «blue-jeans» (ou les «shorts»), les «tee-shirts» et les «sneakers», qui sont de rigueur° partout.

Quand on écoute la radio, on entend° la musique «country» ou le «rock». Au cinéma, on suit° les aventures de la princesse Leia, des extra-terrestres ou des jeunes génies° de l'ordinateur°. Et quand on reste à la maison le samedi soir pour regarder la télé, c'est pour savoir° les dernières nouvelles° d'une famille qui s'appelle Ewing.

Pendant leur temps libre, les jeunes Français qui s'occupent de° leur santé° font du sport, du «jogging» ou du «skate». D'autres s'intéressent aux activités plus passives: ils fréquentent les salles de jeux vidéo.

Janine Richards

glossaire

trop *too much* • remarque *notices* • partout *everywhere* • revues *magazines* • de rigueur *required* • entend *hears* • suit *follows* • génies *geniuses* • ordinateur *computer* • savoir *to know, find out* • les dernières ... *the latest news* • s'occupent de *take care of* • journaux *newspapers* • santé *health*

7

la tabaski

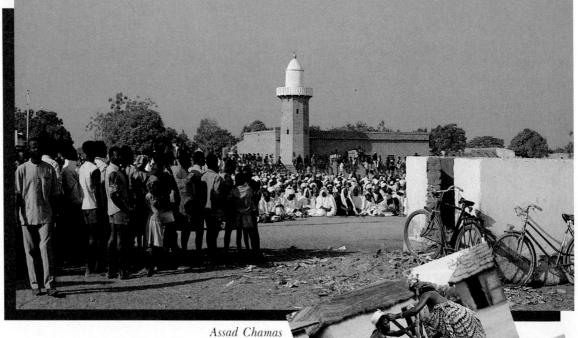

Assad Chamas

Cette année, mon ami sénégalais Ousseynou N'Diaye m'a invité à passer la fête de la Tabaski chez lui.

J'ai demandé: «La Tabaski, qu'est-ce que c'est?»

Il m'a répondu: «C'est la fête du mouton° C'est un jour très spécial dans la religion musulmane°. Chaque père de famille doit° sacrifier un mouton, comme l'a fait Abraham° il y a si longtemps°.»

Le jour de la fête, Ousseynou lave° bien le mouton. Vers neuf heures, il met ses plus beaux habits°, puis va à la mosquée° avec son père Abdou. De retour de la mosquée, Abdou fait le sacrifice du mouton et sa femme et leurs filles commencent à préparer le repas. Deux heures plus tard, une bonne odeur de viande se répand° dans le quartier°.

Puis, les griots arrivent et le tam-tam° commence. Personne ne peut° résister au rythme de leurs tambours°. Un par un, les spectateurs s'élancent° au centre du cercle et dansent, jusqu'au coucher du soleil°.

mouton *sheep* • musulmane *Moslem* • doit *must* comme . . . *as Abraham did* • il y a . . . *so long ago* lave *washes* • il met . . . *he puts on his best clothes* mosquée *mosque* • se répand *spreads* quartier *neighborhood* tam-tam *celebration* personne ne peut *no one can* tambours *drums* • s'élancent *dash* jusqu'au . . . *until sunset*

glossaire

S'HABILLER
au Sénégal

Pour les Sénégalais, bien s'habiller° est un art et un grand plaisir. Leurs habits° merveilleux frappent° tout de suite° l'oeil d'un étranger°. Les femmes portent° de longs «boubous», robes amples faites de tissus° brillants, étincelants°, de toutes les couleurs d'un arc-en-ciel°. Sur la tête, si elles n'ont pas de tresses°, elles portent le plus souvent un foulard° du même tissu que la robe, arrangé en coiffure élégante. Lorsqu'elles marchent, elles semblent° flotter.

Les hommes sont tout aussi beaux. Pour aller à la mosquée, ils portent eux aussi un genre° de «boubou», robe longue richement décorée de broderie°. Pour tous les jours, ils portent souvent une chemise brodée du même style. Au marché, des tailleurs font ces broderies à l'aide de vieilles machines à coudre°. Vous pouvez leur donner un tissu et regarder pendant qu'ils fabriquent une belle chemise sous vos yeux!

Assad Chamas

glossaire

bien s'habiller *to dress well* • habits *clothes* • frappent *strike*
tout ... *immediately* • étranger *foreigner* • portent *wear*
tissu *cloth* • étincelants *glittering* • arc-en-ciel *rainbow*
n'ont pas de tresses *don't have their hair done in intricate braids*
foulard *scarf* • semblent *seem* • genre *kind, type*
broderie *embroidery* • machines à coudre *sewing machines*

L'Europe
francophone

Outre° la France, il y a en Europe cinq pays francophones. Par l'entremise° de ses correspondants, *Pêle-Mêle* a réalisé une enquête° parmi° les jeunes habitants de ces pays pour renseigner° ses lecteurs° sur les aspects les plus intéressants de chacun. En voici les résultats.

La Suisse
Jean-Pierre Bernard

Comme vous savez°, la Suisse est caractérisée par la diversité. Chacun de ses 23 cantons se considère en grande partie indépendant. Soixante-cinq pour cent des habitants parlent allemand. Ceux° qui habitent près de la frontière française (18 pour cent) sont francophones. Le reste parle ou l'italien ou le romanche. La caractéristique principale des Suisses est peut-être leur individualité. Néanmoins°, ils sont tous d'accord sur les aspects intéressants de leur pays. Si la prospérité de la Suisse dépend en grande partie du placement° de capitaux étrangers° dans des banques suisses, elle dépend aussi du tourisme. Où donc emmener° les touristes? Voici les réponses des habitants:

1. Aux nombreuses stations de ski des Alpes et du Jura...
2. Aux centres de plaisance° au bord des centaines de lacs de la campagne° suisse...
3. À faire de l'alpinisme°, du camping ou des excursions à pied.

Moins populaires, du point de vue des Suisses, sont les nombreux musées, les cathédrales majestueuses et les églises anciennes des villes importantes comme Lausanne, Genève, Fribourg, Berne... Et personne° n'a mentionné les édifices de l'Organisation Mondiale de la Santé° et de la Croix-Rouge° à Genève.

Et comme souvenir de leur visite, les Suisses suggèrent aux touristes un exemplaire° de l'horlogerie° suisse, renommée dans le monde entier: une montre, une pendule, ou peut-être même un coucou!

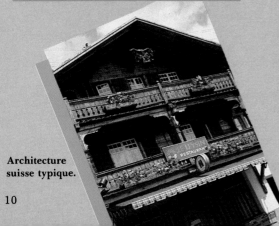

Architecture suisse typique.

Zurich en été.

Régiment de la Garde suisse.

Le Liechtenstein

Les habitants de cette principauté, comme les Suisses et les Autrichiens, dépendent de l'élevage° et du tourisme. Sa capitale, Vaduz, une petite ville de 5000 habitants, est tout à fait° charmante et la beauté naturelle de ce pays montagneux est l'égale° de la campagne suisse.

J. P. B.

Alpinisme.

glossaire

outre besides • l'entremise assistance • enquête survey • parmi among • renseigner to inform
lecteurs readers • savez know • ceux those • néanmoins however • placement investment • étrangers foreign
emmener to take • plaisance recreation • campagne countryside • alpinisme mountain climbing
personne no one • l'Organisation... World Health Organization • Croix-Rouge Red Cross
exemplaire specimen • horlogerie clock-making • élevage cattle raising
tout à fait completely • égale equal

L' Europe francophone

La Belgique

Nicole Manon

Que voir en Belgique? Ça dépend! Les réponses varient autant que° les personnalités des Flamands au nord et des Wallons au sud du pays. Voici leurs opinions:

1. La ville de Bruges, appelée aussi «la Venise du Nord» à cause de ses canaux et de son charme romantique. C'est une ville du Moyen Âge° qui n'a pas beaucoup changé en onze siècles°. Beaucoup de ses églises, ses hôpitaux et ses moulins à vent° sont toujours intacts. Dans ses musées, on trouve des tableaux de grands peintres flamands, tels que° Van Eyck et Bruegel.

2. Bruxelles, une ville cosmopolite, capitale du pays et de la Communauté européenne. C'est le siège° de l'O.T.A.N.°

3. Liège, une ville de musées. Le plus intéressant est peut-être le Musée des armes, qui retrace l'histoire de l'utilisation de la force par les hommes. Les artisans d'armes de Liège sont reconnus jusqu'à nos jours° comme les meilleurs° du monde.

4. À Louvain se trouve l'une des universités les plus anciennes de l'Europe du nord. Elle ressemble à un musée en plein air. Depuis les querelles linguistiques de 1968, toutes les universités belges sont divisées en sections selon la langue maternelle des étudiants. La section francophone de l'Université de Louvain (Louvain-la-Neuve) se trouve près de Wavre.

5. Le Carnaval de Binche exerce un grand attrait sur les touristes. Les *Gilles* défilent° dans la rue pendant trois jours et trois nuits au rythme des tambours. Ces danseurs, habillés° en costumes très élégants, portent des plumes d'autruche° sur la tête. Selon° la légende, ils ne boivent que° du champagne.

6. Les rivières et les canaux de la Belgique permettent de traverser presque tout le pays en bateau. En été, ce voyage offre un panorama splendide, interrompu de temps en temps par de petits villages très pittoresques.

Fête nationale à Bruges.

Le Luxembourg

Monique Lamartine

Le grand-duché de Luxembourg est un tout petit pays où on parle français, allemand ou un dialecte germanique. Luxembourg, sa capitale, est un centre financier et administratif où se trouve la Cour de justice de la Communauté européenne. La vieille ville, les fortifications et les paysages variés sont, d'après les habitants, les principales attractions touristiques.

Grand sceau du Luxembourg.

Monaco

Alain Dufort

La principauté de Monaco est très petite, mais elle exerce beaucoup d'attrait sur les touristes. Toute la ville est très pittoresque, mais, d'après ses habitants, les touristes s'intéressent principalement à trois aspects:

1. le casino,
2. le port,
3. le palais du prince Rainier.

Au fait, la famille royale est l'une des plus grandes attractions touristiques de Monaco. Après tout, la vie des princes et des princesses fait la joie° des journaux de tous les pays!

Panorama du port de Monaco.

Palais royal de Monaco.

glossaire

autant que *as much as* • Moyen Âge *Middle Ages* • siècles *centuries*
moulins à vent *windmills* • tels que *such as* • siège *headquarters*
O.T.A.N. *NATO* • jusqu'à ... *to the present day* • les meilleurs *the best*
défilent *parade* • habillés *dressed* • autruche *ostrich*
selon *according to* • ils ne ... *they drink only*
fait la joie de *is the joy of*

·E·N·S·E·I·G·N·E·S·

1.

Quand on voit° ces enseignes . . .

6.

2.

4.

3.

7.

5.

A.

D.

B.

E.

F.

G.

C.

glossaire

enseignes signs
voit sees

15

panneaux

Es-tu un bon conducteur°? Ou est-ce que tu ne conduis° pas? Peu importe°! Les panneaux gouvernent de plus en plus nos mouvements, même° si nous sommes de simples piétons°! Peux°-tu interpréter correctement ces panneaux français? Choisis en chaque cas la lettre qui correspond au sens du panneau.

1. A Il y a un obstacle dans la rue de minuit à huit heures du matin.
   B Défense de stationner,° sauf° de minuit à huit heures pour les personnes autorisées.
2. A Défense de virer à gauche°.
   B Il n'y a pas de rue à gauche.
3. A Carrefour° dangereux.
   B Voie ferrée°.
4. A Les piétons peuvent traverser la rue.
   B Les piétons ne peuvent pas entrer.
5. A Un arbre bloque en partie la voie°.
   B Le parc est fermé.

Recette

Mousse au chocolat
(*Attention:* recette à faire la veille°.)

8 carrés° de chocolat à croquer°
1/2 tasse de sucre
1 cuillerée à soupe de café
2 oeufs, jaunes et blancs séparés
1 cuillerée à café d'extrait d'amande
2 tasses de crème à fouetter°

Faites fondre° le chocolat et le café à très petit feu°. Laissez refroidir complètement. Dans un bol, battez les jaunes d'oeuf avec l'extrait d'amande et puis ajoutez le chocolat froid. Dans un autre bol, montez les blancs d'oeuf en neige°. Dans une terrine°, fouettez la crème. Ajoutez et mélangez doucement° les blancs. Finalement, ajoutez et mélangez doucement le chocolat. Versez dans 6 coupes individuelles et gardez au réfrigérateur jusqu'au lendemain°.

glossaire

la veille *the day before* • carrés *squares*
chocolat . . . *semi-sweet chocolate*
crème . . . *whipping cream*
faites fondre *melt*

à très . . . *over very low heat*
montez . . . en neige *beat until stiff*
terrine *large bowl* • doucement *gently*
le lendemain *the next day*

1. panneaux *traffic signs* • conducteur *driver* • conduis *drive*
   peu importe *it matters very little*
   même *even* • piétons *pedestrians*
   peux *can* • défense de . . . *no parking* • sauf *except*
   virer . . . *to turn left* • carrefour *intersection* • voie ferrée *railroad* • voie *roadway*

UNITÉ CINQ

YOU WILL LEARN

- to use adjectives to describe people and objects

  - to name other countries and nationalities and tell people your nationality when asked

- to discuss some of the things you buy, their prices, and your personal economy

  - to express exact quantities, using the metric system, and undetermined quantities, using French equivalents of *too much, a little, a lot, many, few*, etc.

- to use adverbs to describe how an action is taking place

- to express admiration (or dislike) using the French equivalent of *"What a . . . !"*

  - to describe some of your physical and emotional feelings and reactions

- to use the *futur proche* to describe your immediate plans

  - to express a negative idea with *ne . . . jamais* (never)

- the names of colors

  - the ordinal numbers from first through tenth

  - the names of common articles of clothing

  - the present tense of verbs that end in *-ir*

UNITÉ CINQ
PRÉCIS

ROGER: Quel sandwich! Tu ne vas jamais finir!
RENÉE: Mais si! J'ai une faim de loup.

RENÉE: Regarde! Quelle jolie robe!
PAULETTE: La robe bleue? Oui, mais combien est-ce qu'elle coûte? Généralement, toutes les choses sont très chères ici.

JEAN-CLAUDE: Alors, tu n'aimes pas le football, Renée?
RENÉE: Non, je le° trouve très ennuyeux.   *it*
ROGER: Alors, tu n'aimes pas le sport?
RENÉE: Au contraire! Je fais du sport tous les jours, mais j'aime aussi beaucoup d'autres choses.
JEAN-CLAUDE: Par exemple?
RENÉE: Bon . . . , j'aime lire un livre intéressant, ou regarder une bonne émission à la télé, ou simplement réfléchir un peu à l'avenir.

JEAN-CLAUDE: Tu me prêtes° un peu d'argent après, pour prendre le train? Je suis fauché comme d'habitude.

FABRICE: Tes parents ne sont pas donc très généreux . . .

JEAN-CLAUDE: Non, ils sont malheureusement plutôt radins°.

lend
stingy

RENÉE: Quel bon film! L'intrigue est très intéressante, n'est-ce pas?

ROGER: Oui, et les acteurs sont vraiment sensationnels!

JEAN-CLAUDE: Moi, je trouve ce film ennuyeux. Je préfère les films d'aventure.

PAULETTE: Écoutez, tout le monde! Fabrice a une idée géniale! Il va prendre une pizza. Pourquoi pas aller prendre une pizza avec lui?°

him

ROGER: Zut! Nous avons un gros problème!

RENÉE: Qu'est-ce que c'est?

ROGER: Regarde l'horaire. Le dernier train part à 22 h 45!

JEAN-CLAUDE: Et il est maintenant onze heures moins vingt! On arrive à la gare dans cinq minutes?

PAULETTE: Impossible! Nous allons manquer le train!

195

LEÇON VINGT ET UN

LA VISITE-ÉCHANGE

Brooklyn, le 31 mai

Cher Jean-Paul,

Salut! Je m'appelle Tomás Díaz. J'attends ton arrivée à New York le 10 juillet, pour la visite-échange.

Je parle anglais chez moi, mais j'apprends le français au lycée. C'est très intéressant. Je suis le président du club français. Notre professeur, Monsieur Marchand, est très sympathique.

J'ai seize ans. Je suis petit et brun. J'aime lire. J'aime aussi le sport et la musique "pop". Moi, je ne suis pas très beau, mais mon amie Karen est belle, blonde, et intelligente! Elle organise une surprise-partie pour ton arrivée à New York.

Amicalement,
Tomás

Versailles, le 6 juin

Cher Tomás,

Merci pour ta lettre intéressante.
Moi aussi, j'ai seize ans. Je suis
blond et assez grand. Je fais
partie de l'équipe de basket-ball
de mon lycée.

Moi aussi, j'aime la musique.
J'ai une belle collection de
disques « pop ».

J'ai une sœur et un frère.
Ma sœur s'appelle Lise. Elle
a douze ans; elle est petite et
brune. Mon frère s'appelle
Marc. Il a dix-neuf ans et il
est étudiant. Il a une voiture
de sport anglaise magnifique!
J'attends le 10 juillet avec
impatience! À bientôt!

Ton ami,
Jean-Paul

197

AS-TU COMPRIS?

LA LETTRE DE TOMÁS

A Vrai ou faux?

1. La date de l'arrivée de Jean-Paul est le neuf juillet.
2. Tomás déteste le français.
3. M. Marchand est sympathique.
4. Tomás est beau.
5. Jean-Paul va à Chicago.

B Questions

1. Qui attend Jean-Paul?
2. De quel club est-il le président?
3. Quel âge a Tomás?
4. Comment est Karen?
5. Qu'est-ce que Karen organise pour la visite de Jean-Paul?

ATTENTION

LES ADJECTIFS

To form the feminine of most adjectives, add "e" to the masculine form.

masculin	féminin
petit	petite
grand	grande
brun	brune
blond	blonde
intelligent	intelligente
intéressant	intéressante
anglais	anglaise
français	française

To form the plural of most adjectives, add "s" to the masculine and feminine forms.

petits	petites
grands	grandes

 Some adjectives do not follow the regular pattern.

Il est sympathique.	Elle est sympathique.
Il est russe.	Elle est russe.

When the masculine form of an adjective ends in "e", there is no change in the feminine form.

Il est anglais.	Elle est anglaise.
Ils sont anglais.	Elles sont anglaises.

When the masculine singular form of an adjective ends in "s", there is no change in the masculine plural form. The feminine forms follow the pattern for regular adjectives.

 Some adjectives are irregular in one or more forms.

Cher Jacques, . . .	Chère Monique, . . .	Chers amis, . . .	Chères amies, . . .
Il est gros.	Elle est grosse.	Ils sont gros.	Elles sont grosses.
Il est italien.	Elle est italienne.	Ils sont italiens.	Elles sont italiennes.
Il est beau.	Elle est belle.	Ils sont beaux.	Elles sont belles.

LA LETTRE DE JEAN-PAUL

A Vrai ou faux?
1. Jean-Paul a quinze ans.
2. Il aime le basket-ball.
3. Il aime la musique «pop».
4. Il a deux soeurs et deux frères.
5. Son frère a une voiture
   de sport française.

B Questions
1. Comment est Jean-Paul?
2. Quelle musique aime-t-il?
3. Comment s'appellent sa soeur
   et son frère?
4. Comment sont-ils?
5. Quand arrive-t-il chez Tomás?

VOCABULAIRE

NOMS

masculins

un club	club
un étudiant	student
un président	president

féminins

une arrivée	arrival
une collection	collection
une étudiante	student
une lettre	letter
une visite-échange	exchange visit

VERBES

apprendre*	to learn
lire	to read
organiser	to organize

ADJECTIFS

américain, américaine	American
anglais, anglaise	English
beau, belle (*pl.* beaux, belles)	handsome, beautiful
blond, blonde	blond
brun, brune	dark-haired
cher, chère	dear
espagnol, espagnole	Spanish
français, française	French
grand, grande	big, large, tall

gros, grosse	fat
intelligent, intelligente	intelligent
intéressant, intéressante	interesting
italien, italienne	Italian
japonais, japonaise	Japanese
mexicain, mexicaine	Mexican
mince	thin
petit, petite	small, little
quel, quelle	what, which

EXPRESSIONS

à bientôt	see you soon
amicalement	your friend (closing of letter)
assez	rather, quite
avec impatience	impatiently
comment est-il (elle)?	what does he (she) look like?
comment sont-ils (elles)?	what do they look like?
faire partie de	to be part of, to belong to
j'attends	I am waiting for

* *conjugated like the verb* prendre.

LA NATIONALITÉ   LA LANGUE

♂	♀	
allemand	allemande	l'allemand
américain	américaine	l'anglais
anglais	anglaise	l'anglais
arabe	arabe	l'arabe
chinois	chinoise	le chinois
espagnol	espagnole	l'espagnol
français	française	le français
grec	grecque	le grec
italien	italienne	l'italien
japonais	japonaise	le japonais
mexicain	mexicaine	l'espagnol
portugais	portugaise	le portugais
russe	russe	le russe

1. Maria est de Lisbonne. Elle est portugaise; elle parle portugais.
2. Hans est de Berlin. Il est allemand; il parle allemand.
3. Natalya est de Moscou. Elle est russe; elle parle russe.
4. Juan Carlos est de Madrid. Il . . .
5. Takako est de Tokyo. Elle . . .
6. Andrew est de Londres. Il . . .
7. Christine est de Paris. Elle . . .
8. Bill est de Boston. Il . . .
9. Mei-Ling est de Pékin. Elle . . .
10. Paolo est de Rome. Il . . .
11. Melina est d'Athènes. Elle . . .
12. Rodolfo est de Mexico. Il . . .
13. Leila est de Djedda. Elle . . .

Portraits

Christine et Karen sont belles, intelligentes, et sympathiques.

Andrew et Carlos sont beaux, intelligents, et sympathiques.

Elles sont blondes.

Ils sont blonds.

Elles sont brunes.

Ils sont bruns.

Il est mince.

Elle est mince.

Ils sont minces.

Elle est grosse.

Il est gros.

Elles sont grosses.

Comment est Claudette?
Elle est belle ... blonde ...
grande ... intelligente et
sympathique.
Elle est française.

Comment est Paul?
Il est beau ... brun ... petit ...
intelligent et sympathique.
Il est anglais.

Mini-dialogue

Regarde les belles photos!

–Voici une photo de mon père.
–Il est beau!
–Oui, il est grand et blond.
–Et voici *mon* père.
–Tiens! Il est beau aussi!
–Oui, il est petit et brun.

1. mon frère
2. ma mère
3. mon copain
4. ma soeur
5. ma copine
6. ma cousine

PRATIQUE

A Les substitutions

1. Votre professeur est très intelligent.
   (soeur, père, directrice, mère, question)
2. Pierre a un accent français. (ami,
   voiture, amie, vélo)
3. Voilà une grande voiture. (maison,
   garçon, fille, poulet)
4. C'est un livre intéressant. (professeur,
   cours, fille, garçon, film, ville)
5. Monsieur Richard a une auto
   magnifique. (avion, maison, piano,
   guitare)

B Quelle forme de l'adjectif?

1. petit: son frère est ..., la voiture est
   ..., ses frères ..., les voitures ...
2. blond: l'enfant est ..., la vendeuse
   est ..., les enfants ..., les
   vendeuses ...
3. grand: l'appartement est ..., Mlle
   Martin est ..., les appartements ...,
   Mlle Martin et ses amies ...
4. intelligent: la question est ..., son
   amie est ..., les questions ..., ses
   amies ...
5. intéressant: le livre de français est
   ..., la lettre de Tomás est ..., les
   livres ..., les lettres ...
6. brun: Jean-Luc est ..., l'hôtesse est
   ..., Jean-Luc et son frère ..., les
   hôtesses ...

C Beau, belle, beaux ou belles?

MODÈLE: La maison est belle.

1.

2.

3.

4.

5.

6.

D Grands ou petits?

La chaise est petite.   Le paquet est grand.

1.

2.

3.

4.

202

E Prononcez bien!

1. Georges est blond. Nathalie est blonde. Ils sont américains.
2. Il est assez grand. Sa soeur est grande aussi. Ils sont allemands.
3. Monsieur Ledoux est intéressant. Madame Ledoux est intéressante aussi. Ils sont français.
4. Les Lafleur ont un petit garçon et une petite fille. Ils sont canadiens.
5. David et Paul sont anglais. Anne et Marie sont anglaises aussi.
6. Jean et Luc sont intelligents. Lise et Chantal sont intelligentes aussi.
7. Je suis brun, mais ma soeur n'est pas brune. Elle est blonde.
8. Monsieur Legrand est gros. Madame Legrand n'est pas grosse; elle est mince.

F Les substitutions

1. L'avion est grand. (villes, stade, bateau, école, collection, université)
2. Son auto est belle. (maison, vélomoteur, affiches, vélos, magnétophone, tourne-disque)
3. La cuisine est petite. (piscine, restaurant, voiture, magasins, centre d'achats, chambres)
4. Votre professeur est très intelligent. (soeurs, père, directrice, mère, enfants, questions)
5. Pierre a un accent français. (amies, amis, livres, moto, vélomoteur, bicyclette)

G Décrivez!

Describe each illustration as completely as possible.

H Tête-à-tête

Prepare a cassette tape to your new pen pal from Marseille. Tell him or her as much as you can about yourself—your appearance, interests, school, family, and friends.

SAVOIR-LIRE

Devinez les mots *soulignés*.

1. En été, Jean-Claude fait du ski nautique sur le lac.
2. Chantal collectionne des disques. Elle a une collection formidable.
3. Voici ma lettre à Jean! Tu as une enveloppe et un timbre?
4. L'intelligence est l'ennemi de la stupidité.
5. M. Dufric est directeur d'une grande compagnie internationale.

La surprise

Micheline Benoît a quatorze ans. Après les classes, elle travaille dans le magasin de son père. Elle aime son travail parce qu'elle gagne de l'argent et son père est un patron aimable.

Un jour, son père est absent. Elle est seule dans le magasin. Un homme entre. Il est très grand et il porte un masque. Ce n'est pas un client, c'est un voleur!

Il demande l'argent de la caisse. Micheline donne l'argent au voleur. Soudain: Crac! Boum! Aïe! Le voleur est sur le plancher!

Micheline téléphone à la police, et elle ramasse l'argent.

Quelle surprise pour le voleur! Micheline est championne de karaté!

LE SAVIEZ-VOUS?

Did you notice that *un vol* means "robbery" and also "flight" (see Lesson 16)? The verb *voler* means "to rob" and also "to fly" and *voleur* means "robber" and "flyer". Just think of the number of English words that are spelled the same way, but have different meanings in different contexts!

A Vrai ou faux?

1. Micheline travaille dans le bureau de son père.
2. Son père est un patron pénible.
3. Micheline a quatre ans.
4. Elle donne un masque au voleur.
5. Micheline a une surprise pour le voleur.

B Questions

1. Quand est-ce que Micheline travaille pour son père?
2. Pourquoi aime-t-elle son travail?
3. Qui entre dans le magasin?
4. Comment est-il?
5. Que demande-t-il?
6. Quelle est la surprise?

C Questions personnelles

1. Quel âge as-tu?
2. Travailles-tu après les classes?
3. Où est-ce que tes parents travaillent?
4. Fais-tu du karaté?

D Vive la ressemblance!

Il y a des mots comme *client* et *absent* qui se ressemblent
en français et en anglais. Lisez les phrases suivantes et trouvez les mots
français qui sont équivalents aux mots anglais.

1. Votre accent est excellent!
2. Vite! Il est très impatient!
3. Le garçon a du talent—sa mère
   est très contente!
4. Où sont mes parents? C'est très urgent!
5. Mais Monsieur le juge, je suis innocent!

E L'explosion des mots!

le nom	le verbe	la personne
un travail	travailler	un travailleur
un vol	voler	un voleur
un voyage	voyager	un voyageur

VOCABULAIRE

la caisse	*cash register*	demander	*to ask (for)*
un client	*customer*	porter	*to wear*
un homme	*man*	ramasser	*to pick up*
un patron	*boss*	seul, seule	*alone*
le travail	*job; work*	soudain	*suddenly*
un voleur	*thief, robber*		

LEÇON VINGT-DEUX

DEUX FAMILLES

LES DÍAZ

Tomás Díaz et ses parents habitent un appartement à Brooklyn. Leur appartement est au dixième étage et ils ont une belle vue de la ville. Leur appartement est dans un immeuble neuf, très moderne.

Il y a deux chambres, une cuisine, un salon et une salle de bains. C'est un petit appartement, mais il est très confortable.

Les Díaz ont une voiture américaine: une Chevrolet verte. Ils garent leur voiture dans le parking à côté de l'immeuble. La famille a aussi un gros chat blanc. Il s'appelle Félix.

AS-TU COMPRIS?

LES DÍAZ

A Vrai ou faux?

1. Les Díaz habitent un petit immeuble à Montréal.
2. Leur appartement a cinq pièces.
3. Les Díaz ont deux fils.
4. Ils ont un chat blanc.
5. Les Díaz garent leur voiture dans la rue.

B Questions

1. Où est l'appartement des Díaz?
2. Combien de pièces y a-t-il? Quelles sont les pièces?
3. Comment est l'appartement?
4. De quelle couleur est leur voiture?
5. Qui est Félix?

LES LEBRUN

Jean-Paul, Marc, Lise et leurs parents habitent à Versailles, près de Paris. Ils ont une belle maison — c'est une maison à deux étages. Il y a huit pièces. Au sous-sol, il y a une cave pleine de bouteilles de vin. À côté de la maison, il y a un petit garage où les Lebrun garent leur voiture. Ils ont une belle auto neuve: c'est une Renault bleue. Derrière la maison, il y a un joli jardin où il y a beaucoup de belles fleurs et deux grands arbres.

Les Lebrun ont aussi un grand chien noir. Il s'appelle Charlemagne.

AS-TU COMPRIS?

LES LEBRUN

A Vrai ou faux?

1. Les Lebrun habitent une maison.
2. Versailles est près de New York.
3. Ils n'ont pas de jardin.
4. Les Lebrun ont une voiture française.
5. Ils ont un chien blanc.

B Questions

1. Où habitent les Lebrun?
2. Comment est leur maison?
3. Qu'est-ce qu'il y a dans la cave? Et derrière la maison?
4. Comment s'appelle leur chien?
5. Combien de personnes y a-t-il dans la famille Lebrun?

VOCABULAIRE

NOMS		ADJECTIFS	
masculins		confortable	*comfortable*
un arbre	*tree*	joli, jolie	*pretty*
un chat	*cat*	neuf, neuve	*brand new*
un chien	*dog*		
un étage	*floor (of a building)*	**EXPRESSIONS**	
un fils	*son*	à deux étages	*two-story*
un jardin	*yard (around a house)*	au dixième étage	*on the eleventh floor*
		beaucoup de ...	*many ...*
un parking	*parking lot*	plein de ..., pleine	*full of ...*
le rez-de-chaussée	*ground floor*	de ...,	
un salon	*living room*		
un sous-sol	*basement*	**LES COULEURS**	
		blanc, blanche	*white*
féminins		bleu, bleue	*blue*
une cave	*cellar*	brun, brune	*brown*
une fille	*daughter (also, girl)*	gris, grise	*gray*
une fleur	*flower*	jaune	*yellow*
une personne	*person*	noir, noire	*black*
une pièce	*room*	orange*	*orange*
une voiture	*car*	rouge	*red*
une vue	*view*	vert, verte	*green*
		violet, violette	*violet*

VERBE	
garer	*to park*

* This adjective is invariable. It has no feminine or plural forms.

Mon cahier est orange.
Mes cahiers sont orange.

Les couleurs

De quelle couleur est ...?

une banane?

une carotte?

le chocolat?

un disque?

une souris?

une grenouille?

une pomme?

un saphir?

une prune?

la neige?

un éléphant?

Aimer ou préférer

J'aime
Je préfère
{ le rouge
le bleu
le blanc
l'orange
etc.

De quelle couleur sont ...?

Les fleurs sont blanches.

Les souris sont grises.
Les éléphants sont gris.
Les carottes sont orange.

Note: gris, grises
orange au pluriel → orange

L'immeuble de Tomás

Tomás et ses parents habitent au *dixième* étage.

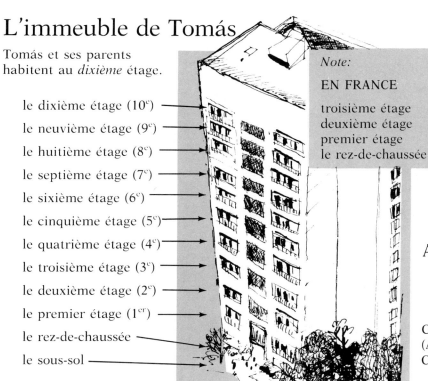

le dixième étage (10ᵉ)
le neuvième étage (9ᵉ)
le huitième étage (8ᵉ)
le septième étage (7ᵉ)
le sixième étage (6ᵉ)
le cinquième étage (5ᵉ)
le quatrième étage (4ᵉ)
le troisième étage (3ᵉ)
le deuxième étage (2ᵉ)
le premier étage (1ᵉʳ)
le rez-de-chaussée
le sous-sol

Note:

EN FRANCE	AUX ÉTATS-UNIS
troisième étage	the 4th floor
deuxième étage	the 3rd floor
premier étage	the 2nd floor
le rez-de-chaussée	the 1st floor

Attention!

neuvième
cinquième
quatrième

C'est le *premier* étage.
(Attention à la liaison!)
C'est ma *première* leçon.

PRATIQUE

A Qu'est-ce que tu préfères?

–Moi, je préfère un bikini jaune!

blanc   jaune   violet
bleu   noir   rouge
gris   orange   vert

B Mini-dialogue

MODÈLE: voiture/bleu/vert

A: Je prends la voiture bleue.
B: Tu n'aimes pas la voiture verte?
A: Non, je n'aime pas le vert.

1. cahiers/vert/rouge
2. chaise/bleu/orange
3. téléphones/blanc/noir
4. fleurs/blanc/jaune
5. bougies/violet/rouge
6. stylos/noir/vert

ATTENTION

LA POSITION DES ADJECTIFS

In French, most adjectives follow the noun they describe.

un restaurant formidable   une fille mince
un film français   un vélo neuf
une voiture bleue   une lettre intéressante

Only a few adjectives come before the noun. The most common are:

un beau jardin   une jolie maison
une grande ville   un petit cadeau
un gros chien   une jeune fille

Before a singular masculine noun beginning with a vowel sound, beau *becomes* bel.

C'est un beau jardin.
but   C'est un bel arbre (immeuble, appartement, etc.).

STOP *In the plural, use* de *instead of* des *before adjectives that precede the noun.*

de beaux arbres
de grands enfants

STOP Attention à la liaison!

un gros avion   un petit enfant
      z   t
un grand arbre   de beaux enfants
      t   z

Mini-dialogues

Les préférences

—De quelle couleur sont les bougies?
—Elles sont jaunes.
—Je préfère les bougies bleues.

1. rouge/noir

2. blanc/gris

3. orange/blanc

4. brun/noir

5. noir/vert

6. gris/rouge

7. violet/jaune

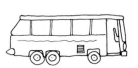
8. vert/orange

9. bleu/blanc

10. rouge/bleu

B J'adore les voitures!

–Qu'est-ce que tu
  as comme voiture?
–Une Corvette rouge.
  C'est une voiture américaine.
  Elle est formidable!

1. Jaguar
   vert
   anglais
   beau

2. Peugeot
   blanc
   français
   joli

3. Ford
   gris
   américain
   grand

4. Toyota
   brun
   japonais
   petit

C Une sélection difficile

–Vous aimez le brun, Madame?
–Ah non! Je n'aime pas ça!
–Le noir?
–Non! Je déteste le noir!
–Alors, le blanc?
–Formidable!

1. rouge
   violet
   oh là là

2. bleu
   vert
   magnifique

3. blanc
   bleu
   formidable

4. gris
   orange
   fantastique

5. vert
   jaune
   oui, c'est ça

Un beau problème

Attention à la forme de l'adjectif!

~~EXEMPLE:~~

Voilà une belle maison!

1. paquet
2. immeuble
3. fleurs
4. jardin
5. chats
6. ville
7. appartement
8. arbres
9. cadeaux
10. jeunes filles

SAVOIR-LIRE

Devinez les mots soulignés!

1. La soeur de ma mère est ma tante.
2. Le frère de ma mère est mon oncle.
3. Le fils de ma tante est mon cousin.
4. Le fils de ma soeur est mon neveu.
5. La fille de ma soeur est ma nièce.

PRATIQUE

A Tête-à-tête

Relisez les descriptions de la famille Díaz et de la famille Lebrun. Changez les détails et parlez de votre famille.

B Quelle forme et quelle position?

1. Ce sont des villes (beau, formidable, intéressant, magnifique, grand, joli)
2. Voilà des appartements (grand, moderne, petit, magnifique, neuf)
3. J'ai des fleurs (rouge, blanc, violet, beau, magnifique, joli)

C Faites des phrases!

Quel adjectif? Quelle forme? Quelle position?

C'est une ville américaine.
J'ai une soeur intelligente.
Mon voisin a un gros chien.

LES NOMS	LES ADJECTIFS
fille	américain
soeur	joli
arbre	bleu
pièce	grand
sport	gros
professeur	anglais
chien	petit
promenade	intelligent
film	beau
vélomoteur	intéressant
cadeau	jeune
chaise	neuf
chat	magnifique
ville	blanc
frère	violet
élève	mince
vue	
voyage	
fleur	

D À l'hôtel

*Vous êtes dans l'ascenseur.
À quel étage allez-vous?*

ÉTAGE
Sous-sol Magasins, Coiffeurs
Rez-de-chaussée Cantine, Café
1er Chambres 101-130
2e Chambres 201-230
3e Chambres 301-330
4e Chambres 401-430
5e Chambres 501-530
6e Chambres 601-630
7e Chambres 701-730
8e Chambres 801-830
9e Salons A-F
10e Restaurant

MODÈLE

–Où est la chambre cent vingt-cinq?
–C'est au premier étage, Monsieur.

1. les magasins
2. le café
3. la chambre 705
4. la chambre 514
5. le salon A
6. le coiffeur
7. la chambre 421
8. le restaurant
9. le salon D
10. la chambre 619

E Questions personnelles

1. As-tu un chat? Un chien? Comment s'appelle-t-il? De quelle couleur est-il? Comment est-il?
2. Quelles sont les pièces de ta maison ou de ton appartement? De quelles couleurs sont-elles?
3. Où est-ce que ta famille gare la voiture?
4. Y a-t-il une cave chez toi?
5. De quelle couleur est ta chambre? Ton vélo? Ta maison? La voiture de ta famille?
6. Quelles couleurs aimes-tu?
7. Est-ce que la voiture de tes parents est neuve?
8. Y a-t-il un jardin chez toi? Comment est-il? Y a-t-il des fleurs? des arbres? une piscine?

NOTES CULTURELLES

Les couleurs et l'humeur° *mood*

Il voit° rouge. *sees*

Son argent passe au bleu°. *vanishes*

Son père est dans une colère bleue°. *towering rage*

Il rit jaune°. *He gives a sickly smile.*

Il est d'une humeur noire.

Il donne une verte réponse°. *sharp answer / moon*

Il passe° une nuit blanche°. *spends / sleepless*

PROVERBE: «La nuit, tous les chats sont gris.»

213

LISONS!

Jean-Paul regarde la carte des États-Unis dans son livre de géographie.

Les États-Unis

Les États-Unis sont un grand pays. Ils sont bordés à l'est par l'océan Atlantique, à l'ouest par l'océan Pacifique, par le Canada au nord, et par le Mexique au sud.

C'est un pays très riche et très varié. Il y a des montagnes, de grandes forêts, des plaines fertiles, des déserts, des lacs, et de nombreuses rivières. Il y a beaucoup de grandes villes: New York, Chicago, Los Angeles. . . . La capitale est Washington, D.C.

On remarque de nombreux noms français: Des Moines, Bâton-Rouge, Nez Percé, Louisville, Louisiane, la Nouvelle-Orléans, Détroit, Racine, Boisé, Terre-Haute . . . Ceci montre l'influence de la France.

214

Les points cardinaux

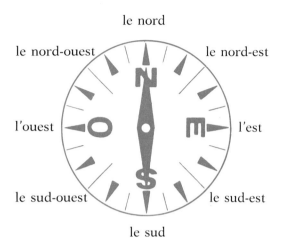

le nord

le nord-ouest

le nord-est

l'ouest

l'est

le sud-ouest

le sud-est

le sud

VOCABULAIRE

une carte	*map*
l'est	*east*
une montagne	*mountain*
le nord	*north*
l'ouest	*west*
un pays	*country, nation*
le sud	*south*
nombreux, nombreuse(s)	*numerous, many*
bordé par . . .	*bordered by . . .*
ceci montre	*this shows*
on remarque	*one notices*

A Vrai ou faux?

1. Les États-Unis sont un petit pays.
2. Les États-Unis sont bordés à l'est par l'océan Pacifique.
3. La capitale des États-Unis est Washington, D.C.
4. Il n'y a pas d'influence française aux États-Unis.

B Questions

1. Qu'est-ce qu'il y a au nord, au sud, à l'est, et à l'ouest des États-Unis?
2. Y a-t-il beaucoup de grandes villes aux États-Unis?
3. Que remarque-t-on aux États-Unis?
4. Habitez-vous au nord, au sud, à l'est, ou à l'ouest de Washington, D.C.?

Vive la ressemblance!

FRANÇAIS	ANGLAIS
une capitale	capital
un désert	?
une forêt	?
l'influence	?
un lac	?
une plaine	?
une rivière	?
fertile	?
riche	?
varié	?

LEÇON
VINGT-TROIS
JEAN-PAUL ARRIVE!

A C'est le 10 juillet. Tomás rencontre Jean-Paul à l'aéroport. Il est très content de rencontrer son ami français.

TOMÁS:	Salut, Jean-Paul! Bienvenue à New York!
JEAN-PAUL:	Merci, Tomás. Je suis content d'être ici.
TOMÁS:	Où sont tes valises?
JEAN-PAUL:	Là-bas. Elles sont vertes.
TOMÁS:	Eh bien, en route!
JEAN-PAUL:	D'accord.
TOMÁS:	Nous allons chez moi. Toute la famille est là. Maman fait un bon dîner pour nous.
JEAN-PAUL:	Chic! J'ai très faim.

B Le lendemain, Tomás et Jean-Paul font une promenade à Manhattan.
Tomás montre tous les gratte-ciel à son ami.

TOMÁS:	Voilà les Tours Jumelles, Jean-Paul!
JEAN-PAUL:	Elles sont très hautes!
TOMÁS:	Oui, et les ascenseurs sont très rapides!
JEAN-PAUL:	New York est fantastique! Quelle grande ville!

Jean-Paul dépense tout son argent dans les magasins. Il achète des souvenirs à ses copains et à sa famille. Plus tard, Jean-Paul et Tomás vont prendre le bateau pour faire le tour de Manhattan.

C Quelle chance! La famille de Tomás va faire un voyage. Ils vont à San Francisco. Jean-Paul y va aussi. Il est très content! Il va voir les collines de San Francisco . . . comme dans les films! Il va aller au Quartier Chinois. Il va aussi passer sur le grand pont . . .

TOMÁS: Nous allons rester une semaine à San Francisco, et après, nous allons à Los Angeles . . . Tu vas avoir une surprise!

JEAN-PAUL: Quoi? Disneyland?

TOMÁS: Ah! C'est une surprise!

AS-TU COMPRIS?

A Vrai ou faux?

1. Tomás rencontre son ami à l'aéroport.
2. Les valises de Jean-Paul sont bleues.
3. Jean-Paul a soif.

Questions

1. Qui fait le dîner?
2. Quelle est la date? Quelle est la saison?
3. Est-ce que Jean-Paul est content de rencontrer Tomás?

B Vrai ou faux?

1. Les Tours Jumelles sont très hautes.
2. Jean-Paul dépense tout son argent au cinéma.
3. Les ascenseurs ne sont pas rapides.

Questions

1. Que font Tomás et Jean-Paul le lendemain?
2. Comment sont les ascenseurs des Tours Jumelles?
3. Qu'est-ce que Jean-Paul achète?
4. Qu'est-ce que les garçons vont prendre? Pourquoi?

C Vrai ou faux?

1. La famille de Tomás va à Denver.
2. Ils vont aller au Quartier Chinois.
3. Ils vont rester deux semaines à San Francisco.

Questions

1. Qu'est-ce que Jean-Paul va voir à San Francisco?
2. Où va-t-il aller aussi?
3. Qui va avoir une surprise?

VOCABULAIRE

NOMS

masculins

un ascenseur	*elevator*
un gratte-ciel (*pl. des gratte-ciel*)	*skyscraper*
le lendemain	*the next day*
un pont	*bridge*
le quartier	*quarter, section of a city*
le Quartier Chinois	*Chinatown*
un souvenir	*souvenir*
un tour	*tour, trip*

féminins

une colline	*hill*
une surprise	*surprise*
les Tours Jumelles	*Twin Towers*
une valise	*suitcase*

VERBES

acheter (à)	*to buy (for)*
dépenser	*to spend (money)*

ADJECTIFS

bon, bonne*	*good*
content, contente	*happy*
fantastique	*fantastic*
haut, haute	*high*
quel, quelle, quels quelles*	*what (a, an)*
rapide	*fast*
tout, toute, tous, toutes*	*all, the whole*

* précèdent le nom.

EXPRESSIONS

chic!	*great! neat!*
comme	*as, like*
en route!	*let's go!*
être content de	*to be happy to*
faire le tour de	*to go around; to tour*
là-bas	*over there*
passer sur	*to cross*
quelle chance!	*what luck!*
quoi?	*what?*

219

ATTENTION

LE VERBE *ACHETER* (*to buy*)

Attention aux accents!

j'achète	nous achetons
tu achètes	vous achetez
il achète	ils achètent
elle achète	elles achètent

LE FUTUR PROCHE

Use aller + infinitif *to express things that are going to take place in the near future.*

Je vais faire un voyage.
Tu vas étudier chez Marc?
Jean-Paul va voir Manhattan.
Nous allons regarder un film à la télé.
Vous allez faire vos devoirs.
Les élèves vont étudier leurs leçons.

L'ADJECTIF *TOUT* (*all, every; the whole*)

singulier

masculin	tout le livre
féminin	toute la classe

pluriel

masculin	tous les livres
féminin	toutes les classes

Je fais tous mes devoirs tous les jours.
Nous allons être ici toute la semaine.
J'aime tout le livre.
Tous mes amis sont au cinéma.

L'ADJECTIF *QUEL* (*what, what a*)

Use quel, quelle, quels *and* quelles *before nouns to express strong surprise, admiration or disapproval.*

Quelle chance!
Quel joli jardin!
Quelles belles fleurs!
Quels enfants!

Liaison! Quels enfants!

PRATIQUE

A Faites des descriptions!
Utilisez quel *et un autre adjectif avec chaque illustration.*

–Quel beau jour!

1.

2.

3.

4.

5.

6.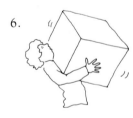

B Nous avons tout!

MODÈLE: Est-ce que nous avons tous les livres?

1. les boîtes	6. les bouteilles
2. les enfants	7. les cadeaux
3. les valises	8. la semaine
4. l'argent	9. les adresses
5. la collection	10. la journée

Le visage

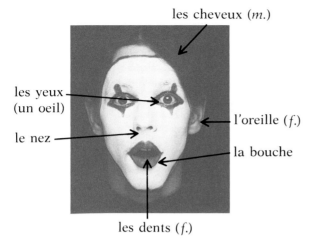

les cheveux (*m.*)

les yeux
(un oeil)

le nez

l'oreille (*f.*)

la bouche

les dents (*f.*)

Tomás a les cheveux bruns. Il est brun.
Jean-Paul a les cheveux blonds. Il est blond.
Karen a les cheveux blonds aussi.
Elle est blonde.
Josette et Philippe ont les cheveux roux.
Elle est rousse; il est roux.

Devinez!

Chantal est malade. Tu vas à l'aéroport
pour chercher son cousin. Tu demandes à
Chantal une description du cousin et elle
répond:

1   2   3   4

«Il est très grand, mince et assez beau. Il a
l'air intelligent. Il a les yeux bleus, les
cheveux blonds un peu longs et le visage
rond. Ah! Et il a les dents blanches comme
la neige. Et son nez est un peu long.»

Tu es à l'aéroport. Trouve le cousin de
Chantal. Fais une description des autres
passagers.

Mini-dialogues

A Acheter, c'est dépenser!

–Où est-ce que Paul achète ses disques?
–En ville.
–Ils sont formidables!

1. vous
   livres
   au centre d'achats
   intéressants

2. les Leriche
   voitures de sport
   à Rome
   rapides

3. Georges
   affiches
   chez Sears
   magnifiques

4. Brigitte
   bikinis
   à Paris
   petits

5. tu
   pizzas
   chez Mario
   bonnes

6. les touristes
   souvenirs de
   Toronto
   à la tour CN
   beaux

B Les activités

–Où sont tous les élèves?
–À la piscine.
–Comment?
–Oui! Ils sont à la piscine
 tous les jeudis!

1. les filles
   au cinéma
   les samedis

2. les garçons
   à la bibliothèque
   la journée

3. la famille
   au stade
   les vendredis

4. les enfants
   en ville
   le temps

5. les amis
   au centre d'achats
   les jours

6. les copines
   chez Jean-Claude
   les soirs

221

C Que vont-ils faire?

MODÈLE:
Jacques et Michèle

– Que vont-ils faire?
– Ils vont *jouer au tennis.*

 1. René

 2. maman

 3. Joël et Paul

 4. Alain

 5. Monsieur Lebrun

 6. Claudine

 7. papa et maman

 8. Jean-Louis

PRATIQUE

A Les exclamations

Quelle moto!

 1.

 2.

 3.

 4.

 5.

 6.

B Les billets

le 17 avril 20 h 00   rang 2 place 42B

Tom est au deuxième rang, place 42B.

rang 5 place 83F

rang 9 place 57D

1. Où est Louise?   4. . . . Jeanne?

rang 1 place 22A

rang 6 place 66G

2. . . . David?   5. . . . Marcel?

rang 8 place 71C

rang 10 place 65E

3. . . . Marc?   6. . . . Thérèse?

C La fête des phrases

Faites des phrases avec le verbe acheter.

1. Elle . . .   3. J' . . .   5. Tu . . .   7. Vous . . .
2. Les élèves . . .   4. Marc . . .   6. Nous . . .   8. Ils . . .

D Questions personnelles

1. Est-ce que tu habites en ville?
2. Aimes-tu la ville?
3. Est-ce qu'il y a un aéroport dans ta ville? Où?
4. Est-ce qu'il y a des parcs dans ta ville? Où?
5. Où est ton école? Comment est-elle?
6. As-tu souvent des amis chez toi?
7. Quelle équipe professionelle aimes-tu?
8. Quand est-ce que tu es content?
9. Est-ce que ta maison est loin du lycée?
10. Qu'est-ce que tu vas faire pendant les vacances d'été?

E Faites des phrases!

MODÈLE: je/parler français   Je vais parler français.

1. ils/acheter des souvenirs
2. elle/rencontrer son ami
3. nous/dépenser tout notre argent
4. vous/prendre l'autobus
5. il/aller à l'école en auto
6. elles/déjeuner à onze heures et demie
7. je/ranger ma chambre
8. les enfants/lire le livre
9. nous/apprendre le russe
10. elle/aider sa mère

F Les substitutions

Remplacez les mots soulignés. Changez la forme de l'adjectif, si nécessaire.

1. C'est un bon gâteau. (disque, dîner, classe, omelette, livre, ville)
2. Leurs professeurs sont très contents. (élèves, soeurs, copains, parents, enfants, filles)
3. Voilà des trains rapides. (bicyclettes, avions, voitures, vélomoteurs)
4. Les centres d'achats sont grands. (aéroports, écoles, universités, magasins, bibliothèques, restaurants)
5. C'est mon premier chien. (match, interview, classe, voyage, lettre)
6. Je vais au cinéma avec toute la famille. (élèves, classe, amis, copains, club)

LEÇON VINGT-QUATRE

LES JEUNES DISCUTENT

LOUIS:

Nous travaillons beaucoup à l'école, c'est vrai, mais nous avons assez de temps libre. Il y a beaucoup d'activités intéressantes pour les jeunes de notre âge!

Moi, je n'ai pas besoin de beaucoup d'argent. Généralement, je reste à la maison le soir. Souvent, je regarde la télé ou j'écoute la radio. Quand j'ai besoin d'argent, je garde les enfants de mon frère.

En réalité, nous n'avons pas trop de travail!

ANNE:

Je ne suis pas d'accord! Moi, je travaille trop à l'école et à la maison! Et je n'ai pas assez d'argent! Je suis toujours fauchée! Après tout, les vêtements et les disques coûtent cher!

Chez moi, mon père et ma mère font le choix des émissions à la télé. Moi, je préfère les policiers, mais généralement, mes parents préfèrent les westerns. Qu'en pensez-vous?

PIERRE:

Tu as raison! Il y a toujours des problèmes! Moi, j'aime faire beaucoup de choses, mais je n'ai pas assez d'argent. Quelquefois, je gagne un peu d'argent après l'école, mais naturellement, ce n'est pas assez. Et je déteste l'école! Nous avons trop de cours et pas assez de vacances!

GISÈLE:

En réalité, Pierre, est-ce que tu travailles beaucoup à l'école? À mon avis, tu ne travailles pas assez. Moi, je n'aime pas toujours mes cours, mais j'aime l'école — je fais des amis facilement. Et toi, Anne, tu as assez d'argent! Tu as mille disques!

Tout le monde a des ennuis, c'est normal. Mais après tout, c'est la vie, n'est-ce pas?

225

AS-TU COMPRIS?

A Vrai ou faux?

1. Louis ne travaille pas à l'école.
2. Quand il a besoin d'argent, Louis garde les enfants de son frère.
3. Anne a toujours besoin d'argent.
4. Pierre n'aime pas l'école.
5. Gisèle déteste l'école.
6. Anne n'a pas beaucoup de disques.

B Questions

1. Généralement, qu'est-ce que Louis fait le soir?
2. Anne n'est pas contente. Pourquoi?
3. Est-ce que Gisèle a beaucoup d'amis? Pourquoi?
4. D'après Gisèle, tout le monde a des ennuis. Pourquoi?

ATTENTION

LES ADVERBES

Adverbs "modify" or add to the meaning of verbs, adjectives or other adverbs.

Most French adverbs end in -ment: facilement, généralement, naturellement.

adjectifs		adverbes
facile, facile	⟶	facilement
général, générale	⟶	généralement
naturel, naturelle	⟶	naturellement

The written form of these adverbs contains the feminine form of the adjective and the ending -ment.

VOCABULAIRE

NOMS

masculins

un choix	*choice*
un ennui	*problem, annoyance*
les jeunes	*young people, youth*
un policier	*detective show*
le travail	*work*
les vêtements	*clothes, clothing*
un western	*western*

féminins

une activité	*activity*
une chose	*thing*
la vie	*life*

VERBES

discuter (de)	*to discuss*
penser	*to think*

ADJECTIFS

fauché, fauchée	*broke (no money)*
normal, normale	*normal*
vrai, vraie	*true*

ADVERBES

assez	*enough*
facilement	*easily*
généralement	*generally*
naturellement	*naturally*
peu	*little, seldom*
trop	*too much, too many*

PRÉPOSITION

d'après	*according to*

EXPRESSIONS

à mon avis	*in my opinion*
assez de	*enough*
avoir besoin de	*to need*
avoir raison	*to be right*
c'est la vie!	*that's life!*
coûter cher	*to cost a lot*
en réalité	*really*
être d'accord	*to agree*
faire des amis	*to make friends*
le soir	*in the evening/ evenings*
le temps libre	*free time*
qu'en pensez-vous?	*what do you think of that?*
tout le monde	*everyone, everybody*
trop de	*too much, too many*
un peu (de)	*a little*

Many common French adverbs do not end in -ment. The ones you know are:

peu, trop, assez, bien, beaucoup, toujours, vite, souvent, quelquefois, déjà, très, enfin, ensemble, près, loin, maintenant

J'aime beaucoup la musique.	Elle est toujours fauchée.
Elle est trop mince.	Vous chantez bien.
Elle ne mange pas assez.	Ils vont souvent au restaurant.
Il parle trop vite.	Elle est très belle.

 French adverbs usually follow the verb.

LES EXPRESSIONS DE QUANTITÉ
Expressions of quantity contain de *or* d'.

un kilo de sucre (1000 grammes)

un litre de vin

une bouteille d'eau minérale.

une douzaine de pommes

une boîte de tomates

250 grammes de beurre

J'ai assez d'argent.
Avez-vous trop de devoirs?
Combien de frères avez-vous?
Elle a beaucoup d'amis.
Je prends un peu de lait dans mon café.
Voilà un verre d'eau.

EXPRESSIONS AVEC *AVOIR*

avoir faim *to be hungry*
À midi, nous avons faim.

avoir soif
to be thirsty
Quand il fait chaud, nous avons soif.

avoir chaud
to be hot
C'est l'été; il a chaud.

avoir froid *to be cold*
C'est l'hiver; elle a froid.

avoir sommeil *to be sleepy*
Il est onze heures du soir; elle a sommeil.

avoir peur *to be afraid*
Le chien n'est pas gentil; ils ont peur.

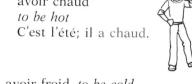

avoir raison *to be right*
Le professeur a (presque!) toujours raison.

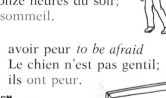

avoir tort *to be wrong*
Je ne suis pas d'accord; tu as tort.

avoir besoin de + infinitif
to need to
Il a besoin de manger.
ou
avoir besoin de + nom
to need
Il a besoin d'argent.

 Devant une voyelle, de → d':

Ils ont besoin d'étudier.

227

PRATIQUE

A Au supermarché

– Qu'est-ce qu'elle achète?
– Elle achète deux litres de lait.

 1 2 3  4 5 6

B Les adverbes

Complétez les phrases avec un adverbe!

assez, bien, beaucoup, trop, souvent, toujours, vite, généralement, quelquefois, facilement, très, normalement

1. Le concert est formidable! Roc Leroc chante très . . . !
2. Jean-Claude n'a pas d'argent. Il est . . . fauché.
3. Mon frère n'aime pas l'école. Il ne travaille pas . . .
4. Ma soeur est . . . intelligente; elle travaille . . . à l'école.
5. Mes parents adorent les films. Ils vont . . . au cinéma.
6. Silence! Vous parlez . . . !
7. M. Smith apprend . . . ! Après deux leçons, il parle français!
8. . . . , Louis n'aime pas les sports, mais . . . il regarde des matchs de football à la télé.
9. Gisèle est . . . sympa; elle fait des amis . . .
10. . . . , je rentre à 6 h du soir.

C Êtes-vous d'accord?

Donnez vos opinions!

–Je suis d'accord!
–Je ne suis pas d'accord!

1. Les écoles sont fantastiques.
2. Tout le monde a des problèmes.
3. Les disques coûtent trop cher.
4. Les jeunes n'ont pas assez d'argent.
5. Les jeunes ne travaillent pas assez.
6. Les professeurs donnent trop de devoirs.
7. Il y a beaucoup d'activités pour les jeunes.
8. L'histoire est une matière importante.
9. Tous les parents écoutent les opinions de leurs enfants.
10. Les jeunes ont toujours raison.

D Qu'est-ce qu'ils ont?

1. Tu as . . . . ? Il y a du coca dans le frigo.
2. Mais il fait 40 degrés! Tu n'as pas . . . . ?
3. Non, Beethoven n'est pas un astronaute! Tu as . . . . !
4. Vous avez . . . . C'est une bonne réponse.
5. Pourquoi ont-ils . . . . du directeur? Il n'est pas sévère.
6. J'ai très . . . . Qu'est-ce qu'il y a à manger?
7. Mais il est trois heures du matin! J'ai . . . .
8. Ils ont . . . . d'une personne pour garder leurs enfants.
9. La voiture coûte trop cher. Jean a . . . . de gagner de l'argent.
10. Je n'aime pas l'hiver. J'ai toujours . . . .

E Quelle est votre opinion?

Exprimez une opinion sur chaque illustration.
Utilisez trop, peu *et* assez *dans vos réponses.*

1.
2.
3.
4.
5.
6.

F Questions personnelles

1. Que penses-tu de ton école?
2. Y a-t-il beaucoup d'activités pour les jeunes à ton école? dans ta ville?
3. Est-ce que tu gagnes de l'argent? Comment?
4. Est-ce que tu es toujours fauché(e)? Pourquoi?
5. Qu'est-ce que tu achètes avec ton argent?
6. Est-ce que tu travailles beaucoup à l'école? à la maison?
7. As-tu des disques? Quelle sorte de musique aimes-tu?
8. Y a-t-il beaucoup d'étudiants dans la classe de français?
9. Chez toi, qui fait le choix des émissions à la télé?
10. Est-ce que tu as tort quelquefois?

LEÇON VINGT-CINQ
LES PARENTS ET LA JEUNESSE

A

M. ROUSSEAU: Marc, tu as de mauvaises notes en histoire! Tu n'étudies pas! Pourquoi?

MARC: Mais papa, c'est ennuyeux! Et l'histoire est trop difficile!

M. ROUSSEAU: Ce n'est pas difficile, Marc. D'après ton professeur, tu ne réfléchis pas assez et tu ne fais jamais attention en classe. Tu es toujours dans la lune!

MARC: Ce n'est pas vrai! Je n'aime pas l'histoire, c'est tout. Je préfère la musique!

M. ROUSSEAU: L'histoire est une matière importante, Marc. Tu ne penses pas à ton avenir!

MARC: Mais si! Justement! Un musicien n'a pas besoin de bonnes notes en histoire!

B

MME CLOUTIER: Tu ne finis pas ton dîner?

CHRISTINE: Je n'ai pas faim, maman. D'ailleurs, je suis pressée! Je vais à un concert avec René ce soir.

MME CLOUTIER: Quel concert?

CHRISTINE: Nous allons entendre notre chanteuse favorite!

MME CLOUTIER: Et à quelle heure est-ce que le concert finit?

CHRISTINE: Vers onze heures, je pense.

MME CLOUTIER: C'est un peu tard, non? Après tout, ce n'est pas le week-end. Tu as des classes demain!

CHRISTINE: Mais non, maman! Demain, c'est un jour de congé!

MME CLOUTIER: Alors, tu rentres tout de suite après le concert?

CHRISTINE: Bien sûr, maman! Comme d'habitude!

MME CLOUTIER: Tu plaisantes! D'habitude, tu rentres toujours trop tard!

C

RICHARD: Papa, j'ai besoin d'argent!

M. DUCLOS: Encore? Pourquoi?

RICHARD: Eh bien . . . il y a des jeans en solde . . .

M. DUCLOS: Quoi! Tu as déjà une douzaine de paires de jeans!

RICHARD: Oui, mais ils sont vieux! D'ailleurs, tous mes jeans sont trop petits!

M. DUCLOS: Oui, c'est vrai . . . Tu grandis vite! Bon, d'accord! Mais d'abord, j'ai du travail pour toi . . .

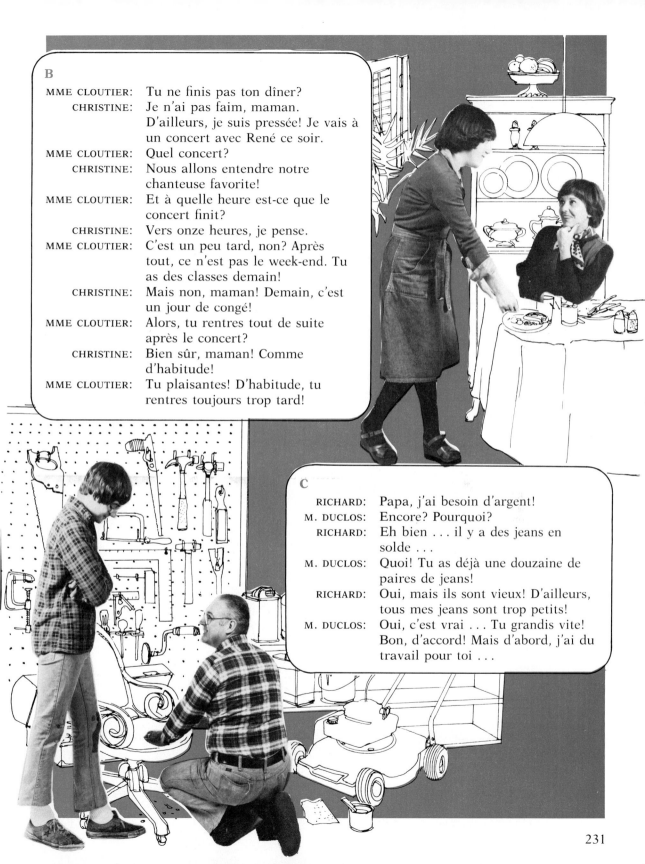

AS-TU COMPRIS?

A Vrai ou faux?

1. Marc a de mauvaises notes en histoire.
2. Il fait toujours attention en classe.
3. Il adore la musique.
4. D'après son père, l'histoire est une matière importante.
5. Selon Marc, il pense à son avenir.

B Questions

1. Pourquoi est-ce que Christine ne finit pas son dîner?
2. Où va-t-elle ce soir? Avec qui?
3. A-t-elle des classes demain?
4. D'après Christine, quand rentre-t-elle?
5. D'habitude, rentre-t-elle très tard?

C Complétez

Richard a besoin d'. . . parce qu'il y a un . . . de . . . Ses jeans sont trop . . . parce qu'il . . . . . . D'ailleurs, ses jeans sont . . . Son père a du . . . pour lui.

VOCABULAIRE

NOMS

masculins

l'avenir	*future*
un chanteur	*singer*
un concert	*concert*
des jeans	*jeans*
un jour de congé	*holiday, day off*
un musicien	*musician*

féminins

une chanteuse	*singer*
une douzaine	*a dozen*
la jeunesse (les jeunes)	*youth, young people*
une note	*grade (at school)*
une paire	*pair*

VERBES

finir	*to finish, to end*
grandir	*to grow (up)*
penser (à)	*to think (of, about)*
plaisanter	*to joke, to kid*
porter	*to wear*
réfléchir (à)	*to think (about)*

ADJECTIFS

difficile	*difficult*
ennuyeux, ennuyeuse	*boring*
favori, favorite	*favorite*
important, importante	*important*
mauvais, mauvaise*	*bad*
nouveau (nouvel), nouvelle, nouveaux*	*new*
pressé, pressée	*in a hurry*
quel? quelle?*	*what? which?*
vieux (vieil), vieille*	*old*

* précèdent le nom

ADVERBES

encore	*again*
justement	*exactly, just so*
si!	*yes! (in answer to a negative question)*
tard	*late*

EXPRESSIONS

d'abord	*first*
d'ailleurs	*besides*
en solde	*on sale*
être dans la lune	*to daydream*
faire attention (à)	*to listen, pay attention (to)*
ne . . . jamais	*never*
nous allons entendre	*we are going to hear*
pour lui	*for him*
quoi!	*what!*
tu plaisantes!	*you're kidding!*

Les vêtements (les habits)

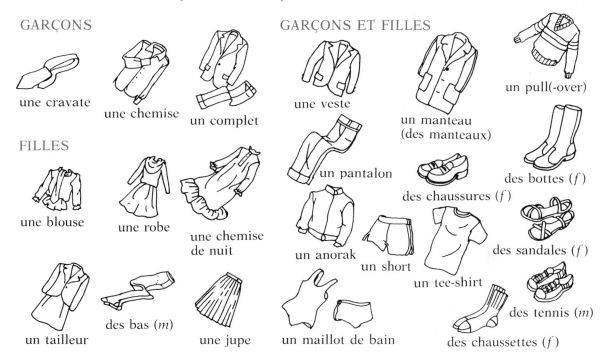

GARÇONS

une cravate

une chemise

un complet

FILLES

une blouse

une robe

une chemise de nuit

un tailleur

des bas (*m*)

une jupe

GARÇONS ET FILLES

une veste

un manteau (des manteaux)

un pantalon

un anorak

un short

un tee-shirt

un maillot de bain

un pull(-over)

des bottes (*f*)

des chaussures (*f*)

des sandales (*f*)

des tennis (*m*)

des chaussettes (*f*)

ATTENTION

LES VERBES EN -*IR*

Modèle   finir (*to finish*)

singulier	pluriel
je finis*	nous finissons
tu finis	vous finissez
il finit	ils finissent
elle finit	elles finissent

* *I finish, I do finish, I am finishing.*

The -ir ending of the infinitive form is replaced by the verb endings.

Although the singular forms of the verb are spelled differently, they sound the same. Most French verbs ending in -ir follow this pattern.

LA NÉGATION *NE . . . JAMAIS (never)*

phrases affirmatives	phrases négatives
Je suis en retard	→ Je ne suis jamais en retard.
Elle fait attention.	→ Elle ne fait jamais attention.
Il réfléchit à son avenir.	→ Il ne réfléchit jamais à son avenir.
Il y a un concert à l'école.	→ Il n'y a jamais de concert à l'école.
Il fait du sport.	→ Il ne fait jamais de sport.
J'ai de l'argent.	→ Je n'ai jamais d'argent.

In a negative sentence de or d' is used instead of un, une, de la, de l', du *or* des, *except with the verb* être.

ATTENTION

PRATIQUE

A Tout nouveau, tout beau!

Leurs vêtements sont vieux; il y a des soldes; ils achètent de nouveaux vêtements.

Son pull est vieux; Jean achète un nouveau pull.

2. Juliette

1. Raoul

3. Jean-Claude

4. Odette

5. Hélène

6. Monsieur Savard

8. Monsieur Duval

7. Marie et Sylvie

9. Christian

10. Philippe

11. Monsieur Ledoux

12. Georges

B Complétez

1. Les enfants (grandir) si vite!
2. Vous ne (finir) jamais votre travail!
3. Paul parle trop vite. Il ne (réfléchir) pas assez.
4. Julien et Bruno (finir) leurs devoirs avant le dîner.
5. Quand nous parlons français, nous (réfléchir).

C Au contraire! (ne . . . jamais)

1. Pierre finit toujours à l'heure, mais Gisèle . . .
2. Mes copains sont toujours en retard, mais moi, . . .
3. Le directeur porte toujours une chemise bleue, mais le professeur d'histoire . . .
4. Il y a toujours des classes le lundi, mais le dimanche, . . .
5. Elle réfléchit toujours, mais moi, . . .
6. Nous faisons toujours attention, mais Richard et Jacques . . .

D Le coin des opinions

Que pensez-vous de vos cours?
–À mon avis, le français est intéressant!

1. le dessin
2. l'éducation physique   difficile
3. les sciences   ennuyeux
4. les maths   important
5. l'anglais   formidable
6. la musique   fantastique
7. le français   intéressant
8. la géographie
9. l'histoire

E Mais si!

–Tu es libre ce soir?
–Non, je travaille, comme d'habitude.
–Alors, tu ne vas jamais au cinéma?
–Mais si! Souvent! J'aime les films!

1. en ville
   tous les jours
   les magasins

3. aux concerts
   quelquefois
   la musique

2. au stade
   tous les
     dimanches
   le football

4. à la piscine
   tous les week-
     ends
   nager

5. en vacances
   tous les étés
   faire des voyages

F Les préférences

Donnez vos opinions!

1. Mon professeur favori, c'est Mme Boudreau.
2. Mon disque . . .
3. Mon film . . .
4. Ma copine . . .
5. Mon auto . . .
6. Mon livre . . .
7. Mon repas . . .
8. Ma chanteuse . . .
9. Mon musicien . . .
10. Mon émission de télé . . .
11. Mon cours . . .
12. Ma ville . . .

G Mini-dialogue

Ils sont en retard!

MODÈLE: Georges
            sandwich

–Tu ne finis pas ton sandwich!
  Tu es pressé?
–Oui! Il est déjà sept heures;
  je suis en retard!

1. Alice et Claudette
   dessert
2. papa
   gâteau
3. Michèle
   dîner
4. Mlle Martin
   thé
5. M. Rondeau
   café
6. Nicole et Gilles
   devoirs
7. Mlle Dupont
   repas
8. Mme Sorel
   petit déjeuner

H Questions personnelles

1. Que portes-tu aujourd'hui?
2. Préfères-tu porter des jeans ou un short en été?
3. Qui est ton acteur favori? Et ton actrice favorite?
4. À ton avis, quelles matières sont importantes?
5. Qu'est-ce que tu vas faire ce week-end?
6. Trouves-tu que les vêtements coûtent cher?
7. As-tu un nouvel ami (ou une nouvelle amie) cette année?
8. Qu'est-ce que tu portes quand il fait chaud? Quand il fait froid?

Le mystère de la radio

Il est onze heures du soir. Denis Favreau est dans sa chambre. Il lit une revue et il écoute une émission intéressante à la radio. Denis est seul ce soir, parce que ses parents sont chez des amis.

Dehors, il y a un orage. Tout à coup, un éclair perce le ciel et illumine sa chambre. Boum! Puis . . . plus de musique, plus de lumière!

«Zut! Une panne d'électricité!» pense Denis. Il trouve une lampe de poche dans un tiroir et il recommence à lire.

Soudain, il entend un bruit étrange. C'est une voix qui appelle: «Suivez-moi . . . Suivez-moi . . . Suivez-moi . . .»

«C'est mon imagination, ou c'est le vent?» demande Denis.

Sa lampe de poche à la main, il descend au rez-de-chaussée. La voix attire Denis vers la cave. «Suivez-moi . . . Suivez-moi . . . Suivez-moi . . .» Denis ouvre la porte de la cave . . .

Denis descend lentement à la cave. Il a peur. La voix est très claire maintenant. Elle répète: «Suivez-moi . . . Suivez-moi . . . Suivez-moi . . .»

«Mais quelle est cette voix?» demande Denis. Tout à coup, il remarque une petite lumière. «Mais, c'est impossible, il n'y a pas d'électricité!» pense Denis. Dans un coin de la cave, il trouve une vieille radio. La voix vient de la radio!

Denis est complètement effrayé. Il remonte vite l'escalier, et il ferme la porte de la cave. Il essaie le téléphone. Rien! Alors, il remonte à sa chambre. Il tremble de peur.

À cet instant, la lumière revient, et sa radio recommence à jouer. Ses parents rentrent et ils vont à leur chambre. Soudain, ils entendent un cri terrible!

Ils trouvent Denis dans sa chambre, la tête sous l'oreiller; de la radio, ils entendent une voix sinistre: «Suivez-moi . . . Suivez-moi . . . Suivez-moi . . .»

VOCABULAIRE

un bruit	*noise*	essayer (il essaie)	*to try*
un cauchemar	*nightmare*	fermer	*to close*
la cave	*cellar*	ouvrir (il ouvre)	*to open*
le ciel	*sky*	recommencer	*to start again*
un coin	*corner*	remonter	*to go back up*
un cri	*scream*		
un éclair	*flash of lightning*	effrayé	*terrified*
un escalier	*stairs, staircase*	étrange	*strange*
un fantôme	*ghost*	fou	*crazy*
une lampe de poche	*flashlight*	seul	*alone*
une lumière	*light*		
un orage	*storm*	dehors	*outside*
un oreiller	*pillow*	lentement	*slowly*
une panne	*electrical failure,*	rien	*nothing*
d'électricité	* blackout*	soudain	*suddenly*
une pile	*battery*		
une revue	*magazine*	à cet instant	*at that very moment*
une tête	*head*	à la main	*in his hand*
un tiroir	*drawer*	la lumière revient	*the light comes back*
le vent	*wind*		* on*
une voix	*voice*	la voix vient de ...	*the voice comes*
			* from ...*
attirer	*to pull, to draw, to*	plus de ...	*no more ...*
	* attract*	qui appelle	*calling*
descendre (il	*to go downstairs*	suivez-moi	*follow me*
descend)		tout à coup	*all of a sudden*
entendre (il entend,	*to hear*		
ils entendent)			

A Vrai ou faux?

1. Il est quatre heures de l'après-midi.
2. Denis écoute des disques dans sa chambre.
3. Il pleut beaucoup ce soir.
4. Denis trouve une lampe de poche dans un tiroir.
5. Il reste dans sa chambre.
6. La voix répète: «Salut, Denis! Ça va?»
7. Dans la cave, Denis écoute un concert de rock.
8. La voix vient d'une vieille radio.
9. Denis remonte lentement l'escalier.
10. Quand ses parents arrivent, Denis est dans sa chambre.

B Questions

1. Où est Denis?
2. Pourquoi est-ce qu'il est seul ce soir?
3. Y a-t-il du bruit dehors? Pourquoi?
4. Qu'est-ce que Denis entend?
5. Qu'est-ce qu'il ouvre?
6. Où est-ce que Denis descend?
7. Pourquoi descend-il lentement?
8. Qu'est-ce qu'il trouve dans la cave?
9. Est-ce que le téléphone marche?
10. Comment est Denis quand ses parents arrivent?

C C'est toi l'auteur!

Y a-t-il une solution à ce mystère? Choisis une réponse!

a) C'est un cauchemar.
b) Il y a une radio à piles dans la cave.
c) Denis est complètement fou.
d) Il y a un fantôme dans la cave.
e) Il n'y a pas de solution.

D Questions personnelles

1. Es-tu souvent seul(e) chez toi?
2. Est-ce que tu écoutes la radio dans ta chambre?
3. Est-ce que tu aimes les orages?
4. Y a-t-il une cave chez toi?
5. As-tu beaucoup d'imagination?
6. Combien de radios y a-t-il chez toi? Dans quelles pièces?
7. As-tu peur quand tu es seul(e)?
8. As-tu souvent des cauchemars?

Vive la différence!

FRANÇAIS	ANGLAIS
la musique	music
comique	?
tragique	?
atlantique	?
pacifique	?

Vive la ressemblance!

Il y a des mots comme *possible* et *impossible* qui sont équivalents en français et en anglais. Lisez les mots français suivants. Attention à la prononciation!

terrible, probable, capable, flexible, noble, stable, respectable

QUE SAIS-JE?

A Des projets

Modèle   vous/dîner chez des amis   —Qu'est-ce que vous allez faire ce soir?
                                                —Nous allons dîner chez des amis.

1. Pierre/ préparer sa rédaction
2. Marc et Annick / faire le tour de Manhattan
3. Yvette / rencontrer des amis à l'aéroport
4. vous / voir un nouveau film
5. Claire / garder les enfants des Dubois
6. Mireille et Yolande / étudier chez Luc

B Ah, les adjectifs!

1. Quelle grande maison! (beau, vieux, fantastique, joli)
2. Voilà un grand hôtel. (beau, vieux, neuf, confortable)
3. Voilà une grande voiture. (beau, américain, neuf, bleu)
4. Voilà un petit enfant. (joli, pénible, bon, beau)
5. Elle est une bonne chanteuse. (jeune, nouveau, italien, intéressant)
6. C'est une classe fantastique. (bon, ennuyeux, intéressant, difficile)
7. Il a un bon professeur. (mauvais, sympathique, nouveau, français)
8. C'est une fille sérieuse. (intelligent, beau, joli, bon)

C Encore!

Répétez l'exercice B. Changez au pluriel.

D Nouveau ou neuf? Quelle forme?

1. Regarde ma . . . voiture!
2. J'ai un vélomoteur . . .
3. Il y a des voitures . . . en solde.
4. J'ai besoin d'une . . . montre.
5. C'est mon . . . ami.
6. Jacques va acheter un vélo . . .
7. Marianne a de . . . bottes.
8. Voilà le . . . hôtel.

E Qu'est-ce qu'ils achètent?

1. Pierre et Anne
2. Monique
3. Toi
4. Moi
5. Toi et moi
6. Vous

F Qu'est-ce qu'ils font?

Répondez aux questions. Utilisez les expressions avec avoir.

1. Pourquoi va-t-elle au lit?
2. Pourquoi fermes-tu la fenêtre?
3. Il va manger tout le rosbif?
4. Pourquoi allez-vous à la piscine?
5. Pourquoi ne vont-ils pas en avion?
6. Ma réponse est incorrecte?
7. Vous prenez un coca?
8. Alors, tu es d'accord avec moi?

G Peu ou beaucoup?

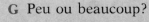

Modèle   Elle a peu d'argent, mais elle a beaucoup de disques.

1.

2.

3.

4.

5. Et toi?

H Trop? Assez?

Décrivez chaque image.

1.    2.    3.    4.

I Au contraire!

Donnez un antonyme de chaque mot ou expression.

Modèle   blanc → noir

1. intéressant
2. mince
3. en retard
4. neuf
5. beaucoup de
6. mauvais
7. jamais
8. avoir raison
9. devant
10. aimer
11. pénible
12. près de
13. tragique
14. sous
15. commencer
16. avoir chaud

J L'élimination des mots

1. copain, cuisine, ami, copine
2. maison, immeuble, appartement, rue
3. bicyclette, train, bateau, immeuble
4. yeux, nez, bouche, pantalon
5. toujours, naturellement, quelquefois, jamais
6. gris, grand, roux, noir

K C'est la vie!

Préparez les dialogues en français.

A

Point to a girl and ask if that's Olga.

Ask if she's smart.

B

→ Reply, "Yes", and add that she's German.

↙ Reply, "Yes", and add that she has very good grades.

A

Complain: "We never go to the movies!"

Remark that there's a good Italian film at the shopping center.

B

→ Respond: "Shall we go there this evening?"

↙ Say, "Neat! Let's go!"

UNITÉ SIX
YOU WILL LEARN

- to discuss common problems such as finding work, and earning money;
  - to explain what you do at work;
    - to give instructions;
    - to talk about things that happened in the past;

- to request and give directions for getting to a certain place;
  - to use direct object pronouns (*le, la, l'* and *les*) to avoid repeating names of people or objects in conversation;
    - to indicate physical pain and describe symptoms of illness;
- to give excuses or explain why you will be unable to accept an invitation;
  - the parts of the human body;
- the names of different kinds of stores and shops;
  - the names of various professions and trades;
- the parts of a car;
  - the present tense of verbs that end in *-re*.

UNITÉ SIX

PRÉCIS
TOUT EST BIEN QUI FINIT BIEN!

ROGER:	Effectivement! Nous avons manqué° le train. Alors, qu'est-ce qu'on fait?
LAURENT:	On fait venir° un taxi!
ROGER:	Et on le paie comment?
JEAN-CLAUDE:	Bon, on fait de l'auto-stop°!
RENÉE:	Non! C'est trop dangereux!

missed   call   hitchhike

LAURENT:	Renée, téléphone à ton père! Il est sympa! Il va comprendre notre situation!
RENÉE:	Moi? Téléphone-lui° si° tu veux! À cette heure, tu ne le trouves pas si° sympa! Il est sûrement déjà au lit!
JEAN-CLAUDE:	Alors on passe la nuit ici?
RENÉE:	Moi, j'ai une idée. Allons au commissariat de police!
ROGER:	Bonne idée, Renée!

him/if   so

come

JEAN-CLAUDE:	Et comment est-ce qu'on arrive au commissariat?
ROGER:	Nous pouvons demander le chemin à ce monsieur. Excusez-moi, Monsieur, pour aller au commissariat?
M. BEAUPRÉ:	Prenez la première rue à gauche, puis la deuxième à droite, et . . . Tiens! Tu es Roger Leclerc, n'est-ce pas? Je suis Monsieur Beaupré. Je travaille avec ton père. Vous avez un problème?
ROGER:	Oui, Monsieur, nous avons manqué le dernier train.
M. BEAUPRÉ:	Ah! Pas de problème! Vous venez° avec moi! Voilà ma voiture.

ROGER:	Vous pouvez me laisser ici si vous voulez, Monsieur. Je n'habite pas loin.
M. BEAUPRÉ:	D'accord, Roger. Bonsoir! Bonsoir, Mademoiselle!
RENÉE:	Bonsoir, Monsieur, et merci beaucoup!
M. BEAUPRÉ:	Il n'y a pas de quoi°, Mademoiselle. Au revoir!

You're welcome

RENÉE:	Nous avons eu de la chance!
ROGER:	Oui, mais tu as eu une excellente idée, Renée, vraiment géniale°.
RENÉE:	Tu exagères un peu, mais merci quand même.
ROGER:	Bonsoir, Renée!

ingenious

ROGER:	Tiens! Qu'est-ce que tu fais demain? Tu vas au match de hockey?
RENÉE:	Absolument pas°! Je déteste le hockey!
ROGER:	Moi aussi. Je le trouve trop violent. Mais il y a un nouveau film au cinéma. On y va ensemble?
RENÉE:	Avec plaisir!
ROGER:	À demain, Renée!

No way!

LEÇON VINGT-SIX

LE TRAVAIL ET LES JEUNES

L'argent est souvent un problème! Beaucoup de jeunes n'ont pas assez d'argent de poche. Alors, ils cherchent du travail à mi-temps après les classes ou le samedi. Comme cela, ils gagnent assez pour acheter des disques, des livres, des vêtements et d'autres choses.

A Tu travailles cet été?

LOUIS:	Tu travailles cet été?
MARGOT:	Oui! Dans un magasin en ville.
LOUIS:	Ah bon! Qu'est-ce que tu fais là?
MARGOT:	Je vends des choses et quelquefois je réponds au téléphone. C'est très facile!
LOUIS:	Formidable! Qu'est-ce que tu vends?
MARGOT:	Des disques, des posters et des revues.
LOUIS:	Tu as de la chance!

B Paul fait la vaisselle

MARC: Est-ce que tu travailles?
PAUL: Mais bien sûr! Je travaille dans un restaurant le samedi!
MARC: Que fais-tu? Tu es garçon de table?
PAUL: Non! Je fais la vaisselle!
MARC: C'est ennuyeux, non? Tu gagnes beaucoup d'argent?
PAUL: Ça dépend.
MARC: De quoi?
PAUL: Du nombre d'assiettes que je casse!

C Il y a peu de travail

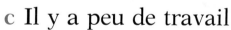

LISE: Je ne vais pas au cinéma avec vous ce soir. Je suis fauchée, comme d'habitude.
ALAIN: Demande de l'argent à ton père, alors.
LISE: Il va refuser. Il est assez radin, mon père.
PHILIPPE: Cherche un travail, alors!
LISE: Où? Il y a très peu de travail et beaucoup d'étudiants!
CÉCILE: Bon, réfléchis un peu. Vends ta bicyclette, par exemple!
LISE: Et si je trouve un travail? Comment est-ce que je vais y arriver?
PHILIPPE: Bon! C'est assez! Nous allons acheter un journal et chercher un travail pour Lise!

AS-TU COMPRIS?

A Questions

1. Est-ce que les jeunes ont besoin d'argent?
2. Pourquoi est-ce que les jeunes cherchent du travail?
3. Quand travaillent-ils?
4. Qu'achètent-ils avec leur argent?

B Vrai ou faux?

Tu travailles cet été?

1. Margot ne travaille pas cet été.
2. Elle travaille dans une pizzeria.
3. Le magasin est en ville.
4. Elle vend des disques et des posters.

Paul fait la vaisselle.

1. Paul travaille dans un cinéma.
2. Il travaille le vendredi soir.
3. Il est garçon de table.
4. Quelquefois, il casse des assiettes.

Il y a peu de travail.

1. Lise a beaucoup d'argent.
2. Son père est très généreux.
3. Il y a beaucoup de travail pour les étudiants.
4. Lise a une bicyclette.

VOCABULAIRE

NOMS

masculins
l'argent de poche — *pocket money*
un garçon (de table) — *waiter*
un journal — *newspaper*
un problème — *problem*
un travail — *job*

féminins
une assiette — *plate, dish*
la chance — *luck*
une revue — *magazine*
la vaisselle — *dishes*

VERBES

casser — *to break*
chercher — *to look for*
demander (à ...) — *to ask (someone) (for)*
dépendre (de) — *to depend (on)*
refuser — *to refuse*
répondre (à) — *to answer*
vendre — *to sell*

ADJECTIFS

autre* — *other*
ce (cet), cette, ces* — *this, that; these, those*
facile — *easy*
radin(e) — *stingy*

PRONOMS

ça — *it; that*
cela — *that*

EXPRESSIONS

à mi-temps — *part-time*
avoir de la chance — *to be lucky*
ça dépend du nombre de ... — *it depends on the number of ...*
comme cela — *thus, in this way*
et si ... — *and if ...*
faire la vaisselle — *to do the dishes*
le samedi — *on Saturdays*
par exemple — *for example*

*précèdent le nom

246

NOTE CULTURELLE

LES MAGASINS

Vous achetez des livres à la librairie. M. Martin est libraire.

Vous allez à la boucherie pour acheter de la viande. M. Desjardins est boucher; Mme Desjardins est bouchère.

Vous achetez du pain à la boulangerie. Les Lamoureux sont boulangers.

Vous achetez des gâteaux à la pâtisserie. Les Grenier sont pâtissiers.

Vous trouvez du café, du sucre, de l'eau minérale ... à l'épicerie ou au supermarché. Mme Cartier est épicière, mais son mari n'est pas épicier.

Si vous avez besoin d'aspirine, allez à la pharmacie. M. Monceau est pharmacien. Mlle Laroche est pharmacienne aussi.

Dans les grands magasins, il y a des vêtements, des valises, des disques, des chaussures, des assiettes, etc. M. Dupré est vendeur de valises. Mme Benoît est vendeuse de parfums.

ATTENTION

LES VERBES EN -RE

Modèle   vendre (*to sell*)   *singulier*   *pluriel*

je vends*	nous vendons
tu vends	vous vendez
il vend	ils vendent
elle vend	elles vendent

* *I sell, I do sell, I am selling*

Although there are two spellings for the singular forms, their pronunciation is the same. Most French verbs ending in -re follow this pattern.

L'ADJECTIF *CE (CET), CETTE, CES* (this, that, these, those)

masculin   *singulier*   *pluriel*

Ce livre est nouveau.   Ces livres sont nouveaux.
Cet hôtel est moderne.   Ces hôtels sont modernes.

féminin   *singulier*   *pluriel*

Cette question est facile.   Ces questions sont faciles.
Cette école est grande.   Ces écoles sont grandes.

> **STOP** *Before a singular masculine noun beginning with a vowel sound, the form* cet *is used:* cet hôtel.
>
> Attention à la liaison!   cet argent, ces activités

L'IMPÉRATIF

Imperative verb forms are used to give directions or instructions.

Exemples:

phrases affirmatives

Demande de l'argent!
Va à la bibliothèque!
Vends ton appartement!
Prenez le métro!
Finissez vos devoirs!
Fais un effort!

phrases négatives

Ne demande pas d'argent!
Ne va pas à la bibliothèque!
Ne vends pas ton appartement!
Ne prenez pas le métro!
Ne finissez pas vos devoirs!
Ne fais pas d'effort!

LES FORMES IMPÉRATIVES

parler	finir	vendre	aller
parle	finis	vends	va
parlez	finissez	vendez	allez

The imperative forms of most verbs are the same as the forms that follow the pronouns tu *and* vous *in the present tense.*

> *With* -er *verbs (and the verb* aller*), the* tu *form of the imperative does not end in the letter "s".*

Mini-dialogues

A Qu'est-ce qu'on vend?

–Tu vends cette voiture?
–Non, mais je vends ces livres.

1. disques
   tourne-disque

2. magnétophone
   radio

3. assiettes
   verres

4. maison
   appartement

B Tout le monde travaille!

–Tu travailles?
–Oui. Je travaille dans
   une librairie le samedi.
–Qu'est-ce que tu fais là?
–Je vends des livres.
–Tu gagnes beaucoup?
–Tu plaisantes!

1. boulangerie
   faire du pain
   oui, assez

2. restaurant
   faire la vaisselle
   non, pas
   beaucoup

3. pharmacie
   répondre au
      téléphone
   ça dépend

4. grand magasin
   vendre des robes
   non, pas assez

C Le chef parle!

–Quand est-ce que vous faites ce travail?
–Demain soir.
–Vous plaisantez! Faites ce travail ce soir!

1. aller en France
   le 25 août
   mois

2. rentrer au bureau
   demain
   après-midi

3. finir le projet
   dans deux
      semaines
   semaine

4. prendre l'avion
   à midi
   matin

D Pas question!

–Regarde cette
   émission!
–Je n'ai pas le
   temps.

1. aller au lit
   sommeil

2. finir ton repas
   faim

3. prendre de la limonade
   soif

4. prendre l'autobus
   d'argent

5. aller en bicyclette
   de bicyclette

6. acheter cette Corvette
   assez d'argent

7. faire tes devoirs
   de stylo

8. acheter un nouveau stylo
   le temps

E C'est interdit!

–Ne va pas à la piscine.
–Pourquoi pas?
–Il pleut.

1. passer tes vacances à Miami
   ça coûte cher
2. regarder ce film
   il est ennuyeux
3. répondre au téléphone
   c'est pour moi
4. aller chez Roger
   le dîner est prêt
5. faire une promenade
   il fait trop froid

PRATIQUE

A Ce n'est pas difficile!

Faites des phrases!

1. M. Lebel est riche. Cet homme est riche.
2. Marie est blonde. (fille)
3. Le supermarché est grand. (magasin)
4. Le football est intéressant. (sport)

5. Les manteaux sont beaux. (vêtements)
6. Roc Leroc est fantastique. (chanteur)
7. Le Boeing 747 est rapide. (avion)
8. Les roses sont belles. (fleurs)

B Comment dit-on en français?

1. *It's very easy!*
2. *What do you think of that?*
3. *That's life!*
4. *That's all!*
5. *Who's doing the dishes?*
6. *You're daydreaming!*
7. *What are you looking for?*
8. *I never break dishes!*

Cherchez:

C'est tout!
Tu es dans la lune!
Je ne casse jamais d'assiettes!
C'est très facile!
Qu'est-ce que tu cherches?
Qu'en penses-tu?
C'est la vie!
Qui fait la vaisselle?

C Êtes-vous d'accord?

Donnez vos opinions!

1. Les jeunes sont toujours fauchés.
2. Les jeunes ont trop de temps libre.
3. Les jeunes n'ont pas besoin d'argent.
4. Les devoirs sont toujours ennuyeux.

5. L'école est toujours intéressante.
6. Les cours sont trop faciles pour les élèves.

D C'est logique!

Faites des phrases! Employez le verbe répondre (à).

1. Margot ...	à	lettre de Jean-Louis
2. Mon père ...	au	téléphone
3. Les élèves ...	à l'	professeur
4. Nous ...	à la	toutes les questions
5. Je ...	aux	directrice
6. Vous ...		lettres de mon oncle

E Les petites annonces

You would like to earn some spending money and you see this advertisement in the local French newspaper. When you telephone, how would you ...

Je cherche une jeune personne pour garder mon enfant.
tél. 63-15-58

1. introduce yourself?
2. give your age?
3. say you like children?
4. ask the name of the child?
5. ask the age of the child?

6. ask when the work begins?
7. ask how much you earn?
8. ask for a name and address?
9. give your address?
10. give your telephone number?

250

F Tête-à-tête: Les jeunes discutent

You meet a young French girl who works at a local record shop. How would you ask . . .

1. if this is a part-time job?
2. whether she likes her job?
3. if she earns enough money?
4. how she spends her money?
5. where she buys her clothes? books?
6. if she likes pop music?
7. the name of her favorite musician or group?
8. whether there are any records on sale today?

G Faites les commissions!

MODÈLE: pain/ ?   –Nous n'avons pas de pain. Va à la boulangerie.
                       –Mais je n'ai pas le temps!

1. aspirine/ ?
2. eau minérale/ ?
3. viande/ ?
4. dictionnaire/ ?
5. beurre/ ?
6. gâteau/ ?

H Faites attention!

Donnez les instructions en français.

1. (Prendre) ton manteau! Il va neiger.
2. Tu as faim? (Manger) ce sandwich.
3. Pierre, (faire) attention à ton professeur!
4. Claudine, ne (casser) pas les assiettes!
5. N'(acheter) pas ce disque! Il est terrible!
6. (Finir) ton déjeuner! Nous sommes déjà en retard!
7. Tu es sourd? (Répondre) au téléphone!
8. (Chercher) du travail! Ne (dépendre) pas toujours de tes parents pour ton argent de poche!

I C'est à toi!

Tu gardes les enfants de tes voisins.

How would you tell them:
1. to pay attention?
2. to tidy up their rooms?
3. not to go far from the house?
4. not to eat quickly?
5. to finish all their lunch?
6. not to look at this program?
7. to take their books with them?
8. to answer your questions?

SAVOIR-LIRE

Devinez les mots soulignés!

1. J'aime beaucoup les revues illustrées.
2. Nous avons une nouvelle machine à laver la vaisselle.
3. Ce problème mathématique est un vrai casse-tête!
4. Les chutes du Niagara sont une source d'électricité.
5. Mme Allard travaille dans un laboratoire.
Elle fait des recherches scientifiques.

LISONS!

Test de personnalité

As-tu du sang-froid? Chaque
personne a des réactions
différentes, et ces réactions
révèlent notre personnalité.
Dans les situations suivantes,
quelles sont tes réactions
personnelles? Sois honnête!

A = 3 POINTS   MAXIMUM
B = 0 POINT   POSSIBLE
C = 5 POINTS   = 30 POINTS

1. Tu fais du camping. Un ours entre dans ta tente.

   A Tu trembles de peur.
   B Tu donnes un sandwich à l'ours.
   C Tu restes calme et tu ne bouges pas.

2. Tu prends l'ascenseur pour monter au dixième étage. Tout à coup, l'ascenseur tombe en panne.

   A Tu es paralysé(e) de peur.
   B Tu commences à prier.
   C Tu rassures les autres.

3. Tu es seul(e) chez toi pendant la nuit. Tu entends un bruit étrange dans la maison.

   A Tu fermes la porte de ta chambre à clé.
   B Tu te caches sous ton lit.
   C Tu ne fais pas attention au bruit.

4. Tu vois un accident affreux.

   A Tu restes là et tu ne fais rien.
   B Tu perds connaissance.
   C Tu téléphones à la police.

5. Tu fais la cuisine. De l'huile tombe sur la cuisinière et prend feu.

   A Tu sors de la maison en courant.
   B Tu commences à pleurer.
   C Tu éteins le feu.

6. Ton ami(e) dit qu'il/elle ne t'aime plus.

   A Tu es bouleversé(e).
   B Tu décides de te suicider.
   C Tu dis: «Adieu! Un(e) de perdu(e), dix de retrouvé(e)s!»*

30	Tu triches ou tu es d'une autre planète!
23-28	Tu as beaucoup de sang-froid!
13-20	Tu es normal(e).
3-10	Tu as des problèmes! Va voir ton docteur!
0	Tu es complètement fou/folle!

* "There is more than one fish in the sea!"

VOCABULAIRE

un bruit	*noise*
un feu	*fire*
un ours	*bear*
une cuisinière	*stove*
l'huile	*oil*
la nuit	*night*
avoir du sang-froid	*to "keep one's cool"*
bouger	*to move*
se cacher	*to hide*
dire	*to say, to tell*
entendre	*to hear*
éteindre	*to extinguish*
faire du camping	*to be (go) camping*
fermer . . . à clé	*to lock . . .*
monter	*to go up*
perdre connaissance	*to faint*
pleurer	*to cry*
prendre feu	*to ignite*
prier	*to pray*
sortir de . . . en courant	*to run out of . . .*
tomber	*to fall*
tomber en panne	*to break down*
tricher	*to cheat*
voir	*to see*
affreux, affreuse	*awful*
bouleversé(e)	*devastated*
chaque	*each*
étrange	*strange*
seul(e)	*alone*
suivant(e)	*following*
adieu	*good-bye (forever)*
ne . . . plus	*no longer, not any more*
ne . . . rien	*nothing*
sois honnête!	*be honest!*
tout à coup	*suddenly*

LEÇON VINGT-SEPT

CORRESPONDANCE

JEAN-PAUL ÉCRIT À SA FAMILLE

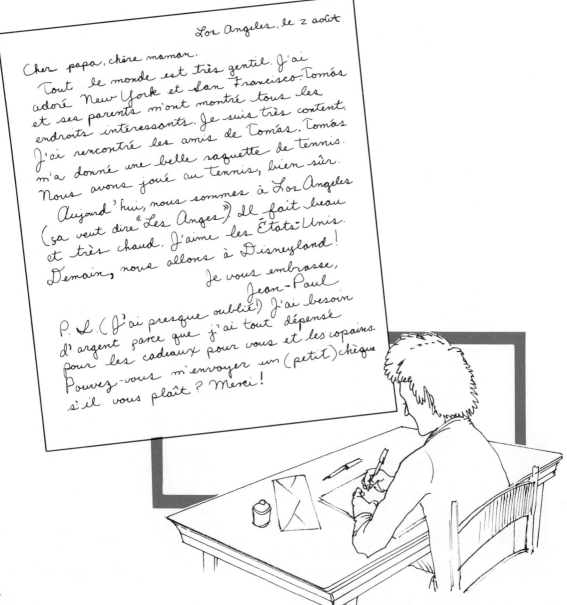

Los Angeles, le 2 août

Cher papa, chère maman,

Tout le monde est très gentil. J'ai adoré New York et San Francisco. Tomás et ses parents m'ont montré tous les endroits intéressants. Je suis très content. J'ai rencontré les amis de Tomás. Tomás m'a donné une belle raquette de tennis. Nous avons joué au tennis, bien sûr.

Aujourd'hui, nous sommes à Los Angeles (ça veut dire « Les Anges »). Il fait beau et très chaud. J'aime les États-Unis. Demain, nous allons à Disneyland!

Je vous embrasse,
Jean-Paul

P. S. (J'ai presque oublié!) J'ai besoin d'argent parce que j'ai tout dépensé pour les cadeaux pour vous et les copains. Pouvez-vous m'envoyer un (petit) chèque s'il vous plaît? Merci!

LA MÈRE DE JEAN-PAUL RÉPOND

Versailles, le 10 août

Cher Jean-Paul,

Merci de ta lettre intéressante! Comme d'habitude, nous avons passé des vacances très agréables à Saint-Malo. Tes grands-parents ont beaucoup regretté ton absence. Et nous aussi, bien sûr! D'après ta lettre, tu passes de bonnes vacances aux États-Unis! Tu as beaucoup aimé Disneyland?

Maintenant, une bonne nouvelle! On a invité ton père à donner une conférence à une réunion de médecins à New York. Il y arrive le soir du 29.

Naturellement, il va être très occupé, mais il a envie de rencontrer tes amis les Díaz et de passer les week-ends avec toi. Et puis, vous pouvez rentrer ensemble le 8 septembre.

Nous n'avons pas oublié ton anniversaire! Voici un chèque de ton père et moi, et un chèque de tes grands-parents.

Nous attendons ton retour avec impatience!

Je t'embrasse,
Maman

AS-TU COMPRIS?

A Vrai ou faux?

1. Jean-Paul écrit à ses copains.
2. Jean-Paul a aimé New York et San Francisco.
3. Il n'est pas content.
4. Tomás a donné un dictionnaire français-anglais à Jean-Paul.
5. Il pleut tous les jours.
6. Jean-Paul a besoin d'argent.
7. La mère de Jean-Paul n'a pas trouvé sa lettre intéressante.
8. La famille de Jean-Paul a visité Nantes.
9. La grand-mère de Jean-Paul a beaucoup regretté son absence.
10. Le père de Jean-Paul va à une réunion à New York.
11. Le père de Jean-Paul n'a pas envie de rencontrer les Díaz.
12. Jean-Paul et son père vont retourner en France le 8 septembre.

B Questions

1. Qu'est-ce que Tomás et ses parents ont montré à Jean-Paul?
2. Qu'est-ce que Tomás a donné à Jean-Paul?
3. À quoi ont-ils joué?
4. Où sont-ils aujourd'hui?
5. Quel temps fait-il?
6. Où vont-ils demain?
7. De quoi est-ce que Jean-Paul a besoin?
8. Qu'est-ce qu'il a acheté?
9. Où est-ce que la famille de Jean-Paul a passé leurs vacances?
10. Avec qui est-ce que le père de Jean-Paul va passer les week-ends?

C Questions personnelles

1. Où as-tu passé tes vacances l'année dernière?
2. À quel sport as-tu joué l'hiver dernier? L'automne dernier?
3. As-tu demandé de l'argent à tes parents aujourd'hui?
4. Qu'est-ce que tu as acheté la semaine dernière?
5. Combien d'argent as-tu dépensé cette semaine?
6. As-tu travaillé l'été dernier?

Les professions

Vive la différence!

FRANÇAIS	ANGLAIS
avocat, avocate	*lawyer*
bibliothécaire	*librarian*
coiffeur, coiffeuse	*hairdresser*
comptable	*accountant*
éditeur	*publisher*
facteur	*mail carrier*
hôtesse	*stewardess*
infirmier, infirmière	*nurse*
médecin	*doctor*

Vive la ressemblance!

FRANÇAIS	ANGLAIS
architecte	?
banquier, banquière	?
dentiste	?
ingénieur	?
journaliste	?
pharmacien, pharmacienne	?
photographe	?
pilote	?
programmeur (d'ordinateurs)	?
secrétaire	?

VOCABULAIRE

NOMS

masculins

un chèque	*check*
un endroit	*place*
un médecin	*doctor*
un retour	*return*

féminins

une absence	*absence*
une conférence	*lecture*
une nouvelle	*news*
une raquette de tennis	*tennis racket*
une réunion	*meeting*

VERBES

attendre	*to wait (for)*
oublier	*to forget*
passer	*to spend (time)*
pouvoir	*to be able to*
regretter	*to regret, to be sorry*
retourner	*to return*

ADJECTIFS

dernier, dernière	*last*
gentil, gentille	*kind, nice*
occupé(e)	*busy*

ADVERBES

hier	*yesterday*
presque	*almost*

EXPRESSIONS

avoir envie de	*to really want to, to feel like*
ça veut dire	*that means*
il écrit	*he writes*
il m'a donné	*he gave me*
ils m'ont montré	*they showed me*
je vous embrasse, je t'embrasse	*love (letter closing)*
on a invité ton père	*your father has been invited*
pouvez-vouz m'envoyer . . . ?	*can you send me . . . ?*
tout	*everything*

ATTENTION

LE VERBE *POUVOIR* (*to be able to*)

MAIS JE NE PEUX PAS!

je peux*	nous pouvons
tu peux	vous pouvez
il peut	ils peuvent
elle peut	elles peuvent

* I can, I am able to

Tu peux dîner avec moi ce soir?
Pouvez-vous aider le directeur?

Note: Normally, pouvoir *is followed by an infinitive.*

LE PASSÉ COMPOSÉ DES VERBES AVEC *AVOIR*

The passé composé *is used to describe events that happened in the past. It is made up of two parts: a present tense form of the verb* avoir *and a special form of the main verb, called the* participe passé.

le présent du verbe *avoir* + le participe passé

LE PASSÉ COMPOSÉ DES VERBES RÉGULIERS EN *-ER*

Modèle	parler (*to speak*)
j'ai parlé*	nous avons parlé
tu as parlé	vous avez parlé
il a parlé	ils ont parlé
elle a parlé	elles ont parlé

* I spoke, I have spoken, I did speak

l'infinitif		*le participe passé*
-er		-é
travailler	⟶	travaillé
manger	⟶	mangé
chanter	⟶	chanté
montrer	⟶	montré
rencontrer	⟶	rencontré
oublier	⟶	oublié

Exemples:

J'ai rencontré les amis de Tom.
Il a donné une raquette de tennis à son ami.
Nous avons joué au tennis.
Ils ont montré les endroits intéressants aux enfants.

LA NÉGATION AU PASSÉ COMPOSÉ DES VERBES RÉGULIERS EN *-ER*

j'ai parlé	→	je n'ai pas parlé
tu as parlé	→	tu n'as pas parlé
il/elle a parlé	→	il/elle n'a pas parlé
nous avons parlé	→	nous n'avons pas parlé
vous avez parlé	→	vous n'avez pas parlé
ils/elles ont parlé	→	ils/elles n'ont pas parlé

LA NÉGATION AVEC *JAMAIS:*

–As-tu rencontré Yves?
–Non, je n'ai jamais rencontré Yves.

In a negative sentence, de *or* d' *is used instead of* un, une, du, de la, de l' *or* des.

Exemples:

Il n'a jamais acheté de bonbons.
Nous n'avons pas donné de cadeaux.
Elles n'a pas dépensé d'argent.

FORMES INTERROGATIVES DU PASSÉ COMPOSÉ DES VERBES EN *-ER*

1. *Use a rising intonation:*
    Il a téléphoné ce soir?
2. *Use* est-ce que *or* est-ce qu':
    Est-ce qu'il a téléphoné ce soir?
3. *Use inversion. Reverse the order of the subject and the form of the verb* avoir:
    A-t-il téléphoné ce soir?

Mini-dialogues

A Quelle chance!

–Tu as travaillé hier soir?
–Mais non! J'ai regardé la télé!
–Tu as de la chance!

1. Roger
   écouter
   des disques
2. Marie
   parler à Guy
3. Vous
   jouer aux cartes
4. Ils
   dîner au restaurant

B Pas de chance!

–Tu as travaillé samedi?
–Oui, mais je n'ai pas
 gagné beaucoup d'argent.

1. dîner chez André/aimer le menu
2. téléphoner aux Beaupré/parler à Paulette
3. jouer au tennis/gagner le match
4. trouver une bonne guitare/commencer
   les classes

C Jamais de la vie!

–Je n'ai jamais dîné chez Mario!
–Vraiment? C'est un restaurant
 formidable!

1. rencontrer
   Jean-Claude
   un garçon
2. aimer
   la géographie
   une matière
3. préparer
   une pizza
   un repas
4. écouter
   ce disque
   une chanteuse
5. manger
   des olives
   un goûter
6. nager
   en hiver
   une expérience

D Roger n'est pas là!

–As-tu dîné avec Roger aujourd'hui?
–Non!
–Pourquoi pas?
–Il est au cinéma!

1. rencontrer
   en ville
2. téléphoner à
   en vacances
3. parler à
   chez Marie
4. étudier chez
   au match de
   football

E Le grand solde!

–Où a-t-elle acheté ces jeans?
–Au grand magasin, je pense.
–Formidable! Allons-y!
–Oh! Toi, tu es toujours pressé!

258

PRATIQUE

A Projets et réalités

EXEMPLE:

Aujourd'hui, je vais ranger ma chambre.
Hier, j'ai rangé ma chambre.

1. Aujourd'hui, je vais préparer le dîner.
2. Aujourd'hui, ils vont acheter une voiture.
3. Aujourd'hui, elles vont chercher des cadeaux.
4. Aujourd'hui, nous allons dépenser beaucoup d'argent.
5. Aujourd'hui, elle va garder les enfants des voisins.
6. Aujourd'hui, mon père va parler au directeur.
7. Aujourd'hui, nous allons garer l'auto dans le garage.
8. Aujourd'hui, Jacques va travailler jusqu'à huit heures.
9. Aujourd'hui, le film va commencer à sept heures et demie.
10. Aujourd'hui, les Laval vont dîner chez Pierre.

B Choisissez bien!

Trouvez des relations entre la liste A et la liste B.

Liste A	Liste B
photographe	argent
programmeur	livres
coiffeur	hôpital
banquier	viandes
comptable	mathématiques
journaliste	photos
boulanger	gâteaux
pâtissière	avion
éditeur	ordinateur
facteur	revue
infirmier	cheveux
architecte	lettres
hôtesse	pain
boucher	dessin

C Quel verbe? Quelle forme?

Au passé composé, s'il vous plaît!

1. Mon père (parler, donner) une lettre à mon oncle.
2. Son petit frère (manger, casser) tous ses disques.
3. Tu (habiter, ranger) à Montréal?
4. Elles (acheter, dépenser) tout leur argent.
5. Nous (préparer, garder) des enfants hier soir.
6. Guy (garer, manger) la voiture derrière la maison.
7. Vous (rencontrer, parler) vos amis au snack?
8. J'(regarder, montrer) un bon film à la télé.

D Mme Ferrand pose des questions à ses enfants

Jouez les rôles et donnez des réponses négatives.

1. Avez-vous rangé vos chambres?
2. Pierre, as-tu commencé tes devoirs?
3. Marie, as-tu téléphoné à tes amis?
4. Charles, as-tu aidé ton frère?
5. Josette, as-tu trouvé du travail?
6. Avez-vous acheté des cadeaux pour votre cousine?

E Jamais de la vie!

Complétez les phrases. Utilisez le passé composé et ne . . . jamais.

MODÈLE: Caroline déteste les avions, alors, elle n'a jamais visité Paris.

1. Les Moreau détestent les grandes villes, alors, ils (habiter) à Paris.
2. Mon frère ne fait pas la vaisselle, alors, il (casser) d'assiettes.
3. Nous détestons les sports, alors, nous (jouer) au golf.
4. Je n'aime pas le bleu, alors, je (porter) ce veston.
5. Josette a cherché pendant deux heures, mais elle (trouver) son argent.
6. Mes cousines n'aiment pas l'eau, alors, elles (nager) dans notre piscine.

F Au téléphone

Marie-Lise et Chantal parlent au téléphone. Voici les réponses de Marie-Lise. Quelles sont les questions de Chantal? Utilisez est-ce que . . .

1. –J'ai rencontré Louis au restaurant.
2. –Nous avons mangé des sandwichs.
3. –Non, il n'a jamais rencontré mes parents.
4. –Oui, j'ai téléphoné à Yvonne.
5. –Non, aujourd'hui elle n'a pas gardé les enfants des Dubois.
6. –C'est ça. Ils ont décidé de rester à la maison.
7. –Non, je n'ai pas acheté ces jeans en solde.
8. –Exactement. J'ai tout dépensé. Je suis fauchée.

G Qu'est-ce qu'ils ont fait?

Annick pose des questions à Mireille. Voici les réponses de Mireille. Quelles sont les questions d'Annick? Utilisez l'inversion.

1. Non, je n'ai pas trouvé mon livre de chimie.
2. Non, nous n'avons pas dîné.
3. Non, je n'ai jamais mangé d'escargots!
4. Oui, j'ai parlé à Hélène de six heures à six heures trente.
5. J'ai acheté la jupe, mais je n'ai pas acheté le veston.
6. Pierre a commencé son travail aujourd'hui, mais Luc va commencer samedi.
7. Non, ma mère n'aime pas voler, alors, ils ont décidé de voyager en train.
8. Mais non! Nous n'avons pas assez parlé!

H Questions personnelles

1. À quelle heure as-tu dîné hier soir?
2. As-tu travaillé hier après les classes?
3. À qui as-tu parlé ce matin?
4. As-tu dépensé beaucoup d'argent cette semaine? Combien?
5. As-tu gagné de l'argent cette semaine?
6. À quelle heure est-ce que ton réveil a sonné ce matin?
7. Qu'as-tu mangé pour le petit déjeuner ce matin?
8. Est-ce que tu as écouté la météo ce matin? Quel temps va-t-il faire?

SAVOIR-LIRE

Devinez les mots soulignés.

1. L'avocat a bien présenté sa <u>défense</u>, mais le <u>juge</u> a été très sévère.
2. L'argent est souvent une source de <u>conflit</u>.
3. M. Leriche a un million de dollars dans un <u>compte</u> à la banque.
4. M. Martin est un bon <u>travailleur</u>. Il gagne un bon <u>salaire</u>.
5. M. Dufour est éditeur. Il <u>a publié</u> cinquante livres cette année.
6. Les infirmières de l'<u>hôpital</u> sont <u>en grève</u>.

«Il n'a jamais fait de ski!»

HOROSCOPES

Ce n'est pas peut-être une mauvaise idée de faire attention aux horoscopes!

Capricorne
(21 décembre–19 janvier)
Attention aux mouvements! Ce n'est pas le bon moment pour commencer un voyage.

> Au moins tu as de la chance!

Verseau
(20 janvier–18 février)
Ta situation économique va s'améliorer°. On va reconnaître° tes profondes qualités personnelles.

to improve
to recognize

Poissons
(19 février–20 mars)
Essaie de rétablir° le contact avec une personne importante. Bon moment pour les réunions.

Try to re-establish

Bélier
(21 mars–20 avril)
Économie en ascendance! Bon moment pour placer des fonds°. *to make investments*

Taureau
(21 avril–20 mai)
Applique-toi au développement de tes talents. On va mettre à l'épreuve° ton habileté.

to put to the test

> Mais il n'y a pas de danger! Je connais très bien° cette rivière.

know well

Gémeaux
(21 mai–21 juin)
Attention à la santé°! Tu vas rencontrer un obstacle.

health

Cancer
(22 juin–22 juillet)

Tu vas rencontrer un nouvel amour dans une situation inattendue°. Essaie de dédier° plus de° temps à la lecture°.

unexpected/ dedicate

more/reading

Lion
(23 juillet–22 août)

Enfin tu vas avoir l'occasion de démontrer ton talent artistique ... Sois tranquille°; tu vas te montrer à la hauteur des circonstances°.

Don't worry

to rise to the occasion

Vierge
(23 août–22 septembre)

Ta sociabilité peut créer° un problème. Une personne très élégante et belle s'intéresse beaucoup à toi° et t'attend avec impatience.

create

is very interested in you

Si tu ne ranges pas ta chambre, il n'y a pas de surboum pour toi ce soir.

Balance
(23 septembre–22 octobre)

Démontre ton bon goût°. Passe ton temps aujourd'hui à décorer ton milieu°.

good taste

surroundings

Scorpion
(23 octobre–21 novembre)

Mauvais moment pour discuter des affaires du coeur°. La personne que tu aimes n'est pas très raisonnable aujourd'hui.

heart

Sagittaire
(22 novembre–20 décembre)

Tu vas travailler dur° pendant la journée, mais ce soir tu peux t'abandonner à° tes inclinations culturelles.

hard

indulge in

LEÇON
VINGT-HUIT
RENDEZ-VOUS IMPOSSIBLE!

Éric a décidé de vendre son vélo et d'acheter un vélomoteur. Il a travaillé beaucoup et il a fait des économies. Mais comment choisir? Il a donc regardé les annonces dans le journal. Enfin, il a trouvé un vélomoteur d'occasion.

À VENDRE
VÉLOMOTEUR D'OCCASION
Excellent état.
750 F.
Tél. 649-38-84.

M. MARTEL: Mais tu es fou! Les vélomoteurs coûtent trop cher! D'ailleurs, ils font trop de bruit!

ÉRIC: Mais, papa! J'ai fait des économies et j'ai maintenant assez d'argent ... et les vélomoteurs ne font pas trop de bruit!

Éric a réfléchi et il a décidé d'acheter le vélomoteur. Alors, il a téléphoné au propriétaire. C'est un jeune étudiant, Richard Gallant.

ÉRIC:	Tu as déjà vendu ton vélomoteur?
RICHARD:	Mais non! . . . Aujourd'hui, je vais être chez moi jusqu'à cinq heures.
ÉRIC:	Et où est-ce que tu habites?
RICHARD:	75, boulevard Raspail.
ÉRIC:	Moi, j'habite avenue Victor Hugo. Comment est-ce que j'arrive chez toi?
RICHARD:	Eh bien, prends l'autobus numéro 17 jusqu'à la place de la Concorde. Puis, change au numéro 15. Le boulevard Raspail est la première grande rue à droite.
ÉRIC:	Bon! Je suis là à trois heures.
RICHARD:	À trois heures? D'accord. À bientôt!

Éric a quitté la maison à deux heures pour aller voir le vélomoteur avec son ami Fabrice. À quatre heures, ils ont rendez-vous au snack avec leurs amies Claudine et Sylvie . . .
. . . Il est maintenant 4 h 30. Claudine et Sylvie attendent leurs copains . . .

CLAUDINE:	Mais où sont-ils donc?
SYLVIE:	Oui, c'est toujours la même histoire!
CLAUDINE:	Tu as raison! Pour Éric et Fabrice, c'est bien typique!

AS-TU COMPRIS?

A Vrai ou faux?

1. Éric a décidé d'acheter un vélomoteur.
2. Il n'a pas trouvé de vélomoteur à vendre dans le journal.
3. Éric a décidé d'acheter un vélomoteur neuf.
4. Le père d'Éric pense que c'est une bonne idée d'acheter un vélomoteur.
5. Éric a assez d'argent pour acheter le vélomoteur.
6. Le propriétaire du vélomoteur est un copain d'Éric.
7. Richard va être chez lui jusqu'à cinq heures.
8. Éric a demandé à Richard comment arriver chez lui.
9. Claudine et Sylvie attendent Éric et Fabrice au cinéma.
10. Éric et Fabrice sont en retard.

B Questions

1. Qu'est-ce qu'Éric a décidé de vendre?
2. Qu'est-ce qu'il a regardé dans le journal?
3. Pourquoi est-ce que Monsieur Martel n'aime pas les vélomoteurs?
4. Pourquoi est-ce qu'Éric a assez d'argent pour acheter un vélomoteur?
5. À qui est-ce qu'Éric a téléphoné?
6. Comment est-ce qu'Éric va arriver chez Richard?
7. Jusqu'à quelle heure est-ce que Richard va être chez lui?
8. À quelle heure est-ce que Claudine et Sylvie ont rendez-vous avec Fabrice et Éric?

Questions personnelles

1. Regardes-tu souvent les annonces dans le journal? Pourquoi?
2. Aimes-tu les vélomoteurs? Pourquoi?
3. As-tu envie d'acheter un vélomoteur ou une voiture? Quand?
4. Fais-tu des économies ou dépenses-tu tout ton argent?
5. Quel est ton snack-bar favori?
6. Es-tu souvent en retard? Quand?

NOTE CULTURELLE

Le vélomoteur est un moyen° de transport très populaire parmi° les jeunes français. En France, il faut° avoir au moins 14 ans et un permis° pour circuler en vélomoteur. On doit° aussi porter un casque°.

means
among
it is necessary
license
one must/crash-helmet

VOCABULAIRE

NOMS

masculins

un boulevard	*boulevard*
le bruit	*noise*
un bureau de poste	*post office*
un chemin	*way, road*
un propriétaire	*proprietor, owner*
un snack, un snack-bar	*fast-food restaurant*

féminins

une annonce	*advertisement*
une gare	*train station*
une histoire	*story*
une idée	*idea*
une place	*plaza, square*
une propriétaire	*proprietor, owner*

VERBES

choisir	*to choose*
décider (de)	*to decide (to)*
quitter	*to leave*

PRÉPOSITION

jusqu'à	*until*

ADJECTIFS

dangereux, dangereuse	*dangerous*
excellent(e)*	*excellent*
fou, folle	*crazy*
impossible	*impossible*
même*	*same*
rapide	*fast*
typique	*typical*

EXPRESSIONS

à droite	*to the right*
à gauche	*to the left*
à suivre	*to be continued*
à vendre	*for sale*
avoir rendez-vous	*to have a date*
demander son chemin	*to ask his (her) way*
d'occasion	*second-hand*
donc	*then*
(en) excellent état	*(in) excellent condition*
faire des économies	*to save (money)*
pour aller à . . . ?	*how do I get to . . . ?*
tout droit	*straight ahead*

* précèdent le nom

Pour ou contre?

CLAIRE: Les vélomoteurs sont assez rapides et ils sont très dangereux pour les personnes inexpertes.

JEAN-LUC: Bah! Les vélomoteurs ne sont ni rapides ni° dangereux. Une jeune personne de quatorze ans peut circuler° parfaitement° en vélomoteur sans° problème. C'est comme un vélo!

neither . . . nor . . .

drive, move in traffic/perfectly

without

Et toi? Qu'est-ce que tu penses? Avec qui es-tu d'accord?

267

ATTENTION

LE PASSÉ COMPOSÉ DES VERBES RÉGULIERS EN -IR

Modèle finir (*to finish*)

j'ai fini*	nous avons fini
tu as fini	vous avez fini
il a fini	ils ont fini
elle a fini	elles ont fini

l'infinitif	le participe passé
-ir	-i
finir →	fini
réfléchir →	réfléchi
grandir →	grandi
choisir →	choisi

* *I finished, I have finished, I did finish*

Exemples: Votre enfant a grandi très vite!
Nous n'avons pas fini le repas.
Pourquoi as-tu choisi ce livre?

LE PASSÉ COMPOSÉ DES VERBES RÉGULIERS EN -RE

Modèle vendre (*to sell*)

j'ai vendu*	nous avons vendu
tu as vendu	vous avez vendu
il a vendu	ils ont vendu
elle a vendu	elles ont vendu

l'infinitif	le participe passé
-re	-u
vendre →	vendu
répondre →	répondu
dépendre →	dépendu
attendre →	attendu

* *I sold, I have sold, I did sell*

Exemples: Ils ont vendu leur maison. As-tu attendu ton frère?
Je n'ai pas répondu au téléphone. A-t-il attendu son frère?

LE PASSÉ COMPOSÉ DU VERBE *FAIRE*

l'infinitif: faire (*to do*)   le participe passé: fait

j'ai fait*	nous avons fait
tu as fait	vous avez fait
il a fait	ils ont fait
elle a fait	elles ont fait

* *I did, I have done, I did do*

Exemples: Il a fait beau toute la journée.
Je n'ai pas fait mes devoirs.
Qu'est-ce que tu as fait?

Mini-dialogues

A Tu n'as pas fini?

—As-tu fini ton dîner?
—Non!
—Pourquoi pas?
—Parce que je n'ai pas faim!

1. tes devoirs
   le temps
2. ton coca
   soif
3. ta rédaction
   de papier
4. ton livre
   envie

B Un bon choix!

–J'ai acheté une nouvelle voiture!
–Qu'est-ce que tu as choisi?
–J'ai choisi une Renault!
–Bravo!

1. moto
   une Kawasaki
2. voiture de sport
   une Corvette
3. guitare
   une Gibson
4. tourne-disque
   un Philips

C Les affaires

–Tiens! Charles a vendu sa moto?
–Mais oui!
–Pourquoi?
–Il a acheté une nouvelle voiture.

1. tourne-disque
   magnétophone
2. disques
   radio
3. Citroën
   Peugeot
4. appartement
   maison

D La curiosité

–Qu'est-ce que tu as fait hier soir?
–J'ai regardé la télé.
–Et Pierre?
–Il a fait la vaisselle.

1. vous, écouter des disques/Jacques, des projets pour le week-end
2. Paul, étudier l'histoire/Anne et Christine, leurs devoirs
3. Éric, jouer au tennis/vous, du football
4. Jacqueline, acheter un cadeau/toi, une promenade

Pour demander ton chemin

A: Pardon, Monsieur, pour aller à la bibliothèque, s'il vous plaît?
B: Vous prenez la première rue à gauche, puis la troisième à droite.
A: Merci, Monsieur.
B: Pas de quoi, Mademoiselle.

B: Pardon, Madame, pour aller à la gare, s'il vous plaît?
C: Vous prenez la première rue à gauche, puis vous allez tout droit. La gare est à votre gauche.
B: Merci, Madame.
C: Pas de quoi, Monsieur.

C'est à vous!

Regardez le plan de la ville et jouez les rôles. Commencez à l'hôtel Racine.

PRATIQUE

A C'est la fin!

MODÈLE

le concert/11:00
Le concert a fini à onze heures.

1. la classe/3:30
2. le match/6:20
3. le dîner/7:15
4. la boum/10:40
5. l'émission/1:45
6. le film/9:10

B L'anniversaire d'Hélène

Tout le monde a acheté des cadeaux pour Hélène. Qu'est-ce qu'ils ont choisi?

1. Sa mère a choisi un disque.

 2. Et ses frères?

3. Et sa soeur?

4. Et son copain?

5. Et sa copine?

 6. Et ses grands-parents?

7. Et ses voisins?

8. Et son professeur?

C Au passé composé, s.v.p.!

1. Le professeur a posé une question et Charles (répondre).

2. Jean (attendre) son ami au café jusqu'à cinq heures.
3. Annick n'a jamais trouvé de travail; donc, elle (dépendre) de ses parents.
4. Frédéric (vendre) (négatif) sa voiture. Il n'a pas de chance!

D Les activités

Formez de bonnes phrases au passé composé.

MODÈLE:

je/choisir/livre/bibliothèque.
J'ai choisi un livre à la bibliothèque.

1. Henriette/regarder/film/cinéma.
2. je/attendre/copains/centre d'achats.
3. tu/écouter/musique/théâtre?
4. mes amis/répondre/questions/lycée.
5. nous/manger/cantine/aujourd'hui.
6. Paul et son père/faire/vaisselle/maison.
7. vous/dépenser/argent/grand magasin?
8. ses deux copines/acheter/souvenirs/tour Eiffel.

E La journée commence

Mettez les verbes soulignés au passé composé.

C'est lundi matin. Paul regarde le réveil. Huit heures moins le quart? Impossible! Le réveil ne sonne pas aujourd'hui? Il réfléchit un peu à sa situation, puis il décide de prendre l'autobus. Il prépare son petit déjeuner et il mange tranquillement. Il écoute de la musique à la radio et il fait des projets pour le soir. Malheureusement, il n'écoute pas la météo.

«J'ai juste le temps de prendre l'autobus. Mais il commence à neiger. Où est mon manteau?»

Il cherche partout, mais il ne trouve pas son manteau. «Zut! Je manque de nouveau l'autobus!»

270

F Pour aller à . . . ?

Tu as garé ta voiture dans le garage municipal. Tu demandes ton chemin à une autre personne dans la rue. Jouez les rôles et faites des dialogues.

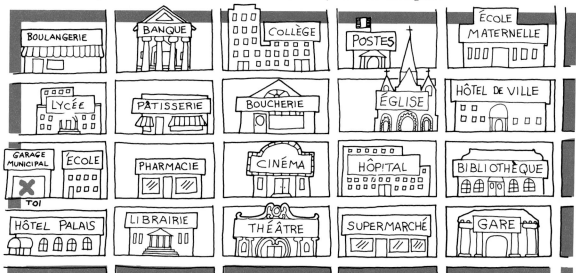

G C'est la vie!

Préparez ces dialogues. Attention! Vas-tu utiliser tu *ou* vous *dans le dialogue?*

1. Au téléphone

L'agent de voyages
Hello, Mr. Thibault speaking.

No problem. Where are you going? And when?

Le client

Hello, sir. I'm sorry but I can't find my plane ticket. I've looked everywhere!

I'm going to Paris on the 25th at 10 P.M.

2. Après l'examen

Élève A
How did you find the chemistry test?

Didn't you study last night?

Élève B

Very difficult! I didn't answer three questions.

Yes! I studied a lot, but I'm sick today.

3. À table

Maman
Frédéric! You didn't finish your dinner.

Why? Where are you going?

Have you done your homework?

Frédéric

I hate chicken! Besides, I don't feel like eating and I'm in a hurry.

To the movies with Richard and Denis.

No, but tomorrow is a holiday.

LEÇON VINGT-NEUF

L'ACCIDENT (SUITE)

A Éric et Fabrice ont pris l'autobus jusqu'au boulevard Raspail et ils sont arrivés chez Richard sans difficulté. Éric a trouvé le vélomoteur en bon état.

> ÉRIC: Je peux prendre le vélomoteur aujourd'hui?
>
> RICHARD: Si tu as les 750 francs sur toi, d'accord!
>
> FABRICE: Félicitations, Éric . . .Et maintenant, au snack! Sylvie et Claudine attendent!

B Éric et Fabrice sont partis avec le nouveau vélomoteur. Au premier feu rouge, Éric a freiné — mais sans résultat! Il a perdu le contrôle et il est rentré dans une Renault bleue! Éric et Fabrice sont tombés du vélomoteur! Deux agents de police sont arrivés sur la scène . . .

> 1ER AGENT: Comment sont les garçons?
>
> 2E AGENT: Ils sont blessés, mais ce n'est pas grave.
>
> 1ER AGENT: Ils sont très jeunes . . . Évidemment ils n'ont pas encore appris à conduire un vélomoteur!
>
> 2E AGENT: Et les passagers de l'auto?
>
> 1ER AGENT: Ça va. Pas de problème!
>
> 2E AGENT: Bon! On va emmener les garçons à l'hôpital . . .

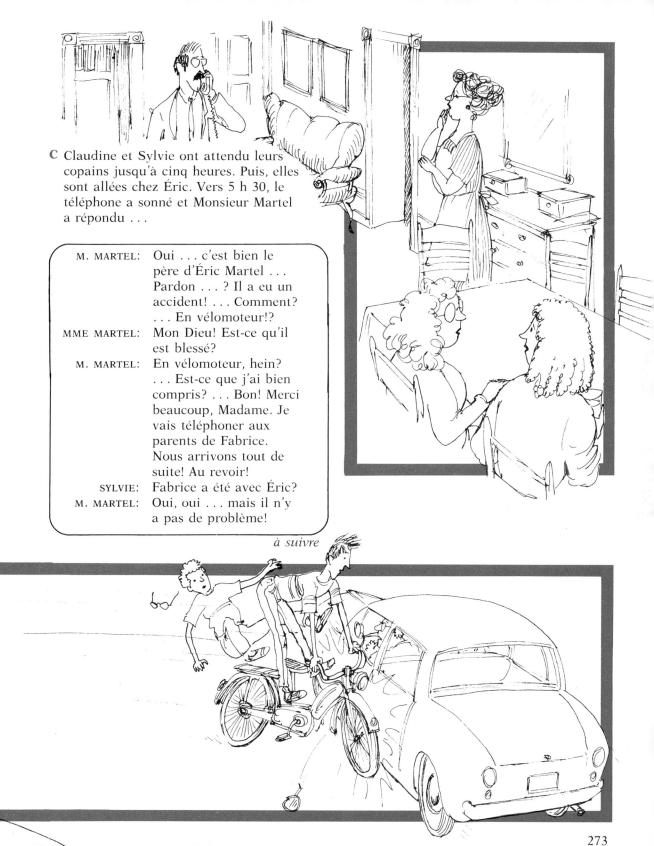

C Claudine et Sylvie ont attendu leurs copains jusqu'à cinq heures. Puis, elles sont allées chez Éric. Vers 5 h 30, le téléphone a sonné et Monsieur Martel a répondu . . .

M. MARTEL:	Oui . . . c'est bien le père d'Éric Martel . . . Pardon . . . ? Il a eu un accident! . . . Comment? . . . En vélomoteur!?
MME MARTEL:	Mon Dieu! Est-ce qu'il est blessé?
M. MARTEL:	En vélomoteur, hein? . . . Est-ce que j'ai bien compris? . . . Bon! Merci beaucoup, Madame. Je vais téléphoner aux parents de Fabrice. Nous arrivons tout de suite! Au revoir!
SYLVIE:	Fabrice a été avec Éric?
M. MARTEL:	Oui, oui . . . mais il n'y a pas de problème!

à suivre

273

AS-TU COMPRIS?

A Questions

1. Où est-ce qu'Éric et Fabrice sont allés?
2. Est-ce qu'ils ont perdu leur chemin?
3. Comment est-ce qu'Éric a trouvé le vélomoteur?
4. Combien coûte le vélomoteur?
5. Comment est-ce qu'Éric et Fabrice sont tombés?
6. Qui est arrivé sur la scène de l'accident?
7. Où est-ce que les agents ont emmené Éric et Fabrice?
8. Jusqu'à quelle heure est-ce que Sylvie et Claudine ont attendu leurs copains?
9. Où sont-elles allées après?
10. À qui est-ce que M. Martel va téléphoner?

B Vrai ou faux?

1. Éric et Fabrice ont eu des difficultés à trouver la maison de Richard.
2. Éric n'a pas aimé le vélomoteur.
3. Fabrice a attendu Éric au snack.
4. Au premier feu rouge, Éric n'a pas freiné.

5. Éric et Fabrice sont blessés.
6. Sylvie et Claudine vont chez Éric.

C Questions personnelles

1. Quand tu es rentré(e) en retard la dernière fois, as-tu eu de bonnes raisons?
2. Est-ce que tes parents ont été en désaccord avec toi quand tu as décidé d'acheter quelque chose? Quoi? Pourquoi?
3. Avec qui as-tu eu rendez-vous cette semaine?
4. Es-tu arrivé(e) à l'heure? en avance? en retard?
5. Et ton ami(e)? Quand est-il (elle) arrivé(e)?
6. As-tu eu des problèmes avec une matière cette année? Quelle matière?
7. À quelle heure as-tu quitté la maison ce matin?
8. Comment es-tu allé(e) au lycée?
9. Où es-tu allé(e) pendant les vacances d'été? Es-tu allé(e) seul(e)? Avec tes parents? Avec des copains?

Les voitures

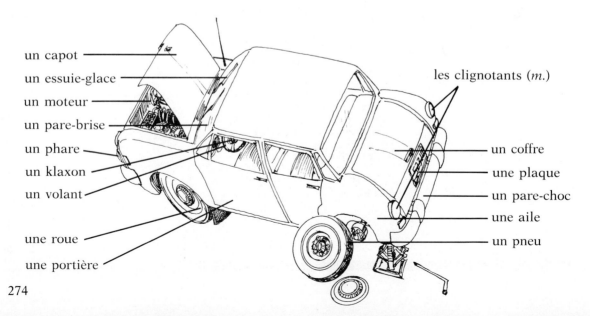

un capot
un essuie-glace
un moteur
un pare-brise
un phare
un klaxon
un volant
une roue
une portière

les clignotants (*m.*)

un coffre
une plaque
un pare-choc
une aile
un pneu

VOCABULAIRE

NOMS

masculins

un accident	*accident*
un agent de police	*policeman*
le contrôle	*control*
un feu	*traffic light*
un hôpital	*hospital*
un résultat	*result*

féminins

une difficulté	*difficulty, problem*
une scène	*scene*

VERBES

comprendre*	*to understand*
emmener**	*to take (a person)*
freiner	*to brake*
partir	*to leave*

* conjugué comme *prendre*
** conjugué comme *acheter*

perdre	*to lose*
rentrer dans	*to crash into*
tomber	*to fall*

ADJECTIFS

blessé(e)	*hurt*
grave	*serious*

ADVERBE

évidemment	*evidently*

PRÉPOSITION

sans	*without*

EXPRESSIONS

apprendre à conduire	*to learn how to drive*
comment?	*what?*
en bon état	*in good condition*
félicitations!	*congratulations!*
mon Dieu!	*my goodness!*
pas encore	*not yet*
sur toi	*on you, with you*

ATTENTION

LE PASSÉ COMPOSÉ DU VERBE *ÊTRE*

l'infinitif: être (*to be*)   le participe passé: été

j'ai été*	nous avons été
tu as été	vous avez été
il a été	ils ont été
elle a été	elles ont été

Exemples: J'ai été malade pendant trois semaines.
Ils n'ont pas été en ville.
Où as-tu été hier soir?

* *I was, I have been*

LE PASSÉ COMPOSÉ DU VERBE *AVOIR*

l'infinitif: avoir   le participe passé: eu

j'ai eu*	nous avons eu
tu as eu	vous avez eu
il a eu	ils ont eu
elle a eu	elles ont eu

Exemples: Il a eu besoin d'argent.
Vous n'avez pas eu raison!
Est-ce qu'ils ont eu faim pendant le voyage?
Hier, il y a eu un accident devant l'école.

* *I had, I have had, I did have*   *Le passé composé de* il y a *est* il y a eu.

LE PASSÉ COMPOSÉ DES VERBES *PRENDRE, APPRENDRE,* ET *COMPRENDRE*

Modèle   prendre (*to take*)

		l'infinitif	le participe passé
j'ai pris*	nous avons pris		
tu as pris	vous avez pris	prendre →	pris
il a pris	ils ont pris	apprendre →	appris
elle a pris	elles ont pris	comprendre →	compris

* *I took, I have taken, I did take*

Exemples: J'ai pris un taxi.
　　　　　　　Il n'a jamais appris le russe.
　　　　　　　As-tu compris la leçon?

Mini-dialogues

A Déjà ou pas encore?

–Salut, maman!
–Tu as déjà été au cinéma?
–Non, pas encore!
　J'ai été à la librairie!

1. supermarché/lycée
2. pharmacie/piscine
3. centre d'achats/stade
4. restaurant/pâtisserie
5. grand magasin/boucherie
6. épicerie/bibliothèque

B Le temps passe vite!

–Qu'est-ce que tu as fait hier soir?
–Pas beaucoup.
–Quoi? Tu n'as pas fait la vaisselle?
–Je n'ai pas eu le temps!

1. Paul/finir ses devoirs
2. vous/aider votre mère
3. Claudine/ranger sa chambre
4. Pierre et Jeanne/étudier l'anglais

C J'accuse . . . !

–Michel a pris mon crayon!
–Mais non! Regarde sous la table!
–Oh, pardon! Merci beaucoup!

1. André
   chemise
   sous ton lit

2. tu
   disque
   sur le tourne-disque

3. vous
   montre
   sur le bureau

4. Régine et Colette
   bicyclette
   devant le garage

5. Annick
   livre
   derrière le sofa

6. Georges et Valérie
   guitare
   dans ta chambre

D Où ont-ils été?

–Tu as été en ville?
–Oui, j'ai pris l'autobus.
–Tu as visité André?
–Non, je n'ai pas eu le temps.

1. vous
2. Étienne
3. Fabrice et Luc
4. Chantal
5. Gisèle et Claudine
6. François et Hélène

276

ATTENTION

LE PASSÉ COMPOSÉ DES VERBES AVEC *ÊTRE*

The passé composé *of certain French verbs is formed with the present tense of the verb* être *and the* participe passé *of the main verb.*

LE PASSÉ COMPOSÉ DES VERBES EN *-ER*

Modèle   arriver (*to arrive*)

		l'infinitif	le participe passé
je suis arrivé(e)*	nous sommes arrivé(e)s	-er	-é
tu es arrivé(e)	vous êtes arrivé(e)(s)	arriver ⟶	arrivé
il est arrivé	ils sont arrivés	rentrer ⟶	rentré
elle est arrivée	elles sont arrivées	rester ⟶	resté
		retourner ⟶	retourné
		tomber ⟶	tombé

* *I arrived, I have arrived, I did arrive*

Exemples: Nous sommes arrivés à deux heures.
Il n'est pas rentré à l'heure.
Est-elle retournée en retard?
Ils sont tombés du vélomoteur.

 The verb aller *follows this same pattern:*   Je suis allé à Ottawa.
Elle est allée en vacances.

LE PARTICIPE PASSÉ

Il est arrivé.   Ils sont arrivés.
Elle est arrivée.   Elles sont arrivées.

All forms of the participe passé *sound the same, but the written form changes according to the subject, just like a regular adjective.*

Exemples: Jean est rentré très tard.   Tu es allé au cinéma, Guy?
Anne est restée à la maison.   Tu es tombée, Anne?
Jean et Guy sont allés en   Vous êtes arrivé trop tard,
  ville.   Monsieur.
Lise et Anne sont retournées   Vous êtes arrivés ensemble,
  plus tard.   les enfants?

LE PASSÉ COMPOSÉ DU VERBE *PARTIR*

l'infinitif: partir (*to leave*)   le participe passé: parti

je suis parti(e)*	nous sommes parti(e)s
tu es parti(e)	vous êtes parti(e)(s)
il est parti	ils sont partis
elle est partie	elles sont parties

* *I left, I have left, I did leave*

Exemples: Il est parti vers une heure.
Louise n'est pas partie.
À quelle heure sont-ils partis?

Mini-dialogues

A La ponctualité

–Quand es-tu arrivé au restaurant?
–À huit heures.
–Alors tu es arrivé à l'heure?
–Comme toujours!

1. aller au match
2. retourner à Lille
3. rentrer à la maison

B En vacances

–Est-ce que Paul est resté à
  Nantes pendant les vacances?
–Non, il est allé à Nice.
–Comment?
–Il a pris le train

1. Gisèle	2. Anne et Lise
Cannes	St-Malo
l'autobus	l'avion

3. tu   4. les Simard
   Marseille   Londres
   le train   le bateau

5. René et son frère 6. vous
   Lille   Grenoble
   l'avion   la voiture

En route!

–Est-ce que Jeanne est là?
–Non, elle est allée à sa leçon de piano.
–Quand est-ce qu'elle est partie?
–Après le dîner.

1. Luc
   sa leçon de guitare
   à midi

2. Roger et Sophie
   la pharmacie
   vers trois heures

3. Micheline
   sa leçon de karaté
   avant le déjeuner

4. Lise et Hélène
   la bibliotlièque
   à deux heures moins le quart

PRATIQUE

A Jamais de la vie!

Répondez à la négative à toutes ces questions.
Utilisez l'expression ne . . . jamais.

MODÈLE   —Est-ce que tu es fauché?
—Non, je n'ai jamais été fauché.

1. Est-ce que Jules est malade?
2. Est-ce que Marie est chez le médecin?
3. Est-ce que Lise et Pierre sont à la bibliothèque?
4. Est-ce que Paul est chez le directeur?
5. Est-ce que les Martin sont à Paris?
6. Est-ce que tes soeurs sont pénibles?
7. Est-ce que vous êtes riches?
8. Est-ce que tes parents sont d'accord avec tes projets?
9. Est-ce que ton professeur est sévère?
10. Est-ce que tes cours sont difficiles?

B Du présent au passé

Mettez les phrases au passé composé.

1. Il y a un accident dans la rue!
2. Je n'ai pas le temps!
3. Il a un examen de français
4. Elle a rendez-vous chez le médecin.
5. Tu as une bonne idée!
6. J'ai une journée difficile!
7. Ils ont des problèmes avec leur voiture.
8. Est-ce que les Dubé ont des visiteurs?

C L'élimination des mots

1. français, endroit, anglais, allemand
2. avocat, médecin, professeur, grand-père
3. élève, étudiant, directeur, lycée
4. boulevard, avenue, rue, ville
5. boucher, pâtissier, boulangerie, pharmacien
6. au revoir, merci, à bientôt, à demain
7. avoir, choisir, finir, grandir
8. minuit, aujourd'hui, demain, hier

D Bravo, Richard!

Richard téléphone à son copain. Il parle de sa journée. Mettez les phrases au passé composé.

1. Je prends mes livres.
2. Je prends l'autobus devant la maison.
3. J'apprends beaucoup en classe.
4. Je comprends la leçon!
5. Je surprends mon prof!

E Où sont-ils allés hier soir?

EXEMPLE   Pierre aime la pizza, alors . . .
il est allé à la pizzeria.

1. André aime les films, alors . . .
2. Adèle aime les sports, alors . . .
3. Monique aime les livres, alors . . .
4. Nous aimons les escargots, alors . . .
5. Les Ferland aiment les soldes, alors . . .
6. Lise et Guy aiment les gâteaux, alors . . .
7. J'aime les hamburgers, alors . . .

F C'est toi le détective!

Complétez les phrases avec il, elle, ils *ou* elles *et le verbe* être.

1. . . . resté chez un copain.
2. . . . tombés dans la rue.
3. . . . arrivés en retard.
4. . . . allées au centre d'achats.
5. . . . retournés vers minuit.
6. . . . allée à Nice.
7. . . . arrivées en avion.
8. . . . rentré après le dîner.

G Le journal de Pierre

Pierre parle de son voyage à Ottawa. Complétez les phrases avec j'ai *ou* je suis.

1. . . . arrivé le 5 août.
2. . . . resté dans l'hôtel.
3. . . . visité les bâtiments du Parlement.
4. . . . téléphoné à des amis.
5. . . . allé au Château Laurier.
6. . . . pris l'autobus.
7. . . . retourné à l'hôtel.
8. . . . parti le 10 août.

H Tête-à-tête: Tu es curieux!

Your French pen pal has just returned from a trip. How would you ask her:

1. . . . when she left?
2. . . . where she went?
3. . . . whether she took the plane?
4. . . . when she arrived?
5. . . . what she did?
6. . . . whether she bought any souvenirs?
7. . . . where she stayed?
8. . . . when she got back home?

I Questions personnelles

1. Es-tu jamais resté(e) dans un grand hôtel? Où? Quand?
2. De quoi as-tu peur? De qui?
3. À quelle heure es-tu rentré(e) à la maison hier soir?
4. Où es-tu allé(e) pendant les vacances d'été?
5. Qui a fait la vaisselle chez toi hier soir?
6. À quelle heure as-tu quitté la maison aujourd'hui?
7. À quelle heure es-tu arrivé(e) au lycée (ou au collège)?
8. As-tu compris toutes ces questions?

«Pourquoi n'as-tu pas choisi le piccolo?»

LEÇON TRENTE
À L'HÔPITAL

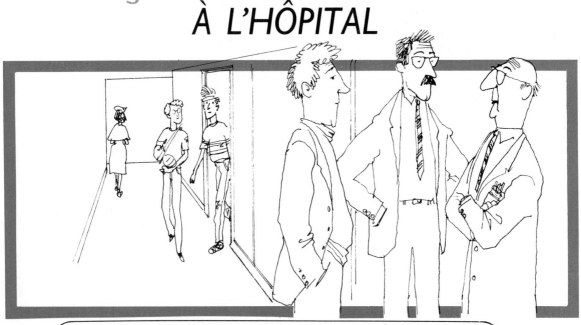

A

M. MARTEL:	Bonjour, Docteur. Je suis le père d'Éric Martel. Comment va-t-il?
LE MÉDECIN:	Il a un peu mal à la tête, mais ce n'est pas grave, Monsieur.
M. LAUMONT:	Et Fabrice Laumont?
LE MÉDECIN:	Fabrice a mal au bras. Ces garçons ont eu de la chance! Vous voulez sans doute les voir! ... Ah, les voilà maintenant!

B Monsieur Martel est vraiment fâché ...

M. MARTEL:	... Alors, tu as acheté le vélomoteur sans permission, hein?
ÉRIC:	Oui, papa, mais ...
M. MARTEL:	Et évidemment, tu n'es même pas capable de conduire!
ÉRIC:	Mais, papa ...
M. MARTEL:	Assez! Franchement, Éric, pour un garçon de seize ans, tu ne réfléchis jamais! Tu ne penses pas aux conséquences de tes actions! ... À propos, où est ce fameux vélomoteur?
ÉRIC:	Dans le parking, papa. Tu veux le voir?
M. MARTEL:	Bien sûr, je veux le voir! Mais tu rentres avec moi en voiture!

282

AS-TU COMPRIS?

A Vrai ou faux?

1. Éric et Fabrice sont à l'hôpital.
2. M. Martel a mal à la tête.
3. Fabrice a mal au bras.
4. M. Martel est content.
5. D'après M. Martel, Éric réfléchit toujours.
6. Le vélomoteur est chez les Martel.
7. M. Martel ne peut pas trouver la clé de sa voiture.
8. M. Martel a oublié la clé à la maison.
9. Éric a trouvé la clé.
10. Éric et son père rentrent en voiture.

B Questions

1. Où sont Éric et Fabrice?
2. Qui parle au médecin?
3. Où est-ce qu'Éric a mal?
4. Où est-ce que Fabrice a mal?
5. Comment est M. Martel? Pourquoi?
6. Où est le vélomoteur?
7. Où est-ce que M. Martel cherche la clé de sa voiture?
8. Pourquoi ne peut-il pas la trouver?
9. Quel est le problème?
10. Quelle est la solution?

C Questions personnelles

1. As-tu jamais été à l'hôpital? Quand?
2. Qu'est-ce que tu préfères, les vélomoteurs ou les vélos? Pourquoi?
3. Combien de clés est-ce que tu as sur toi?
4. Si tu as mal à la tête, qu'est-ce que tu fais?
5. Qu'est-ce que tu veux faire ce week-end?
6. Qu'est-ce que tu as dans tes poches?
7. Qu'est-ce que tu veux pour ton anniversaire?
8. As-tu jamais été fâché(e)? Quand? Pourquoi?

C   Dans le parking, Monsieur Martel cherche la clé de sa voiture dans toutes ses poches … Il ne la trouve pas … et les portières sont fermées à clé!

M. MARTEL:	Mais où est donc cette clé?
ÉRIC:	Elle est dans la voiture, peut-être?
M. MARTEL:	Tu es fou? Je ne la laisse jamais dans la voiture!
ÉRIC:	Jamais, papa? Mais regarde! La voilà!
M. MARTEL:	Où?
ÉRIC:	Dans la voiture! … Tu as oublié la clé dans la voiture!
M. MARTEL:	Ah, ça … non! Comment allons-nous rentrer sans voiture?
ÉRIC:	Pas de problème, papa! Laisse-la ici! Moi, j'ai la solution!

Le corps

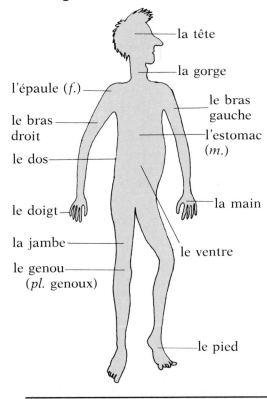

- la tête
- la gorge
- l'épaule (*f.*)
- le bras gauche
- le bras droit
- l'estomac (*m.*)
- le dos
- le doigt
- la main
- la jambe
- le ventre
- le genou (*pl.* genoux)
- le pied

L'expression *avoir mal à . . .*

Monsieur Legrand a mal au dos.

Madame Ferrand a mal à la tête.

Jacqueline a mal aux pieds.

Monsieur Duclos a mal à l'estomac.

ATTENTION

LES PRONOMS OBJETS DIRECTS *LE, LA, L'* ET *LES*

—Tu prends le gâteau?
—Oui, je le prends.

—Comment est la glace?
—Je la trouve délicieuse.

—Tu aimes Paul?
—Oui, je l'aime!

—Il aide ses parents?
—Oui, il les aide.

—Tu invites Charlotte?
—Non, je ne l'invite pas.

—Où est ta moto?
—La voilà derrière le garage.

—Où sont les billets?
—Les voilà sur la table.

—Où est Charles?
—Le voici.

Quand tu ne veux pas répéter l'objet direct, utilise le pronom le, la, l' ou les.

à l'affirmative	à la négative	l'inversion
sujet + le / la / l' / les + verbe	sujet + ne + le / la / l' / les + verbe + pas	le / la / l' / les + verbe + sujet
Il le regarde.	Il ne le regarde pas.	Le regarde-t-il?

VOCABULAIRE

NOMS

masculin
un docteur   doctor

féminins
une action   action
une clé   key
une conséquence   consequence
la permission   permission
une poche   pocket
une solution   solution

VERBES

laisser   to leave (something)
vouloir   to want

PRONOMS

objets directs
la (l')   her; it
le (l')   him; it
les   them

ADJECTIFS

capable (de)   capable (of)
fâché(e)   angry
fameux, fameuse   famous

ADVERBES

franchement   frankly, honestly
même   even
peut-être   perhaps

PRÉPOSITION

sans   without

EXPRESSIONS

à propos   by the way
avoir mal à ...   to have a sore ...
fermer à clé   to lock
si   if
sans doute   no doubt, without
                a doubt

LES PRONOMS OBJETS DIRECTS ET LES FORMES IMPÉRATIVES

When you use the direct object pronouns le, la and les with an imperative verb form, the pronoun follows the verb.

—Je peux prendre ton manteau?
—Mais oui! Prends-le!

—Je n'ai pas trouvé mes livres.
—Alors, cherche-les!

—Nous n'avons jamais regardé cette émission.
—Alors, regardez-la ce soir.

Use a hyphen to join the direct object pronoun and the imperative verb form.

LE VERBE *VOULOIR* (to want)

je veux*   nous voulons
tu veux   vous voulez
il veut   ils veulent
elle veut   elles veulent

* *I want, I do want*

To say that you want to do something, use the verb vouloir *and the infinitive that indicates what you want to do.*

Exemple: Je veux partir.

Place the direct object pronoun before the infinitive.

Exemples:

Je veux le faire.
Il ne veut pas l'étudier.
Voulez-vous les voir?

Mini-dialogues

A À l'hôpital

Attention! Vas-tu utiliser tu *ou* vous?

–Comment allez-vous aujourd'hui, Monsieur?
–Pas très bien, Docteur. J'ai mal au ventre.

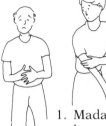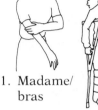

1. Madame/ bras
2. Mademoiselle/ jambe
3. Patrice/ gorge
4. Suzanne/ épaule
5. Luc/ pieds

B Ils restent chez eux

–Tu vas au cinéma ce soir?
–Je ne peux pas.
–Tu es malade?
–Oui, j'ai mal à la tête.

1. match/dos
2. bibliothèque/ventre
3. centre/genou
4. théâtre/gorge
5. restaurant/estomac

C Le week-end commence!

–Qu'est-ce que tu veux faire ce week-end?
–Demain je veux aller en ville, mais Philippe …
–Il ne veut pas aller?
–Non, il veut ranger le garage!

1. vous
   les enfants
   aller au match de football
2. Luc
   Annie
   aller au cinéma
3. tu
   Paul et Richard
   jouer au tennis
4. tes parents
   ma soeur
   travailler
5. Claire
   Alain
   rester à la maison

D Opinions

–Que penses-tu de ce film?
–Je le trouve ennuyeux.

1. chaussures/belles
2. robe/jolie
3. disque/excellent
4. matière/difficile
5. hôtel/grand
6. livres/intéressants

E Ils ne sont pas perdus!

–Où est ton frère?
–Le voilà.

1. pull   2. billets   3. cousine   4. stylo   5. amie   6. guitare

F Aimer, c'est acheter!

–J'aime beaucoup cette robe! Je l'achète?
–Bon, achète-la si tu veux.

1. tourne-disque   2. affiches   3. vélomoteur   4. voiture   5. veston   6. jupe

286

PRATIQUE

A Ils s'excusent

Faites des phrases. Utilisez le verbe vouloir.

EXEMPLE: je/aller au cinéma/avoir un examen demain
Je veux aller au cinéma ce soir, mais j'ai un examen demain.

1. ils/regarder la télé/avoir des devoirs
2. nous/aller en ville/avoir beaucoup à faire
3. il/aller à la surboum/être malade
4. elles/acheter des cadeaux/être fauchées
5. vous/écouter des disques/être occupés
6. elle/jouer aux cartes/avoir une leçon de piano
7. tu/faire du tennis/avoir trop de travail
8. je/faire la vaisselle/être très pressé(e)

B Chacun son goût!

—Je déteste cette robe!
—Vraiment? Moi, je la trouve belle.

1. hôtel/confortable
2. classe/intéressante
3. garçon/sympa
4. magasin/excellent
5. disques/formidables
6. livre/intéressant
7. fleurs/jolies
8. repas/bon
9. appartement/beau

C Cherche, donc!

—Où sont mes clés? Je ne les trouve pas!
—Cherche-les, donc! Tu as regardé dans ton bureau?

1. montre/dans ta chambre
2. billets/dans ton veston
3. guitare/dans le salon
4. livre de chimie/dans la bibliothèque
5. argent/dans ton autre pantalon
6. vélomoteur/derrière le garage
7. journal/sous la chaise
8. bicyclette/derrière la voiture

D Tu es responsable!

On te demande des instructions. Utilise la forme impérative et les pronoms objets.

MODÈLE —À qui est-ce que je donne mon billet? (à l'hôtesse)
—Donnez-le à l'hôtesse.

1. Où est-ce que je laisse ma valise? (ici)
2. À qui est-ce que je donne cette lettre? (au directeur)
3. Quand est-ce que je finis ce projet? (cet après-midi)
4. Où est-ce que je rencontre ce client? (à l'hôtel)
5. Où est-ce que je prends l'autobus? (devant le cinéma)
6. Quand est-ce que je fais ma présentation? (demain matin)
7. Où est-ce que j'écoute cette cassette? (là-bas)
8. Où est-ce que j'attends Madame Ferrand? (au restaurant)

E Ils ont mal!

EXEMPLE: Madame Fournier   Madame Fournier a mal au bras.

1. Pierre

2. Suzanne

3. Monsieur Durand

4. Madame Garnier

5. Mademoiselle Dupuis

6. Charles et Christine

F C'est la vie!

Faites ces dialogues en français.

1. Le week-end

A	B
What did you do this weekend?	I learned to prepare a Russian meal. And you?
I cleaned the garage!	

2. Le chef dîne chez vous!

A	B
What an interesting book!	Thank you! Do you want to read it?
Yes! Thank you!	Take it now, if you want.

3. On fait ses excuses ...

A	B
So, you don't want to go to the movies this evening.	Yes, but I can't. I have a headache.
Ah! Don't forget! We have tickets to the basketball game tomorrow night.	Tomorrow night? I can't go! It's Dad's birthday.
OK. But Sunday we go to the football game, right?	Impossible! I can't! I have two tests on Monday and I have a lot of work.
You can't or you don't want to ...?	

Volume 3

pêle-mêle

Accent sur...

La vie en province   2
Les territoires d'outre-mer   7
Marseille   8
L'Afrique du Nord   11
L'Amérique du Nord   14

la vie
EN PROVINCE

Jean Galmiche

Connaître° Paris, ce n'est pas connaître la France. La personnalité française est un produit des provinces, plutôt que° de la capitale. Dans ce numéro, *Pêle-Mêle* jette un coup d'oeil° sur les régions principales de la France et sur le caractère particulier que chacune présente à ses voisines et au monde.

La Normandie est célèbre par son cidre, son brie et ses plages. C'est là, près de Deauville, que les Alliés ont débarqué en 1944, et dix siècles avant eux, les Vikings. Au fait, le nom Normandie vient° de «Normands» (hommes du Nord). C'est ainsi° que l'on appelait° les Vikings. Entre la Normandie et la Bretagne se dresse°, au milieu des flots°, la flèche° du Mont-Saint-Michel, une abbaye construite sur un rocher. À marée haute°, la mer, qui monte à la vitesse d'un cheval° au galop, isole le rocher de la côte.

La Bretagne est le nez de la France, située entre la Manche° et l'océan Atlantique. Elle conserve toujours ses coutumes° traditionelles: ses processions et ses costumes avec de grandes coiffes en dentelle°. Ses crêpes et ses produits de mer sont renommés dans le reste de la France. Ses habitants parlent breton et racontent des histoires mystérieuses de fées° et d'enchanteurs. Devant presque toutes les églises bretonnes on trouve des sculptures qui racontent la mort° du Christ.

Au sud de la Bretagne, la Côte Atlantique est une terre de marais°. Autrefois, il y en avait tant que les bergers° devaient° marcher perchés sur des échasses°. Dans la région de Bordeaux, on cultive la vigne, mais on élève° aussi des huîtres° dans de grands parcs au bord de° la mer. Le Pays basque est une région superbe des Pyrénées. Le basque, la langue de ses habitants, constitue un vrai mystère; elle ne ressemble à aucune autre langue du monde et ses origines restent inconnues°. Les Basques sont de grands pêcheurs, et autrefois ils allaient chasser° la baleine° près du Canada.

Dieppe, port et station balnéaire en Normandie.

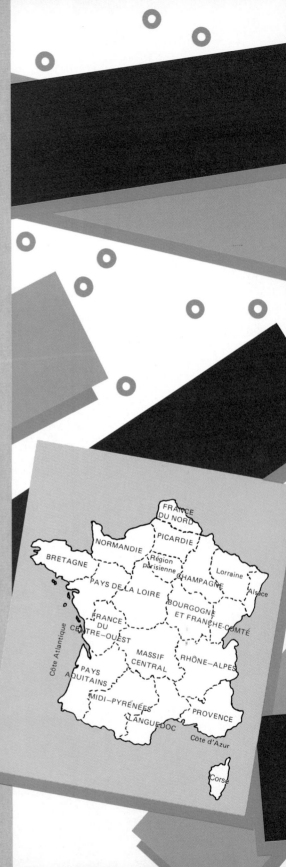

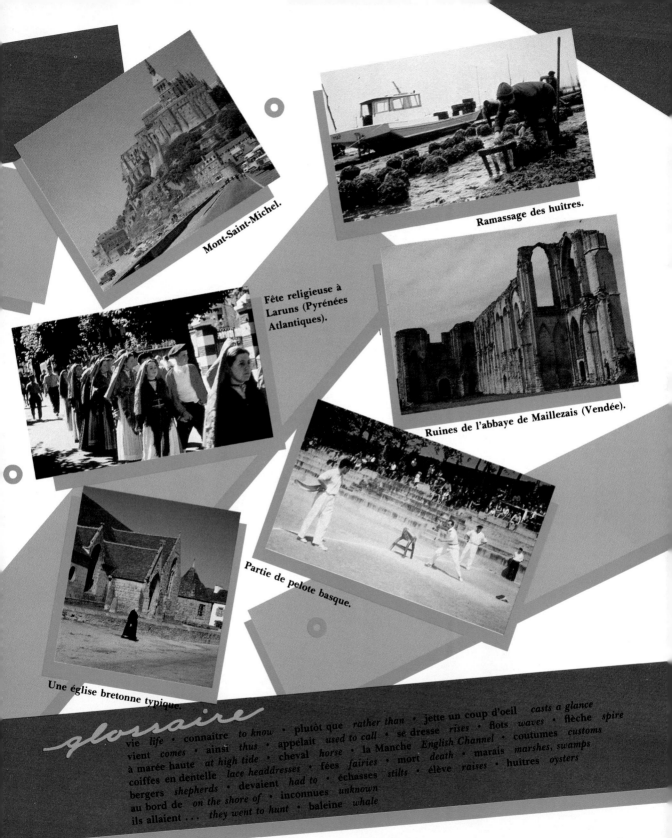

Mont-Saint-Michel.

Ramassage des huîtres.

Fête religieuse à Laruns (Pyrénées Atlantiques).

Ruines de l'abbaye de Maillezais (Vendée).

Partie de pelote basque.

Une église bretonne typique.

glossaire

vie *life* • connaître *to know* • plutôt que *rather than* • jette un coup d'oeil *casts a glance* vient *comes* • ainsi *thus* • appelait *used to call* • se dresse *rises* • flots *waves* • flèche *spire* à marée haute *at high tide* • cheval *horse* • la Manche *English Channel* • coutumes *customs* coiffes en dentelle *lace headdresses* • fées *fairies* • mort *death* • marais *marshes, swamps* bergers *shepherds* • devaient *had to* • échasses *stilts* • élève *raises* • huîtres *oysters* au bord de *on the shore of* • inconnues *unknown* ils allaient . . . *they went to hunt* • baleine *whale*

3

L'Alsace-Lorraine constitue une seule région aux yeux de la plupart des Français. Pourtant, ce sont deux régions bien différentes. La Lorraine est une région triste, industrielle. Sa campagne est plate° et peu intéressante, et ses habitants peu bavards°. Par contre°, l'Alsace est une région opulente. Ses habitants, de vrais bons vivants°, parlent alsacien, un dialecte allemand. Sa capitale, Strasbourg, se voudrait° la capitale de l'Europe.

La Bourgogne est une région riche, comme toutes les régions qui produisent du vin. De superbes châteaux° aux toits° multicolores témoignent de° son histoire comme le centre d'un empire.

La région Rhône-Alpes est le parc de jeux° de la France. L'hiver, les touristes envahissent° ses stations de sports d'hiver. L'été, les Alpes sont le royaume des amateurs de marche à pied° et d'escalade°. Chamonix est la capitale de l'alpinisme.

La Provence est divisée en plusieurs parties. La Côte d'Azur est envahie tout l'été par les touristes. Ce n'est qu'en hiver qu'on retrouve la vraie vie des petits ports de pêche. À l'arrière-pays°, ça sent° la lavande et le thym. Dans les petits villages perchés sur les montagnes, il faut s'arrêter° sur la place°. Là, à l'ombre des platanes°, on prend du pastis, de la soupe au pistou ou de la ratatouille.

La région centrale, c'est le cœur° de la France. L'Île-de-France est la campagne des Parisiens et la voisine de la Champagne. (Le champagne a été inventé au XVIIᵉ siècle par un moine°, Dom Pérignon.) Les Pays de la Loire, c'est la région des grands châteaux, monuments aux divers rois° de France qui les ont fait construire°.

Fête de Saint-Nicolas.

Village lorrain typique.

4

Hospices de Beaune (Côte-d'Or).

Alpinisme en Savoie.

Strasbourg, la capitale d'Alsace.

Château de Chenonceaux (Indre-et-Loire).

Le port à Saint-Tropez.

Village au bord de la Dordogne.

glossaire

plate *flat* • bavards *talkative, outgoing* • par contre *in contrast* • bons vivants *persons fond of the good life*
voudrait *has ambitions* • châteaux *castles* • toits *roofs* • témoignent de *bear witness to*
parc de jeux *playground* • envahissent *invade* • marche à pied *hiking* • escalade *mountain climbing*
à l'arrière-pays *inland* • ça sent *one smells* • s'arrêter *to stop* • place *town square*
à l'ombre . . . *in the shade of the plane trees* • coeur *heart* • moine *monk*
rois *kings* • qui les ont . . . *who had them built*

EN PROVINCE

Le Massif Central (l'Auvergne et le Limousin) est la région des fromages (comme le cantal, le bleu et le roquefort). C'est aussi le pays des volcans et de grands plateaux où paissent° des troupeaux° de moutons°.

Le Périgord, situé au sud du Massif Central, est la terre de la gastronomie. Il est renommé pour son foie gras et ses truffes°. On y trouve aussi d'importants vestiges préhistoriques, tels que les célèbres peintures des grottes de Lascaux.

La région des Pyrénées, sur la frontière espagnole, était°, au XII⁰ siècle, un royaume indépendant de la France. C'est ici dans les Pyrénées qu'on trouve les derniers ours° de France. Le plat° typique, le cassoulet, est composé de plusieurs produits régionaux importants: le porc, le mouton et les haricots blancs°.

La Corse, une île de la Méditerranée, est le lieu de naissance° de Napoléon Bonaparte. C'est une île montagneuse dont° les habitants sont fiers° et indomptables°. L'agriculture, l'élevage des vaches° et le tourisme, surtout dans les villes littorales°, forment la base de son économie.

Vendredi Saint à Perpignan.

Habitants de la Balagne, région du nord-ouest de la Corse.

glossaire

paissent *graze* • troupeaux *flocks* • moutons *sheep*
truffes *truffles* • était *was, used to be* • ours *bears*
plat *dish* • haricots blancs *beans*
lieu de . . . *birthplace* • dont *whose*
fiers *proud* • indomptables *indomitable* • vaches *cows*
littorales *coastal*

Les territoires d'outre-mer

Les territoires d'outre-mer° sont les départements français qui ne sont pas en Europe.

Saint-Pierre-et-Miquelon sont deux îles au sud de Terre-Neuve°, un grand centre de pêche à la morue°. Beaucoup d'habitants de ces îles comptent des pêcheurs bretons parmi leurs ancêtres.

Les îles de la Martinique et de la Guadeloupe se trouvent au coeur des Antilles, en pleine mer des Caraïbes. Grâce à leurs° origines multiples, les habitants de ces îles jouissent d'°une culture et d'un folklore uniques. Les belles plages, le climat chaud et la végétation tropicale attirent° des touristes de tous les coins du monde°.

La Guyane est située en Amérique du Sud. C'est une région peu peuplée, couverte de forêt équatoriale. C'était ici que la France avait° installé l'infâme prison, «l'Île du Diable»°.

La Réunion est située dans l'océan Indien, à côté de Madagascar, une région très exposée aux cyclones. Le sucre et le rhum sont ses plus grandes exportations. En effet, c'est le territoire d'outre-mer qui a le plus° de liens° avec la France.

Tahiti est le territoire qui fait toujours rêver° les Français. Pour le visiteur, il reste un paradis sur terre où les habitants sont bien gentils, la vie douce° et nonchalante.

Fête des cuisinières (Guadeloupe).

Saint-Pierre-et-Miquelon.

glossaire

outre-mer *overseas* • **Terre-Neuve** *Newfoundland* • **morue** *cod* • **grâce à ...** *thanks to their* • **jouissent de** *enjoy* • **attirent** *attract* • **tous ...** *all corners of the world* • **avait** *had* • **l'Île ...** *Devil's Island* **le plus** *the most* • **liens** *ties* • **rêver** *to dream* • **douce** *sweet*

Il était une fois° des marins° grecs qui ont accosté à un endroit° merveilleux du littoral° méditerranéen. Ils ont appris aux habitants à° cultiver la vigne et l'olivier et à faire du commerce maritime. Ils ont appelé l'endroit Massalia . . .

Aujourd'hui, vingt-six siècles plus tard, Marseille est le deuxième port européen après Rotterdam. Comme tous les grands ports, Marseille a une population mixte; on y trouve, parmi les Français, des Arabes, des Italiens, des Arméniens et des Yougoslaves. Grâce au climat doux° de la ville, ses habitants passent beaucoup de temps sur les plages et dans les parcs. Mais ils font bien attention au Mistral, ce vent violent et froid qui descend la vallée du Rhône et passe parfois° sur la ville!

Si vous avez l'impression d'une ville pleine de contrastes, vous avez raison! Le Vieux Port, ancien° centre commercial, exerce actuellement° le plus grand attrait sur les touristes qui visitent Marseille. Aujourd'hui, c'est le point d'amarrage° d'une flotille de voiliers°, de yachts à moteur et de bateaux de pêche. À côté, on trouve le Musée des docks romains. Un peu plus loin, le Musée d'archéologie et le Musée d'histoire racontent le rôle de Marseille dans le développement du commerce méditerranéen.

La Canebière, boulevard principal de Marseille, est le centre des spectacles° et du commerce. Là, on trouve le siège° actuel° de la première Chambre de Commerce de France, fondée en 1650.

Les Marseillais sont donc justement fiers° de leur longue histoire. Mais quelquefois il y a des problèmes. Par exemple, on peut traverser le Marseille moderne en métro, mais la construction de ce métro a causé beaucoup de difficultés. Pendant les excavations des tunnels, on a découvert sous la ville des ruines romaines qui ont occasionné de longs arrêts° dans la construction et même des changements de route!

Si jamais vous visitez Marseille, régalez-vous°! Et n'oubliez pas surtout° la bouillabaisse marseillaise! *(Recette à la page 16!)*

John M. Wilson

La Canebière. Au fond, la Chambre de Commerce.

Dans le TGV (train à grande vitesse), on arrive à Paris en 4 heures 56 minutes!

La planche à voile à la plage du Prado.

Marseille

glossaire

Il était ... *Once upon a time* • marins *sailors* • endroit *place* • littoral *coast*
ils ont appris ... *they taught the inhabitants to* • doux *mild*
parfois *sometimes* • ancien *former (before noun)* • actuellement *today, now*
amarrage *mooring* • voiliers *sailboats* • spectacles *entertainment*
siège *headquarters* • actuel *current* • fiers *proud* • arrêts *halts*
régalez-vous *enjoy yourself* • surtout *especially*

Hors des sentiers battus°

èze

Gina Healy

Chaque année, des milliers° de Français passent leurs vacances sur la Côte d'Azur. Mais pour ceux° qui cherchent le calme et la paix, il n'est pas nécessaire de trop s'éloigner° de la ville de Nice. À huit kilomètres, perché sur une montagne de la Corniche Moyenne, se situe° Èze, un village médiéval tout à fait° charmant.

es rues étroites° et serpentines ne permettent pas de visiter Èze en voiture. Tant mieux°! C'est en marchant° qu'on découvre et qu'on apprécie pleinement sa beauté. Dans les boutiques de la rue principale, les artistes et les artisans d'Èze vendent leurs marchandises. Les maisons aux toits° rouges ressemblent à des fleurs sur la pente° de la montagne. Leurs portes en bois° et en fer° s'ouvrent sur° de petits ateliers° de peintres ou de chaudronniers.°

Pour arriver à l'église du XVᵉ siècle qui domine le sommet du village, on se promène dans des rues sinueuses, coupées d'escaliers°, transformées de temps en temps en tunnels, et ponctuées périodiquement par de petites arches. Tout en haut°, le village est couronné° d'un jardin exotique où poussent° de nombreuses variétés de cactus et d'autres plantes tropicales. À cause du climat doux de la région provençale, ces plantes fleurissent° presque toute l'année. Ce jardin offre un des meilleurs panoramas de la Provence: la mer° azure, la côte rude et montagneuse, le clocher° de l'église et les toits rouges de ce village paisible°, pittoresque et inoubliable.

château d'If

plusieurs kilomètres de Marseille et facilement accessible en bateau, se trouve le Château d'If. Construit pendant le règne du roi° François I, le château servait de prison d'état°. Il a été immortalisé dans le fameux roman° d'Alexandre Dumas, *Le Comte de Monte-Cristo*.

hors des ... *off the beaten path*

milliers *thousands* • ceux *those* • s'éloigner *to go far* • se situe *is located*
tout à fait *completely* • étroites *narrow* • tant mieux! *so much the better!*
en marchant *while walking* • toits *roofs* • pente *slope* • bois *wood* • fer *iron*
s'ouvrent sur *open onto* • ateliers *studios* • chaudronniers *coppersmiths*
escaliers *stairways* • tout en haut *at the top* • couronné *crowned*
poussent *grow* • fleurissent *bloom* • mer *sea* • clocher *tower*
paisible *peaceful*

roi *king*
état *state, nation* • roman *novel*

La vie en Afrique du Nord

Assad Chamas

Les trois pays francophones de l'Afrique du Nord (l'Algérie, le Maroc et la Tunisie) confrontent les mêmes problèmes à cause de leur situation géographique. Traditionnellement, la plupart de la population a subsisté d'agriculture et d'élevage, mais le climat désertique présente de grands problèmes. De plus en plus, les habitants se dirigent° vers les villes à la recherche de travail, mais les villes sont trop peu industrialisées pour les recevoir°. Pour cette raison presque chaque famille a des parents°qui habitent à l'étranger°.

A. Village de la chaîne Atlas.

B. Le palais royal à Fès.

C. Joueurs aux dames à Fès.

D. Marchands de laine à Marrakech.

glossaire

se dirigent *head* • recevoir *to receive* • parents *relatives* • à l'étranger *abroad*

La vie en Afrique du Nord
UN MARCHÉ au MAROC

Encore une fois, Aïcha vérifie° son voile° blanc qui ne montre que ses yeux maquillés°. Satisfaite, elle prend son panier° et se dirige vers le marché. C'est une grande cour en terre battue° entourée de petits magasins. Les marchands y installent leurs étalages° sur des places habituelles qu'ils possèdent depuis des années°.

À l'entrée du marché, Aïcha s'arrête. Une forte odeur d'épices° lui chatouille les narines°. Son regard va d'étalage en étalage. Ici, elle peut acheter des fruits et des légumes°. Là-bas, c'est le coin° des épices et des graines. Plus loin, elle peut avoir du pain et des poulets. Des femmes voilées circulent entre les étalages, cherchant les provisions de la journée. Les marchands appellent en leur montrant° des oranges, des tomates ou des carottes.

Aïcha s'arrête devant un étalage et aussitôt° le marchandage° commence. Elle n'achète jamais sans marchander, car marchand et client y prennent plaisir°. Cela fait partie de la vie du marché. De temps en temps, Aïcha rencontre une amie et elles échangent des nouvelles°.

glossaire

vérifie *checks* • voile *veil*
maquillés *made-up* • panier *basket*
terre battue *packed earth* • étalages *displays*
qu'ils possèdent . . . *that they have owned for years*
épices *spices* • lui chatouille . . . *tickles her nostrils*
légumes *vegetables* • coin *corner*
en leur montrant *while showing them*
aussitôt *soon* • marchandage *bargaining*
y prennent plaisir *take pleasure in it*
nouvelles *news*

Aujourd'hui, Aïcha rencontre son amie Badia et leur conversation se porte sur° les membres de leurs familles. Elles parlent des jeunes qui sont allés travailler en France.

Aïcha:
Bonjour, Badia. J'espère° que tout va bien chez toi.
Badia:
Oui, merci. Est-ce que tu vas bien? As-tu des nouvelles de ton cousin Driss?
Aïcha:
Il nous a écrit° la semaine dernière. Il travaille dans une usine° Renault près de Paris. Il a le mal du pays° et veut venir passer ses vacances à Rabat cet été. Chaque mois il envoie° de l'argent à sa famille. Et ton neveu Ahmed, que fait-il?
Badia:
Il travaille à Marseille, dans une compagnie de construction. Il s'est marié avec une Française qui s'appelle Yvonne. Il nous a écrit seulement après le mariage.
Aïcha:
Il ne faut pas s'en faire°. Les jeunes changent quand ils vont en France.
Badia:
Je sais qu'il est difficile de s'adapter à la vie française. Avoir une femme doit l'aider un peu.
Aïcha:
L'essentiel, c'est qu'ils soient heureux°.
Badia:
Bien sûr. Je dois partir, car je n'ai pas fini de faire mon marché. Au revoir, Aïcha.
Aïcha:
Au revoir, Badia.

glossaire

se porte sur   turns to · j'espère   I hope
il nous . . .   he wrote to us · usine   factory
mal du pays   homesickness · envoie   sends
il ne faut pas . . .   don't worry about it
L'essentiel, . . .   The important thing
is that they are happy

13

La France vit toujours en AMÉRIQUE

LE QUÉBEC

C'est dans la province canadienne de Québec que l'on sent° la plus forte influence française en Amérique du Nord. La ville de Montréal est la deuxième ville francophone du monde. À Québec le Carnaval est peut-être l'expression la plus exubérante de l'esprit° de fête des Québécois.

Le siège de son règne est le Palais de Glace.

Le Bonhomme Carnaval est le symbole de la fête, qui a lieu° chaque année au mois de février.

Il arrive à la ville de Québec dans un défilé° nocturne.

Parmi les activités du Carnaval, il y a un concours de sculptures de glace°...

... et une course de canots° sur le fleuve° Saint-Laurent.

glossaire

vit *lives* • sent *feels* • esprit *spirit* • un concours... *an ice sculpture contest* • une course... *canoe race* • fleuve *river* • avoir lieu *to take place* • défilé *parade*

du NORD!

LA LOUISIANE

Beaucoup d'habitants de la Louisiane sont des descendants d'Acadiens qui ont été expulsés° de leurs fermes en Nouvelle-Écosse° par les Anglais.

Ils ont conservé beaucoup de coutumes françaises, parmi eux, le Mardi Gras°, une célébration qui se termine° un jour avant le mercredi des Cendres°, le commencement du carême°.

Les Acadiens se sont établis° dans les marais de la Louisiane, un territoire français.

Une autre fête très importante est la bénédiction de la flotte de bateaux de pêche. La pêche à la crevette° est une industrie très importante de la Louisiane.

glossaire

expulsés *expelled, driven from* • la Nouvelle-Écosse *Nova Scotia*
se sont établis *settled* • Mardi Gras *Shrove Tuesday* • se termine *ends*
mercredi des Cendres *Ash Wednesday* • carême *Lent* • pêche ... *shrimp fishing*

RECETTE

Bouillabaisse marseillaise

2	kilos de poissons° différents
1/2	kilo de coquilles Saint-Jacques°
1/2	kilo de moules°
1	homard° cuit° et coupé en morceaux
250	grammes de tomates
2	oignons
2	gousses d'ail°
1/4	tasse d'huile
4	tasses d'eau bouillante°
	thym, laurier, persil, fenouil, safran, sel et poivre

Connais-tu
ces personnalités
françaises?

Devine°
leurs métiers°!

Épluchez° et coupez en mor-
ceaux° les oignons, l'ail et les
tomates. Jetez-les° dans l'eau
bouillante. Coupez en morceaux les poissons et ajoutez-
les à l'eau avec l'huile et les
épices. Faites bouillir pendant 15 à 20 minutes. Ajoutez les coquilles Saint-
Jacques, les moules et le
homard déjà cuits. Versez°
le bouillon sur des
tranches° de pain placées
dans une soupière°. Vous
pouvez servir le poisson
et les fruits de mer° sur
un plat creux° ou servir
le tout ensemble.

1. Yannick Noah
   A. Champion de tennis
   B. Joueur d'échecs
   C. Acteur de cinéma

2. François Mitterrand
   A. Champion de natation
   B. Chanteur populaire
   C. Homme politique°

3. Catherine Deneuve
   A. Ballerine
   B. Philosophe et féministe
   C. Actrice de cinéma

4. Yves Saint-Laurent
   A. Romancier°
   B. Couturier°
   C. Astronaute

5. Jacques-Yves Cousteau
   A. Directeur de cinéma
   B. Océanographe
   C. Publiciste°

6. Jean-Claude Killy
   A. Champion de ski
   B. Économiste
   C. Archéologue

glossaire

devine *guess* • métiers *jobs*
homme politique *politician* • romancier *novelist*
couturier *fashion designer* • publiciste *advertiser*

glossaire

poissons	*fish*
coquilles Saint-Jacques	*scallops*
moules	*mussels*
homard	*lobster*
cuit	*cooked*
gousses d'ail	*cloves of garlic*
bouillante	*boiling*
épluchez	*peel*
coupez en morceaux	*cut into pieces*
jetez-les	*put them*
versez	*pour*
tranches	*slices*
soupière	*soup tureen*
fruits de mer	*shellfish*
plat creux	*deep platter*

QUE SAIS-JE?

A Avoir ou être?

Choisis bien! Utilise le passé composé.

1. Tu . . . . . . une nouvelle robe? (acheter)
2. Nous . . . . . . le dîner. (finir)
3. Il . . . . . . sa moto. (perdre)
4. Je . . . . . . au centre d'achats. (aller)
5. Quand . . .-tu . . . en France? (retourner)
6. Elle . . . . . . au téléphone. (répondre)
7. Où . . .-ils . . .? (rester)
8. Vous n' . . . pas . . . à l'heure! (rentrer)

B Quel verbe? Quelle forme?

faire, avoir, aller, comprendre, être, apprendre, rentrer, prendre, tomber, partir

1. Qu'est-ce que tu as . . . hier?
2. Il a . . . l'autobus avec Lise.
3. J'ai . . . rendez-vous chez le dentiste!
4. Ils n'ont jamais . . . malades.
5. Où est-elle . . .?
6. Quand sont-elles . . .?
7. Pourquoi as-tu . . . le français?
8. Nous n'avons pas . . . la réponse.
9. Ils sont . . . du vélomoteur?
10. Êtes-vous . . . à cinq heures?

C Du présent au passé

Complète les phrases au passé composé.

1. J'achète mes vêtements au Bon Marché. Hier, j'ai acheté cette chemise.
2. Les classes finissent à trois heures. Hier, . . . à deux heures et demie.
3. J'arrive souvent en retard. Ce matin, . . . à l'heure.
4. Normalement, Marie prend l'autobus. Hier, . . . le métro.
5. Elles font souvent du ski. Le week-end passé, . . . du ski à Chamonix.
6. Je vais souvent au cinéma. Hier, . . . au cinéma avec tous mes copains!

D Quel verbe? Quelle forme?

Utilise la forme correcte du passé composé.

1. J' . . . . . . chez toi hier soir, mais tu n' . . . pas . . . (répondre/téléphoner)
2. J' . . . . . . chez le directeur cet après-midi. J' . . . mon livre dans son bureau. (être/laisser)
3. Tu . . . . . . la télé hier soir? Non, je . . . . . . chez mes grands-parents. (aller/regarder)
4. Tu . . . . . . ton billet d'autobus? Oui, je . . . . . . à pied! (perdre/aller)
5. J' . . . . . . pendant une heure. Enfin j' . . . . . . trois bons livres. (réfléchir/choisir)
6. Jean . . . . . . des leçons. Il . . . . . . à jouer au tennis. (prendre/apprendre)
7. Mon père . . . . . . samedi d'Europe. Il . . . . . . à l'aéroport à dix heures du soir. (arriver/rentrer)
8. J' . . . . . . de très bonnes notes en français! Je n' . . . jamais . . . si content! (avoir/être)

E Tout est beau!

Exemple: Ce veston est beau!

1. chaussures
2. robe
3. vêtements
4. pantalon
5. anorak
6. jupe

F Les suggestions

Exemples:

rentrer à sept heures

Rentre à sept heures!

Rentrez à sept heures!

1. attendre un moment
2. écouter le professeur
3. retourner à l'école
4. répondre au téléphone
5. faire un effort
6. réfléchir un peu
7. prendre le train
8. finir le livre
9. regarder cette émission
10. passer les vacances ici

G Pas question!

Exemples:

rentrer tard

Ne rentre pas tard!

Ne rentrez pas tard!

1. manger si vite
2. aller à la piscine
3. oublier ces livres
4. quitter la maison
5. choisir cette robe
6. acheter ce disque
7. perdre les billets
8. vendre la voiture
9. répondre à ses questions
10. casser des assiettes

H Vouloir, ce n'est pas pouvoir!

Exemple: Tu veux aller à la surboum, mais tu ne peux pas.

1. Pierre
2. Anne et Roger
3. je
4. vous
5. Alain et moi
6. Annick et Yvette

I Mais si!

Modèle: —Tu ne manges pas ton sandwich?

—Mais si, je le mange!

1. Tu ne finis pas tes devoirs?
2. Tu ne fais pas la vaisselle?
3. Tu ne cherches pas les clés?
4. Tu n'achètes pas la chemise?
5. Tu n'attends pas Paul?
6. Tu ne vends pas ton vélo?
7. Tu n'apprends pas le français?
8. Tu ne prépares pas le dîner?
9. Tu n'écoutes pas ces disques?
10. Tu ne finis pas ta rédaction?

J Jamais de la vie!

Modèle: —Tu n'as pas oublié tes livres?

—Je ne les oublie jamais!

1. Tu n'as pas perdu ton argent?
2. Tu n'as pas pris l'autobus?
3. Tu n'as pas compris le professeur?
4. Tu n'as pas écouté tes parents?
5. Tu n'as pas regardé cette émission?
6. Tu n'as pas fait la vaisselle?
7. Tu n'as pas acheté le pain?
8. Tu n'as pas oublié ton manteau?
9. Tu n'as pas attendu ton copain?
10. Tu n'as pas fini tes devoirs?

K Tout de suite!

Modèles: —Je vais écouter la cassette maintenant.
—Écoute-la demain!

—Nous allons écouter la cassette maintenant.
—Écoutez-la demain!

1. Je vais faire mes devoirs maintenant.
2. Nous allons regarder le film maintenant.
3. Je vais acheter la chemise maintenant.
4. Je vais choisir un appartement maintenant.
5. Nous allons prendre la leçon maintenant.
6. Nous allons finir le projet maintenant.
7. Je vais chercher les clés maintenant.
8. Nous allons étudier l'histoire maintenant.
9. Nous allons quitter l'hôtel maintenant.
10. Nous allons faire la vaisselle maintenant.

L L'association des mots

Trouve les correspondances entre la liste A et la liste B.

Liste A

pilote	clé
portière	médecin
boulanger	vaisselle
sciences	boucher
passagers	jambe
télé	poche

Liste B

hôpital	avion
chimie	assiettes
porte	viande
genou	pain
émission	voiture
taxi	pantalon

M C'est à toi!

How would you tell a friend

1. not to leave the milk on the table; leave it in the refrigerator?
2. not to leave the keys on the desk; keep them in his pocket?
3. to show his (her) photos to your friends; not to show them to the teacher?
4. not to look for a tape recorder at the department store; look for it at Desjardins'?

How would you tell a business associate of your father's

1. not to wait for your father at the office; look for him at the hotel?
2. not to leave the car in the garage; leave it behind the train station?
3. to show the letter to your father; not to show it to Mlle Rousseau?
4. not to leave the tickets on the desk; give them to the secretary?

VERBS

A Regular Verbs

PRÉSENT		PASSÉ COMPOSÉ		IMPÉRATIF
parler				
je parle	nous parlons	j'ai parlé	nous avons parlé	parle
tu parles	vous parlez	tu as parlé	vous avez parlé	parlez
il parle	ils parlent	il a parlé	ils ont parlé	
elle parle	elles parlent	elle a parlé	elles ont parlé	
finir				
je finis	nous finissons	j'ai fini	nous avons fini	finis
tu finis	vous finissez	tu as fini	vous avez fini	finissez
il finit	ils finissent	il a fini	ils ont fini	
elle finit	elles finissent	elle a fini	elles ont fini	
vendre				
je vends	nous vendons	j'ai vendu	nous avons vendu	vends
tu vends	vous vendez	tu as vendu	vous avez vendu	vendez
il vend	ils vendent	il a vendu	ils ont vendu	
elle vend	elles vendent	elle a vendu	elles ont vendu	

B -er Verbs with Spelling Changes in the Present

PRÉSENT		PRÉSENT	
acheter		**manger**	
j'achète	nous achetons	je mange	nous mangeons
tu achètes	vous achetez	tu manges	vous mangez
il achète	ils achètent	il mange	ils mangent
elle achète	elles achètent	elle mange	elles mangent
Conjugate emmener *like* acheter.		*Other verbs like* manger: nager, ranger	
commencer		**préférer**	
je commence	nous commençons	je préfère	nous préférons
tu commences	vous commencez	tu préfères	vous préférez
il commence	ils commencent	il préfère	ils préfèrent
elle commence	elles commencent	elle préfère	elles préfèrent

C Irregular Verbs

PRÉSENT		PASSÉ COMPOSÉ		IMPÉRATIF

aller *(to go)*

je vais	nous allons	je suis allé(e)	nous sommes allé(e)s	va
tu vas	vous allez	tu es allé(e)	vous êtes allé(e)(s)	allez
il va	ils vont	il est allé	ils sont allés	
elle va	elles vont	elle est allée	elles sont allées	

Other verbs that form the passé composé *with* être: arriver, partir, rentrer, rester, retourner *and* tomber. *Attention:* partir → parti

PRÉSENT		PASSÉ COMPOSÉ		IMPÉRATIF

avoir *(to have)*

j'ai	nous avons	j'ai eu	nous avons eu
tu as	vous avez	tu as eu	vous avez eu
il a	ils ont	il a eu	ils ont eu
elle a	elles ont	elle a eu	elles ont eu

être *(to be)*

je suis	nous sommes	j'ai été	nous avons été
tu es	vous êtes	tu as été	vous avez été
il est	ils sont	il a été	ils ont été
elle est	elles sont	elle a été	elles ont été

faire *(to do, to make)*

je fais	nous faisons	j'ai fait	nous avons fait	fais
tu fais	vous faites	tu as fait	vous avez fait	faites
il fait	ils font	il a fait	ils ont fait	
elle fait	elles font	elle a fait	elles ont fait	

pouvoir *(to be able to)*

je peux	nous pouvons
tu peux	vous pouvez
il peut	ils peuvent
elle peut	elles peuvent

prendre *(to take)*

je prends	nous prenons	j'ai pris	nous avons pris	prends
tu prends	vous prenez	tu as pris	vous avez pris	prenez
il prend	ils prennent	il a pris	ils ont pris	
elle prend	elles prennent	elle a pris	elles ont pris	

Other verbs like prendre: apprendre, comprendre,

vouloir *(to want)*

je veux	nous voulons
tu veux	vous voulez
ii veut	ils veulent
elle veut	elles veulent

VOCABULAIRE FRANÇAIS–ANGLAIS

A

à at, in, to

à bientôt see you soon

une abréviation abbreviation

une absence absence

un accident accident

acheter to buy

à côté de beside, next to

un acteur actor

une action action

une activité activity

une actrice actress

à demain! see you tomorrow!

adieu good-bye (*forever*)

l'adolescence (*f*) adolescence, teens

adorer to love, to adore

une adresse address

un aéroport airport

les affaires (*f pl*) business

une affiche poster

l'âge (*m*) age; **tu as quel âge?** how old are you?

une agence de voyages travel agency

un agent de police police officer

aider to help

une aiguille dial, hand of a clock

une aile fender

aimable nice, kind, likeable

aimer to like, to love; **aimer bien** to like very much

l'algèbre (*f*) algebra

l'Algérie (*f*) Algeria

l'Allemagne (*f*) Germany

allemand, allemande German

l'allemand (*m*) German (language)

aller to go; **allons-y!** let's go!; **aller à bicyclette** to go by bicycle; **aller à pied** to walk; **aller au lit** to go to bed; **aller en autobus** to go by bus; **aller en avion** to go by airplane; **aller en bateau** to go by boat; **aller en métro** to take the subway; **aller en moto** to go by motorcycle; **aller en taxi** to take a cab; **aller en train** to go by train; **aller en vélo** to go by bike; **aller en vélomoteur** to go by moped; **aller en voiture** to go by car; **pour aller à . . .?** how do I get to . . .?

allô! hello! (*on the telephone*)

alors then, so

américain, américaine American

l'Amérique (*f*) America; **l'Amérique du Nord** North America

un ami, une amie friend

amicalement your friend (*closing of a letter*)

l'amour (*m*) love

un an year

ancien, ancienne former (*before a noun*); ancient (*after a noun*)

un ange angel

anglais, anglaise English

l'anglais (*m*) English (language)

un Anglais Englishman

une Anglaise Englishwoman

un angle angle

l'Angleterre (*f*) England

un animal (*pl* animaux) animal

une année year

un anniversaire birthday; **bon anniversaire!** happy birthday!

une annonce advertisement

un anorak windbreaker

août August

un appartement apartment

s'appeler to be called; **je m'appelle . . .** my name is . . .; **comment t'appelles-tu?** what's your name? **comment vous appelez-vous?** what's your name?

appliquer to apply

apporter to bring (*something to someone*)

apprendre to learn

après after; **après les classes** after school; **après tout** after all

un après-midi afternoon; **de l'après-midi** in the afternoon (p.m.)

à propos by the way

arabe Arabic

l'arabe (*m*) Arabic (language)

un (une) Arabe Arab

un arbre tree

un architecte architect

l'architecture (*f*) architecture

l'argent (*m*) money; **l'argent de poche** spending money

l'argile (f) clay
arrêter to stop
l'arrivée (f) arrival
arriver to arrive
arroser to water, to
drench
l'art (m) art
un (une) artiste artist
un ascenseur elevator
un aspect aspect, look
une aspirine aspirin
assez (de) enough
une assiette dish, plate
un astronaute astronaut
un astronef spaceship
à suivre to be continued (i.e., as a story
episode)
attacher to attach
attendre to wait (for)
attirer to attract
au contraire on the
contrary
au milieu de in the
middle of
au moins at least
au revoir good-bye
au travail! (let's) get
to work!
aujourd'hui today
aussi also, too
une auto car; en auto by
car
un autobus bus; en autobus by bus
l'automne (m) autumn,
fall; en automne
in the fall
autre other; un (une)
autre another
l'Autriche (f) Austria
avec with
l'avenir (m) future
une aventure adventure
un avion airplane; en
avion by plane
un avis opinion; à mon
avis in my opinion
un avocat, une avocate
lawyer
avoir to have; avoir
... ans to be ...
years old; avoir
besoin de to need;
avoir chaud to be
hot; avoir de la
chance to be lucky;

avoir du sang froid
to "keep one's
cool"; avoir
sommeil to be
sleepy; avoir envie
de to feel like,
to want to; avoir
faim to be hungry; avoir froid to
be cold; avoir le
temps to have
(enough) time;
avoir mal à ... to
have a ...ache, to
have a sore ...
avoir l'occasion de to
have the chance to;
avoir peur to be
afraid; avoir
raison to be right;
avoir rendez-vous
to have a date;
avoir soif to be
thirsty; avoir tort
to be wrong
avril April

B

la Babylonie Babylonia
une banane banana
une banque bank
un banquier, une
banquière banker
les bas (m) stockings
le basket-ball basketball
un bateau (pl bateaux)
boat
un bâtiment building;
les bâtiments du
Parlement Parliament Buildings
beau, belle (m pl
beaux) beautiful;
il fait beau the
weather is nice
beaucoup (de) many,
much
la Belgique Belgium
une bêtise nonsense,
something stupid; quelle bêtise! what a dumb
thing to do!
le beurre butter
un (une) bibliothécaire librarian
une bibliothèque library

bien well
bien sûr! of course!
bienvenue welcome
la bière beer
un bifteck steak
un bikini bikini
un billet ticket
la biologie biology
blanc, blanche white
blessé(e) hurt,
wounded
bleu(e) blue
blond(e) blonde
une blouse blouse
une boisson beverage
une boîte box; can
bon, bonne good;
bon anniversaire!
happy birthday!;
bon appétit! enjoy
your meal!; bonne
nuit good night
un bonbon candy
bonjour hello
bonsoir good evening,
good night
bordé(e) bordered
les bottes (f) boots
une bouche mouth
un boucher, une
bouchère butcher
une boucherie butcher
shop
bouger to move
une bougie candle
un boulanger, une boulangère baker (bread)
une boulangerie bakery
(bread)
un boulevard boulevard
bouleversé(e) upset,
devastated
une boum party
une boussole compass
une bouteille bottle
un bras arm
breton, bretonne
Breton (from
Brittany)
le breton dialect of
Brittany
le bridge bridge (card
game)
le brouillard fog, mist
un bruit noise
brun, brune brown;
brown-haired

un bureau (*pl* **bureaux**) desk; office

le bureau de poste post office

C

ça that; **ça dépend de . . .** that depends on . . .; **ça va?** how are you? how's it going?; **ça va** all right; **ça va bien** things are going well; **ça veut dire . . .** that means . . .; **c'est ça** that's it, that's right; **ça ne fait rien** it doesn't matter

un cadeau (*pl* **cadeaux**) gift

un cadran solaire sundial

un café coffee; cafe; **café au lait** regular coffee (*i.e., with milk*)

un cahier notebook

une caisse cash register

un calcul calculation; **le calcul** calculus, arithmetic

une calculatrice calculator

le Canada Canada

canadien, canadienne Canadian

une cantine (school) cafeteria

capable (de) capable (of)

un capitaine captain

un capot hood (*of a car*)

une carotte carrot

carré(e) square

une carte map; **les cartes** playing cards

un casque helmet

casser to break

une cassette cassette tape

un cauchemar nightmare

une cave cellar

ce (cet), cette this, that

ceci this

cela that

cent one hundred

un centime *one-hundredth part of a franc*

un centre d'achats shopping center

le centre-ville downtown

les céréales (*f*) cereal

certainement (pas) certainly (not)

ces these, those

c'est it is, that is; **c'est**

ça that's it, that's right; **c'est combien?** how much does it cost?; **c'est dommage** that's too bad; **c'est la vie!** that's life!

une chaise chair

une chambre bedroom

le champagne champagne

la chance luck; **avoir de la chance** to be lucky; **quelle chance!** what luck!

chanter to sing

un chanteur, une chanteuse singer

chaque each

un chat cat

un château (*pl* **châteaux**) castle

chaud hot; **avoir chaud** to be hot; **il fait chaud** it's hot (out)

les chaussettes (*f*) socks

les chaussures (*f*) shoes

un chef boss, chief; chef

un chemin path, road, way

une chemise shirt

une chemise de nuit nightgown

un chèque check

cher, chère dear; expensive

chercher to look for

les cheveux (*m pl*) hair

chez at (to) the house of; **chez moi** at (to) my house; **chez toi** at (to) your house; **chez lui** at (to) his house; **chez elle** at (to) her house

chic! neat! great! terrific!

chic alors! great! terrific!

un chien dog

la chimie chemistry

chinois, chinoise Chinese

le chinois Chinese (language)

le chocolat chocolate, hot chocolate

choisir to choose

un choix choice

une chose thing

chronométrer to time (*i.e., a race*)

la chronométrie timing, time-keeping

chut! sh-h-h! quiet!

le cinéma movies, movie

theater

cinq five

cinquante fifty

cinquième fifth

les circonstances (*f*) circumstances

circuler to move (on) (*i.e., traffic*)

les ciseaux (*m*) scissors

une classe class, classroom

une clé key

un(e) client(e) customer

les clignotants (*m*) directional lights (*car*)

un club club

un coca Coca-Cola

un coffre trunk (of a car)

un coiffeur, une coiffeuse hairdresser

un coin corner

une collection collection

un collège junior high school (*France*)

une colline hill

combien? how much? how many? **combien de?** how much? how many? **combien font . . .?** how much are . . .?; **c'est combien?** how much does it cost?

une comédie comedy (show)

comique funny

comme like, as

comme cela thus, in this way

comme ci, comme ça so-so

un commencement beginning

commencer to begin, to start

comment how; what

comment allez-vous? how are you? (*formal*)

comment est (sont) . . .? what does (do) . . . look like?

comment t'appelles-tu? what's your name? (*informal*)

comment vas-tu? how are you? (*informal*)

comment vous appelez-vous? what is your name? (*formal*)

un comptable accountant

un complet suit (men's)

comprendre to understand

297

un **comte** count
un **concert** concert
conduire to drive
une **conférence** conference
la **confiture** jam
confortable comfortable
connaître to know;
  connu known
une **conséquence** consequence
un **contact** contact
content(e) happy
contre against
le **contrôle** control
un **copain** pal, friend
une **copine** pal, friend
le **coq au vin** *chicken in wine
  sauce*
un **corps** body
la **Côte d'Ivoire** Ivory Coast
un **cou** neck
une **couleur** color
un **couloir** hallway
une **cour** playground;
  courtyard
un **cours** course, class
la **course à pied** running,
  footrace
un **cousin, une cousine** cousin
coûter to cost; **coûter
  cher** to be expensive;
une **cravate** necktie
un **crayon** pencil
créer to create, to cause
une **crêpe** pancake
un **cri** yell, shout
crier to yell, to shout
croire to believe; **ils
  croient** they think, they
  believe
une **cuisine** kitchen; **la
  cuisine** cooking
culturel(le) cultural

D

d'abord first, at first
d'accord! okay! all
  right!
d'ailleurs besides
une **dame** lady; **les
  dames** checkers
le **Danemark** Denmark
un **danger** danger
**dangereux, dange-
  reuse** dangerous
dans in, into
danser to dance

d'après according to
la **date** date; **quelle est
  la date?** what is the
  date?
de of, from
décembre December
décider (de) to decide (to)
décoratif, décorative
  decorative
décorer to decorate
dédier to dedicate
un **degré** degree
  (*temperature*)
dehors outside
déjà already
déjeuner to eat breakfast,
  to eat lunch
le **déjeuner** lunch
demain tomorrow
demander to ask
  (for); **demander à
  (une personne)** to
  ask (*someone*);
  **demander son
  chemin** to ask one's
  way
demi(e) half
démontrer to demon-
  strate, to prove
un **(une) dentiste** dentist
les **dents** (*f*) teeth
dépendre (de) to de-
  pend (on)
dépenser to spend
  (*money*)
de rien you're welcome
dernier, dernière last
derrière behind
des some
descendre to go down
la **descente** downhill
  skiing
un **désir** wish
désirer to want, to
  wish for
un **dessert** dessert
le **dessin** art class
détester to hate, to
  detest
deux two
deuxième second
devant in front of
un **développement** development, progress
devoir to have to;
  il/elle doit he/she
  must, ought to

les **devoirs** (*m*)
  homework
d'habitude usually
un **dictionnaire**
  dictionary
différent(e) different
difficile difficult
une **difficulté** difficulty
la **diligence** care,
  diligence
dimanche Sunday
dîner to have dinner
le **dîner** dinner
dire (dit) to say, to
  tell
un **directeur, une directrice** principal
  (*school*); director
discuter (de) to talk
  (about), to discuss
disparaître to
  disappear
un **disque** record
dix ten
dix-huit eighteen
dixième tenth
dix-neuf nineteen
dix-sept seventeen
d'occasion second-
  hand
un **docteur** doctor
un **doigt** finger
les **dominos** (*m*)
  dominoes (*game*)
un **dommage** pity,
  shame; **c'est dom-
  mage** that's too bad
donc then
donner to give
le **dos** back
une **douzaine** dozen
douze twelve
droit(e) right, right-
  hand; **à droite** to
  the right; **tout
  droit** straight ahead
dur(e) hard, difficult
une **durée** duration

E

l'eau (*f*) water; **eau
  minérale** mineral
  water
les **échecs** (*m*) chess
un **eclair** flash of
  lightning

une école school
économe economical
l'économie (f)
   economy; saving;
   faire des économies
   to save money
économique economi-
   cal, cheap
écouter to listen (to)
écrire to write
un éditeur publisher
l'éducation physique
   (f) physical educa-
   tion, gym class
effrayé(e) frightened
une église church
l'Égypte (f) Egypt
eh bien well
élégant(e) elegant
un élément element
un éléphant elephant
un (une) élève student (gram-
   mar school age)
elle she, it, her
elles they (f)
embrasser to kiss; **je
   t'embrasse (je vous
   embrasse)** Love (let-
   ter closing)
une émission television
   program
emmener to bring
un emploi du temps
   schedule (student's)
**un employé, une
   employée** employee
en in, to
en avance early
en bon (excellent) état
   in good (excellent)
   condition
encore again
un endroit place
en face de across
   from, opposite
l'enfance (f) childhood
un (une) enfant child; **enfant
   unique** only child
enfin finally
un ennui (m) problem,
   annoyance
ennuyeux, ennuyeuse
   dull, boring
en réalité really
en retard late
en route! let's go!
ensemble together

un ensemble suit
   (women's)
en solde on sale,
   marked down
entendre to hear
entre between
en ville in the city; to
   the city
envoyer to send
une épaule shoulder
une épicerie grocery store
un épicier, une épicière
   grocer
une équipe team
un escalier staircase
un escargot snail
un espace space; **l'espace**
   outer space
l'Espagne (f) Spain
espagnol(e) Spanish
l'espagnol (m) Spanish
   (language)
**essayer (de) (il es-
   saie)** to try (to)
un essuie-glace wind-
   shield wiper
l'est (m) east
est-ce que ...? de-
   notes a question
un estomac stomach
et and
un étage floor, story (of a
   building); **à deux
   étages** two-story;
   au dixième étage
   on the tenth floor
   (Europe), on the
   eleventh floor (U.S.)
un état state; condition;
   **en bon (excellent)
   état** in good
   (excellent) condition
les États-Unis (m) United
   States
un été summer; **en été** in
   the summer
éteindre to turn off
   (i.e., lights)
étrange strange
être to be; **être content(e)
   de** to be glad; **être dans
   la lune** to daydream;
   être d'accord to agree
un(e) étudiant(e) student
étudier to study
eux them
évidemment evidently

exagérer to exaggerate
un examen test
excellent(e) excellent
excuser to excuse;
   excusez-moi
   excuse me
une extravagance extravagance; something
   foolish

F

fâché(e) angry
facile easy
facilement easily
la façon way, manner; **de
   la même façon que ...**
   in the same way that ...
un facteur mail carrier
faire to do, to make
faire attention (à) to pay
   attention (to)
faire beau to be nice
   (weather)
faire chaud to be hot
   (weather)
faire ... degrés to be ...
   degrees (weather)
faire de l'auto-stop to
   hitch-hike
faire de la natation to
   swim
faire des amis to make
   friends
faire des économies to
   save money
faire du camping to go
   camping
faire du soleil to be sunny
faire du sport to play
   sports
faire du vent to be windy
faire frais to be cool
   (weather)
faire froid to be cold
   (weather)
faire la vaisselle to wash
   the dishes
faire le tour de to go
   around, to tour
faire marcher to turn on
   (i.e., a machine)
faire mauvais to be bad
   weather
faire partie de to be
   part of, to belong to

faire sombre to be overcast, cloudy
faire un bon examen to do
well on a test
faire une promenade to
take a walk
faire un voyage to take a
trip
faire venir to send for, to
call (*i.e., a taxi*)
fameux, fameuse famous
une **famille** family
un **fana** fan
fantastique fantastic
un **fantôme** ghost
fauché(e) broke, without
money
faux, fausse false
favori, favorite favorite
félicitations!
congratulations!
une **femme** woman, wife
une **fenêtre** window
fermer to close
fermer à clé to lock
un **feu** traffic light
février February
une **fille** girl; daughter
un **film** film, movie
un **fils** son
une **fin** end
finir to finish
une **fleur** flower
le **foie** liver
le **football** soccer
formidable fantastic,
terrific
fou, folle crazy
frais cool; **il fait frais**
it's cool out
un **franc** *monetary unit of
France*
français, française French
le **français** French (language)
un **Français, une Française**
Frenchman,
Frenchwoman
la **France** France
franchement frankly
freiner to brake
un **frère** brother
un **frigo** refrigerator
les **frites** (*f*) French fries
froid cold; **avoir froid**
to be cold; **il fait froid**
it's cold out
un **fromage** cheese

le **front** forehead
un **fruit** fruit

G

gagner to earn; to win
un **garage** garage
un **garçon** boy; waiter
garder des enfants to
babysit
une **gare** train station
garer to park
un **gâteau** cake; **un gâteau
d'anniversaire** birthday
cake
gauche left, left-hand;
à gauche to the left
généralement generally
génial(e) fantastic
un **genou** (*pl* **genoux**) knee
gentil, gentille nice, kind
la **géographie** geography
la **géométrie** geometry
une **glace** ice cream; **glace à
la vanille (au choco-
lat)** vanilla (chocolate)
ice cream
le **golf** golf
une **gomme** eraser
une **gorge** throat
le **goût** taste; **le bon goût**
good taste
un **goûter** *afternoon snack of
French children*
un **gramme** gram
grand(e) big, large, tall
la **Grande Bretagne** Great
Britain
grandir to grow (up)
les **grands-parents** (*m*)
grandparents
un **gratte-ciel** (*pl* **des gratte-
ciel**) skyscraper
grave serious
grec, grecque Greek
le **grec** Greek (language)
une **grenouille** frog
une **grippe** flu
gris(e) gray
gros, grosse fat
un **groupe** group
un **guide** guide
une **guitare** guitar
un **gymnase** gymnasium

H

une **habileté** ability, skill
habiter to live; **habiter à**

(*ville*) to live in (*city*);
**habiter dans (maison,
appartement)** to live in
(*house, apartment*);
habiter en to live in
(*i.e., feminine country
name*)
un **hamburger** hamburger
haut(e) high, tall
la **haute cuisine** gourmet
cooking
une **heure** hour; time; **quelle
heure est-il?** what time
is it? **à quelle heure?**
at what time?; **à
l'heure** on time
heureusement fortunately
hier yesterday
une **histoire** history; story
l'hiver (*m*) winter; **en
hiver** in the winter
le **hockey** hockey
un **homme** man
un **hôpital** hospital
un **horaire** schedule (*i.e., bus,
train, plane*)
une **horloge** (wall) clock
un **hôtel** hotel
l'Hôtel de Ville (*m*) town
hall
une **hôtesse** stewardess
l'huile (*f*) oil (*cooking*)
huit eight
huitième eighth

I

ici here
une **idée** idea
il he, it
il faut it is necessary
il y a there is, there
are; **qu'est-ce qu'il
y a?** what is there?
il n'y a pas de quoi
you're welcome (*in
response to thanks*)
ils they (*m*)
un **immeuble** apartment
building
l'impatience (*f*)
impatience; **avec
impatience**
impatiently
important(e)
important
impossible impossible

inattendu(e) unexpected

un infirmier, une infirmière nurse

un ingénieur engineer

un instant moment; **à cet instant** at that moment

insupportable unbearable

intelligent(e) intelligent, smart

intéressant(e) interesting

s'intéresser à to be interested in

une interview interview

inventé(e) invented

un invité, une invitée guest

inviter to invite

l'Italie (*f*) Italy

italien, italienne Italian

l'italien (*m*) Italian (language)

J

jamais ever; never

une jambe leg

le jambon ham

janvier January

le Japon Japan

japonais(e) Japanese

le japonais Japanese (language)

un jardin garden, (back)yard

jaune yellow

je I

les jeans (*m*) jeans

jeudi Thursday

jeune young

une jeune fille girl

les jeunes (*m*) young people

la jeunesse young people, youth

joli(e) pretty

jouer à ... to play (*sport, game*)

un jour day; **jour de congé** holiday, day off; **les jours de la semaine** the days of the week

un journal (*pl* **journaux**) newspaper

un (une) journaliste reporter, journalist

une journée (work)day

juillet July

juin June

une jupe skirt

le jus d'orange orange juice

jusqu'à until

justement exactly, just so

K

un klaxon horn (*car*)

un kilogramme, un kilo kilogram

un kilomètre kilometer **à combien de kilomètres ...?** how many kilometers ...? **être à ... kilomètres de ...** to be ... kilometers from ...

L

la the (*definite article*); her, it (*direct object*)

là there

là-bas over there

laisser to leave, to let

le lait milk

une lampe de poche flashlight

une langue language

le the (*definite article*); him, it (*direct object*)

une leçon lesson

la lecture reading

le lendemain the next day

lentement slowly

les the (*def. art., pl*); them (*dir. obj.*)

une lettre letter

leur(s) their

la liberté liberty

un(e) libraire bookseller

une librairie bookstore

libre free

une ligne line

la limonade lemonade

lire to read; **lisons!** let's read!

un lit bed

un litre liter

un livre book

loin far; **loin de** far from

Londres London

lui him

une lumière light

lundi Monday

la lune moon; **être dans la lune** to daydream

un lycée high school (*France*)

M

ma my

Madame (Mme) ma'am, Mrs.

Mademoiselle (Mlle) Miss

un magasin store; **grand magasin** department store

un magnétophone tape recorder

magnifique great, fantastic

mai May

un maillot de bain bathing suit

une main hand; **à la main** on hand

maintenant now

mais but; **mais oui!** yes! (*emphatic*)

une maison house; **à la maison** at home

malade sick

maman Mom

manger to eat

manquer to miss (*bus, train, etc.*)

un manteau (*pl* **manteaux**) overcoat

marcher to work, to function (*machine*)

mardi Tuesday

mars March

un match match, game

les mathématiques (*f*) mathematics

les maths (*f*) math

un matin morning: **du matin** in the morning (a.m.)

mauvais(e) bad; **il fait mauvais** the weather is bad

un médecin doctor (*medical*)

meilleur(e) better

même same; even

menacer to threaten

merci thanks, thank you; **merci beaucoup**

thank you very much;
merci de . . . thanks
for . . .
mercredi Wednesday
une **mère** mother
mes my
le **mesurage** measurement
mesurer to measure
la **météo** weather report,
forecast
le **métro** subway
mettre la table to set the
table
mettre à l'épreuve to put
to the test
mexicain(e) Mexican
le **Mexique** Mexico
midi noon; **le midi** the
south (*part of a country*)
mille one thousand
un **million** one million
mince thin
minuit midnight
une **minute** minute
à mi-temps part-time
moderne modern
moi me; **moi aussi!** me
too!
moins less; minus
un **mois** month
mon my
mon Dieu! my goodness!
Monsieur (M.) Mister, sir
une **montagne** mountain
monter to board, to get on
(*i.e., a bus, train, etc.*)
une **montre** watch; **une
montre à affichage nu-
mérique** digital watch
montrer to show
un **morceau** (*pl* **morceaux**)
piece
un **moteur** motor
une **moto** motorcycle
un **mouvement** movement,
motion
un **moyen** means, way
un **musicien, une musicienne**
musician
la **musique** music

N

nager to swim
la **natation** swimming
naturellement naturally
un **navire** ship, boat

ne . . . jamais never
ne . . . personne no one
ne . . . plus no longer
ne . . . rien nothing
nécessaire necessary
la **neige** snow
neiger to snow; **il neige**
it's snowing
n'est-ce pas? isn't that so?
don't you?
neuf nine
neuf, neuve new (*brand
new*)
un **neveu** (*pl* **neveux**) nephew
neuvième ninth
le **nez** nose
une **nièce** niece
ni . . . ni neither . . . nor
noir(e) black
un **nom** name
un **nombre** number
nombreux, nombreuse numerous, many
non no
non plus either, neither;
moi non plus me
neither
le **nord** north
normal(e) normal
nos our
une **note** grade (*for a
course*)
notre our
la **nourriture** food
nouveau (nouvel), nouvelle
(*m pl* **nouveaux**) new (*to
the user*)
une **nouvelle** news
novembre November
un **nuage** cloud
une **nuite** night; **bonne nuit**
good night
un **numéro** number; **un numéro de téléphone** tele-
phone number

O

un **obstacle** obstacle
l'**obstination** (*f*)
stubbornness
d'occasion second-hand
occupé(e) busy
octobre October
un **oeil** (*pl* **yeux**) eye
oh là là! wow!
un **oignon** onion

une **omelette** omelet
on one, you, we, they (*any
indefinite person*); **on y
va?** shall we go there?
un **oncle** uncle
onze eleven
un **orage** storm
orange (*pl* **orange**) orange
(*color*)
une **orange** orange (*fruit*)
une **oreille** ear
un **oreiller** pillow
organiser to organize
ou or
où where
oublier to forget
l'**ouest** (*m*) west
oui yes
un **ours** bear
ouvrir to open

P

le **pain** bread
une **paire** pair
la **paix** peace
une **panne d'électricité**
blackout, electrical
failure
un **pantalon** pair of
pants
papa Dad
le **papier** paper
un **paquet** package
par by
parce que because
pardon? excuse me?;
what? (*I didn't hear
you*)
un **pare-brise** windshield
(*car*)
un **pare-choc** bumper
par exemple for example
parfaitement perfectly
un **parfum** perfume
un **parking** parking
place, lot
parler to speak, to
talk
parmi among
partir to leave
partout everywhere
pas not; **pas de
problème!** no prob-
lem! **pas encore**
not yet; **pas mal**
not bad; **pas très**

bien not very well
un passager passenger
passer to spend (*time*); **passer sur** to cross
le patinage sur glace ice skating
une pâtisserie bakery (*pastries*)
un pâtissier, une pâtissière baker, pastry chef
un patron boss
payer to pay
un pays country
les Pays-Bas (*m*) Netherlands
pendant during
une pendule clock
pénible terrible; a pain
penser (à) to think (about); **penser (de)** to think (of, about); **qu'en pensez-vous?** what do you think of that?
perdre to lose; **perdre connaissance** to lose consciousness
un père father
perfectionné(e) perfected
la performance performance (*i.e., of a car, runner, etc.*)
un permis license
la permission permission
une personne person
personnel(le) personal
petit(e) little, small
le petit déjeuner breakfast
peu little, few
un peu a little
la peur fear; **avoir peur** to be afraid
peut-être maybe, perhaps
un phare headlight
une pharmacie pharmacy, drugstore
un pharmacien, une pharmacienne pharmacist
une photo photo(graph)

un(e) photographe photographer
la physique physics
une pièce room (*of a house*)
un pied foot
une pile battery
un pilote pilot
un pique-nique picnic
une piscine swimming pool
une place seat (*on plane, train, etc.*); square (*town*)
placer des fonds to invest money
plaire to please; **s'il vous plaît (s'il te plaît)** please
plaisanter to joke, to kid
un plaisir pleasure; **avec plaisir** gladly
un plancher floor (*of a room*)
une planète planet
une plaque (d'immatriculation) registration plate (*car*)
plein(e) de ... full of ...
pleurer to cry
pleuvoir to rain; **il pleut** it's raining
la pluie rain
plus de more, more than
plus tard later
un pneu tire
une poche pocket
un policier detective story
une pomme apple
un pont bridge
populaire popular
une porte door; gate (airport)
porter to wear
une portière door (*of a car*)
portugais(e) Portuguese
le portugais Portuguese (language)
un poster poster
un poulet chicken
une poupée doll

pour for; in order to
pourquoi? why?
pouvoir to be able to
préférer to prefer
premier, première first
prendre to take
prendre feu to catch fire
une préoccupation worry
une préparation preparation
préparer to prepare
près de near
présenter to present, to introduce; **je te (vous) présente X** I'd like to introduce X to you
un président president
presque almost
pressé(e) in a hurry
le printemps spring; **au printemps** in the spring
un problème problem; **pas de problème!** no problem!
un prof teacher (*slang*)
un professeur teacher
un programmeur d'ordinateurs computer programmer
un projet plan, project
une promenade walk; **faire une promenade** to take a walk
un (une) propriétaire owner
puis then
un pull, un pull-over pullover, sweater
un pupitre desk (*student's*)

Q

quand when
quarante forty
un quartier neighborhood, quarter (*of a city*); **le Quartier Chinois** Chinatown
quatorze fourteen
quatre four
quatre-vingt-dix ninety
quatre-vingts eighty
quatrième fourth

que what, that
quel, quelle what, which
quelquefois sometimes
qu'est-ce que ...? what ...?
  qu'est-ce que c'est? what is it? what is this? what are these? **qu'est-ce que c'est comme ...?** what kind of ... is it?
  qui who; **qui est-ce?** who is it?
quinze fifteen
quitter to leave (*a place*)
quoi? what?

R

radin(e) stingy, tight
une **radio** radio
un **radio-réveil** clock radio
une **raison** reason; **avoir raison** to be right
raisonnable reasonable
ramasser to collect, to gather, to pick up
un **rang** row
ranger to tidy, to clean up
rapide fast
un **rapporteur** retractor
une **raquette de tennis** tennis racket
la **réalité** reality; **en réalité** in reality, really
recevoir (reçois) to receive
recommencer to begin again
reconnaître to recognize
une **rédaction** essay, composition
réfléchir (à) to reflect, to think (about)
refuser (de) to refuse (to)
regarder to look (at); **regarde!** look! **regarde l'heure!** look what time it is!
une **règle** ruler
régler to regulate
regretter to be sorry
réguler to regulate
remarquer to notice
remonter to date back to (*i.e., historical event, fossils, etc.*)
rencontrer to meet
un **rendez-vous** appointment, date

la **rentrée des classes** first day of school
rentrer to return home
  rentrer dans to crash into
un **repas** meal
répondre (à) to answer
un **restaurant** restaurant
rester to stay, to remain
un **résultat** result
rétablir to re-establish
le **retour** return
retourner to return, to go back
une **réunion** meeting
un **réveil** alarm-clock
revenir (reviens, revient) to come back
une **revue** magazine
un **rez-de-chaussée** ground floor; first floor (*U.S.*)
rien nothing
une **robe** dress
le **rosbif** roast beef
une **roue** wheel
rouge red
roux, rousse red-haired
une **rue** street
russe Russian
le **russe** Russian (language)

S

sa his, her, its
un **sablier** hourglass
une **saison** season; **quelle est la saison?** what season is it?
une **salade** salad
une **salle à manger** dining room
une **salle de bains** bathroom
une **salle de classe** classroom
une **salle de séjour** living room
un **salon** living room
salut! hi!
samedi Saturday; **le samedi** on Saturdays
les **sandales** (*f*) sandals
un **sandwich** (*pl sandwichs*) sandwich
sans without
sans doute no doubt,

without a doubt
la **santé** health
sauf except
le **saut en hauteur** high jump
le **saut en longueur** broad jump
sauver to save
saviez: le saviez-vous? did you know?
savoir (sais, sait) to know; **je ne sais pas** I don't know
une **scène** scene
les **sciences** (*f*) sciences
sec, sèche dry
une **seconde** second
un (une) **secrétaire** secretary
seize sixteen
selon according to
une **semaine** week
le **Sénégal** Senegal
un **sens** meaning, sense; **ça n'a pas de sens** that doesn't make any sense
sept seven
septembre September
septième seventh
sérieux, sérieuse serious
ses his, her, its
seul(e) alone, single, only
sévère strict
un **short** shorts
si if
si! yes! (*when contradicting a negative*)
un **siècle** century
signaler to indicate, to point out
silence! silence! quiet!
s'il te plaît please (*familiar*)
s'il vous plaît please (*formal*)
une **situation** situation, location
six six
sixième sixth
un **snack(-bar)** snackbar
la **sociabilité** sociability
une **soeur** sister
un **soir** evening; **du soir** in the evening (p.m.); **le soir** in

the evening, evenings; **ce soir** tonight

soixante sixty

soixante-dix seventy

un solde sale; **en solde** on sale

le soleil sun; **il fait du soleil** it's sunny

une solution solution

sombre: il fait sombre it's overcast, cloudy

le sommeil sleepiness; **avoir sommeil** to be sleepy

son his, her

sonner to ring

sortir de to leave, to go out of

soudain suddenly

une soupe soupe

sourd(e) deaf

une souris mouse

sous under

un sous-directeur, une sous-directrice vice-principal

un sous-sol basement

un souvenir souvenir

souvent often

un speaker radio announcer

un sport sport; **faire du sport** to play sports

un stade stadium

une station de radio radio station

un stylo pen

subitement suddenly

le sucre sugar

le sud south

la Suisse Switzerland

la suite continuation

suivant(e) following

suivre to follow; **suivez-moi** follow me; **à suivre** to be continued

un supermarché supermarket

sur on, on top of

sûrement surely, certainly

une surprise surprise

une surprise-partie party (*in general*)

survoler to fly over

sympathique (sympa) nice, pleasant

T

ta your

une table table

un tableau blackboard

une taille size (*of clothing*)

un tailleur suit (*women's*)

un talent talent

une tante aunt

tard late

un taxi taxi

un tee-shirt tee shirt

la télé TV; **à la télé** on TV

un téléphone telephone; **au téléphone** on the telephone

téléphoner (à) to telephone, to call

la télévision television

la température temperature

le temps time; weather; **je n'ai pas le temps** I don't have enough time; **quel temps fait-il?** how's the weather? **de temps en temps** from time to time

le tennis tennis; **les tennis** sneakers

la Terre Earth

tes your

la tête head

le thé tea

un théâtre theater

tiens! hey!

un tiroir drawer

toi you

une toilette lavatory

une tomate tomato

tomber to fall; **tomber en panne** to break down, to fail

ton your

le tonnerre thunder, thunderclap

toujours always

un tour tour, trip

une tour tower

un (une) touriste tourist

un tourne-disque record player

tout, toute (*m pl* **tous**) all, every; **tous les deux** both; **tous les quatre** all four; **tous les jours**

every day

tout à coup all of a sudden

tout de suite immediately, right away

tout droit straight ahead

tout le monde everyone, everybody

un train train

tranquille calm, peaceful

un travail job; work; **au travail!** (let's) get to work!

travailler to work; **travailler dur** to work hard

treize thirteen

trembler to shake, to tremble

trente thirty

très very; **très bien** very well

tricher to cheat

le trictrac backgammon

la trigonométrie trigonometry

triste sad

trois three

troisième third

trop too much, too many; **trop de** too much, too many

trouver to find; **comment trouves-tu . . .?** what do you think of . . .?

tuer to kill

typique typical

U

un one

un, une a, an (indefinite article), one

une université university

V

les vacances (*f*) vacation

la vaisselle dishes; **faire la vaisselle** to do (wash) the dishes

une **valise** suitcase
un **vélo** bike
un **vélomoteur** moped
un **vendeur, une vendeuse** salesperson
vendre to sell; **à vendre** for sale
vendredi Friday
venir to come
le **vent** wind; **il fait du vent** it's windy
le **ventre** abdomen
un **verre** glass
vers toward; about
vert(e) green
une **veste** sports jacket
les **vêtements** (*m*) clothes
la **viande** meat
la **vie** life; **c'est la vie!** that's life!
vieux (vieil), vieille (*m pl* **vieux**) old
une **ville** city; **en ville** in town

le **vin** wine
vingt twenty
violet, violette violet, purple
une **visite-échange** exchange visit
visiter to visit
vite quickly, fast
vive ...! long live ...!
voici here is, here are
voilà there is, there are
voir to see
un **voisin, une voisine** neighbor
une **voiture** car; **une voiture de sport** sportscar
une **voix** voice
un **vol** robbery; flight
un **volant** steering wheel
un **voleur** robber; flier
le **volley-ball** volleyball
volontiers! gladly, willingly!
vos your
votre your

vouloir to want
vouloir dire to mean; **ça veut dire** that means
vous you
un **voyage** trip; **faire un voyage** to take a trip
vrai(e) true
vraiment really
une **vue** view

W

un **week-end** weekend
un **western** western

Y

y there
les **yeux** (*sing* **un oeil**) eyes

Z

le **Zaïre** Zaire
zéro zero
zut! darn!

VOCABULAIRE ANGLAIS–FRANÇAIS

A

a, an un, une
abbreviation une abréviation
abdomen le ventre
ability une habileté
about vers (*time*)
absence une absence
accident un accident
according to d'après, selon
accountant un comptable
across from en face de
action une action
activity une activité
actor un acteur
actress une actrice
address une adresse
adolescence l'adolescence (*f*)
to **adore** adorer
adventure (*story*) une aventure
advertisement une annonce
afraid effrayé(e); **to be afraid** avoir peur
after all après tout
afternoon un après-midi
after school après les classes
again encore
against contre
age l'âge (*m*)
to **agree** être d'accord
airplane un avion
airport un aéroport
alarm-clock un réveil
algebra l'algèbre (*f*)
Algeria l'Algérie (*f*)
all tout, toute (*m pl* tous); **all four** tous les quatre; **all of a sudden** tout à coup; **all right** ça va; d'accord
almost presque
alone seul(e)
already déjà
also aussi
always toujours
American américain, américaine
among parmi
ancient ancien, ancienne

(*after a noun*)
and et
angel un ange
angle un angle
angry fâché(e)
animal un animal (*pl* animaux)
another un (une) autre
to **answer** répondre (à)
apartment un appartement; **apartment building** un immeuble
apple une pomme
to **apply** appliquer
appointment un rendez-vous
April avril
Arab un (une) Arabe
Arabic arabe; l'arabe (*m*) (*language*)
architect un architecte
architecture l'architecture (*f*)
arm un bras
arrival l'arrivée (*f*)
to **arrive** arriver
art l'art (*m*); **art class** le dessin
artist un (une) artiste
as comme
to **ask (for)** demander; **to ask (someone)** demander à (*une personne*); **to ask one's way** demander son chemin
aspect un aspect
aspirin une aspirine
assistant principal un sous-directeur, une sous-directrice
at à
at least au moins
to **attach** attacher
to **attract** attirer
August août
aunt une tante
Austria l'Autriche (*f*)
autumn l'automne (*m*)

B

Babylonia la Babylonie
to **babysit** garder des enfants

back le dos
backgammon le trictrac
backyard un jardin
bad mauvais(e)
baker un boulanger, une boulangère (*bread*); un pâtissier, une pâtissière (*pastries*)
bakery une boulangerie (*bread*); une pâtisserie (*pastries*)
ballpoint pen un stylo
banana une banane
bank une banque
banker un banquier, une banquière
basement un sous-sol
basketball le basket-ball
bathing suit un maillot de bain
bathroom une salle de bains
battery une pile
to **be** être; **to be glad** être content(e) de
to **be able to** pouvoir
to **be afraid** avoir peur
to **be cold** avoir froid (*person*); faire froid (*weather*)
to **be continued** (i.e., *as a story episode*) à suivre
to **be cool** (*weather*) faire frais
to **be hot** avoir chaud (*person*); faire chaud (*weather*)
to **be hungry** avoir faim
to **be interested in** s'intéresser à
to **be lucky** avoir de la chance
to **be nice** faire beau (*weather*)
to **be overcast** faire sombre
to **be right** avoir raison
to **be sleepy** avoir sommeil
to **be sorry** regretter
to **be sunny** faire du soleil
to **be thirsty** avoir soif
to **be windy** faire du vent
to **be . . . years old** avoir . . . ans
bear un ours
beautiful beau (bel), belle (*m pl* beaux)
because parce que; **because of** à cause de

307

bed un lit
bedroom une chambre
beer une bière
to begin commencer; **to begin again** recommencer
beginning un commencement
behind derrière
Belgium la Belgique
to believe croire
to belong to faire partie (de)
beside à côté de
besides d'ailleurs
better meilleur(e)
between entre
beverage une boisson
big grand(e)
bike un vélo; **to go by (ride a) bike** aller en vélo
bikini un bikini
biology la biologie
birthday un anniversaire
birthday cake un gâteau d'anniversaire
black noir(e)
blackboard un tableau
blackout une panne d'électricité
blonde blond(e)
blouse une blouse
blue bleu(e)
to board (*i.e., a bus, train*) monter
boat un bateau; un navire (*ship*)
body un corps
book un livre
bookseller un(e) libraire
bookstore une librairie
boots les bottes (*f*)
bordered bordé(e)
boss un chef; un patron
both tous les deux
bottle une bouteille
boulevard un boulevard
box une boîte
boy un garçon
to brake freiner
bread le pain
to break casser
to break down tomber en panne
breakfast le petit déjeuner; **to eat breakfast** déjeuner
bridge un pont (*structure*); le bridge (*card game*)
to bring apporter (*something to someone*)
broad jump le saut en

longueur
broke (*slang*) fauché(e)
brother un frère
brown brun, brune; **brown-haired** brun, brune
buddy un copain, une copine
building un bâtiment; **apartment building** un immeuble; **Parliament Buildings** les bâtiments du Parlement
bumper un pare-choc
bus un autobus
business les affaires (*f pl*)
busy occupé(e)
but mais
butcher un boucher, une bouchère
butcher shop une boucherie
butter le beurre
to buy acheter
by par; **by bus** en autobus; **by car** en auto; **by plane** en avion; **by the way** à propos

C

cafeteria (*school*) une cantine
cake un gâteau
calculation un calcul
calculator une calculatrice
calculus le calcul
to call téléphoner (à) (*on the phone*); faire venir (*i.e., a taxi*)
calm tranquille
camping le camping; **to go camping** faire du camping
can une boîte
Canada le Canada
Canadian canadien, canadienne
candle une bougie
candy un bonbon
capable (of) capable (de)
captain un capitaine
car une auto; une voiture
carrot une carotte
cash register une caisse
cassette tape une cassette
castle un château (*pl* chateaux)
cat un chat
to catch fire prendre feu

to cause créer
cellar une cave
century un siècle
cereal les céréales (*f*)
certainly certainement; sûrement; bien sûr
chair une chaise
champagne le champagne
cheap économique; économe
to cheat tricher
check un chèque
checkers (*game*) les dames
cheese un fromage
chemistry la chimie
chess les échecs (*m*)
chicken un poulet
child un(e) enfant
childhood l'enfance (*f*)
Chinatown le Quartier Chinois
Chinese chinois, chinoise; le chinois (*language*)
chocolate le chocolat (*solid and beverage*)
choice un choix
to choose choisir
church une église
circumstances les circonstances (*f*)
city une ville
class un cours, une classe
classroom une (salle de) classe
clay l'argile (*f*)
to clean up ranger
clock une horloge, une pendule
clock radio un radio-réveil
to close fermer
clothing les vêtements (*m*)
cloud un nuage; **it's cloudy** il fait sombre
club un club
Coca-Cola le coca-cola; **Coke** un coca
coffee un café
cold froid; **to be cold** avoir froid (*person*), faire froid (*weather*)
to collect ramasser
collection une collection
color une couleur
to come venir
to come back revenir (*reviens, revient*)
comedy (show) une comédie

comfortable confortable
compass une boussole
composition une rédaction
computer programmer un programmeur d'ordinateurs
concert un concert
condition un état; **in good (excellent) condition** en bon (excellent) état
conference une conférence
congratulations félicitations (f)
consequence une conséquence
contact un contact
continuation la suite; **to be continued** à suivre
control le contrôle
cooking la cuisine
cool frais; **to be cool** faire frais (weather)
corner un coin
to **cost** coûter
count un comte
country un pays
course un cours
courtyard une cour
cousin un cousin, une cousine
to **crash into** rentrer dans
crazy fou, folle
to **create** créer
to **cross** passer sur
to **cry** pleurer
cultural culturel(le)
customer un client, une cliente

D

Dad papa
to **dance** danser
danger un danger
dangerous dangereux, dangereuse
darn! zut!
date la date; un rendez-vous; **to have a date** avoir rendez-vous
to **date back to** (i.e. historical event, fossils, etc.) remonter à
daughter une fille
day un jour; **day off** jour de congé; **the next day** le lendemain; **the day before** la veille

to **daydream** être dans la lune
deaf sourd(e)
dear cher, chère
December décembre
to **decide (to)** décider (de)
to **decorate** décorer
decorative décoratif, décorative
to **dedicate** dédier
degree (temperature) un degré; **to be ... degrees** (weather) faire ... degrés
to **demonstrate** démontrer
Denmark le Danemark
dentist un (une) dentiste
department store un grand magasin
to **depend (on)** dépendre (de)
desk un bureau; un pupitre
dessert un dessert
detective story un policier
devastated bouleversé(e)
development un développement
dial une aiguille
dictionary un dictionnaire
different différent(e)
difficult difficile, dur(e)
difficulty une difficulté
digital watch une montre à affichage numérique
dining room une salle à manger
dinner le dîner
directional lights (car) les clignotants (m)
director un directeur, une directrice
to **disappear** disparaître
to **discuss** discuter (de)
dish une assiette; **to do the dishes** faire la vaisselle
to **do** faire; **to do the dishes** faire la vaisselle; **to do well on a test** faire un bon examen
doctor (medical) un médecin; un docteur
dog un chien
doll une poupée
dominoes (game) les dominos (m)
door une porte; une portière (of a car)
doubt le doute; **without a doubt** sans doute
downtown le centre-ville
dozen une douzaine

drawer un tiroir
drawing le dessin
to **drench** arroser
dress une robe
to **drive** conduire
driver un conducteur, une conductrice
drugstore une pharmacie
dry sec, sèche
dull ennuyeux, ennuyeuse
duration une durée
during pendant

E

each chaque
ear une oreille
early en avance
to **earn** gagner
Earth la Terre
easily facilement
east l'est (m)
easy facile
to **eat** manger, prendre; **to eat breakfast** déjeuner; **to eat lunch** déjeuner; **to eat dinner** dîner
economical économe, économique
economy l'économie (f)
Egypt l'Égypte (f)
eight huit
eighteen dix-huit
eighth huitième
eighty quatre-vingts
either non plus
electrical failure une panne d'électricité
elegant élégant(e)
element un élément
elephant un éléphant
elevator un ascenseur
eleven onze
employee un employé, une employée
to **empty into** (i.e., a river) se jeter
end une fin
engineer un ingénieur
England l'Angleterre (f)
English anglais, anglaise; l'anglais (m) (language)
Englishman un Anglais
Englishwoman une Anglaise
enjoy your meal! bon appétit!
enough assez (de)
eraser une gomme

essay une rédaction
even même
evening un soir; **in the evening** le soir; du soir
ever jamais
every tout, toute (*m pl* tous); **every day** tous les jours
everybody, everyone tout le monde
everywhere partout
exactly justement
excellent excellent(e)
except sauf
exchange visit une visite-échange
to excuse excuser; **excuse me** excusez-moi; **excuse me?** (*I didn't hear you*) pardon?
expensive cher, chère; **to be expensive** coûter cher
extravagance une extravagance
eye un oeil (*pl* yeux)

F

to fail tomber en panne (*i.e., lights, car, etc.*)
fall (*season*) l'automne (*m*); **in the fall** en automne
to fall tomber
false faux, fausse
family une famille
famous fameux, fameuse
fan (*i.e., sports*) un fana
fantastic fantastique, formidable, génial(e) (*idea*)
far loin; **far from** loin de
fast rapide; vite
fat gros, grosse; **to get fatter** grossir
father un père
favorite favori, favorite
February février
to feel like avoir envie de
fender une aile
few peu
fifteen quinze
fifth cinquième
fifty cinquante
film un film
finally enfin
to find trouver
finger un doigt

to finish finir
fire un feu; **to catch fire** prendre feu
first d'abord (*adverb*); premier, première (*adj.*); **first day of school** la rentrée des classes; **first floor** (*U.S.*) le rez-de-chaussée
five cinq
flashlight une lampe de poche
flier un voleur
flight un vol
floor un étage (*story*); un plancher (*room*)
flower une fleur
flu une grippe
to fly voler; **to fly over** survoler
fog le brouillard
to follow suivre; **follow me!** suivez-moi! **following** suivant(e)
food la nourriture
foot un pied
footrace une course à pied
for pour
for example par exemple
for sale à vendre
forecast la météo
forehead le front
to forget oublier
former ancien, ancienne (*before a noun*)
fortunately heureusement
forty quarante
four quatre
fourteen quatorze
fourth quatrième
France la France
frankly franchement
free libre
French français, française; le français (*language*)
French-fries les frites (*f*)
Frenchman un Français
Frenchwoman une Française
Friday vendredi
friend un ami, une amie; un copain, une copine; **your friend** (*close of letter*) amicalement
frightened effrayé(e)
frog une grenouille
from de; **from time to**

time de temps en temps
front: in front of devant
fruit un fruit
full of . . . plein(e) de . . .
to function marcher (*machine*)
funny comique
future l'avenir (*m*)

G

game un jeu; un match (*competition*)
garage un garage
garden un jardin
gate une porte (*airport*)
to gather ramasser
generally généralement
geography la géographie
geometry la géométrie
German allemand, allemande; l'allemand (*m*) (*language*)
Germany l'Allemagne (*f*)
to get on (*i.e., a bus, train, etc.*) monter dans
get to work! au travail!
ghost un fantôme
gift un cadeau (*pl* cadeaux)
girl une (jeune) fille
to give donner
gladly avec plaisir, volontiers
glass un verre
to go aller; **to go by airplane** aller en avion; **to go by bicycle** aller en vélo, aller en bicyclette; **to go by boat** aller en bateau; **to go by bus** aller en autobus; **to go by car** aller en auto, aller en voiture; **to go by moped** aller en vélomoteur; **to go by motorcycle** aller en moto, **to go by subway** aller en métro; **to go by taxi** aller en taxi; **to go by train** aller en train
to go around faire le tour de
to go back retourner
to go camping faire du camping
to go down descendre
to go out (of) sortir (de)
to go to bed aller au lit

golf le golf

good bon, bonne; **good morning, good day** bonjour; **good evening** bonsoir; **good night** bonne nuit; **good taste** le bon goût; **good-bye** au revoir, adieu (*forever*)

gourmet cooking la haute cuisine

grade une note (*for a course*)

gram un gramme

granddaughter une petite-fille

grandfather un grand-père

grandmother une grand-mère

grandparents les grands-parents

grandson un petit-fils

gray gris(e)

great chic! chic alors! magnifique!

Great Britain la Grande-Bretagne

Greek grec, grecque; le grec (*language*)

green vert(e)

grocer un épicier, une épicière

grocery store une épicerie

ground floor un rez-de-chaussée

group un groupe

to **grow** grandir

guest un invité, une invitée

guide un guide

guitar une guitare

gym class l'éducation physique

gymnasium un gymnase

gymnastics la gymnastique

H

hair les cheveux (*m*); **he (she) has red hair** il (elle) est roux (rousse)

hairdresser un coiffeur, une coiffeuse

half demi(e)

hallway un couloir

ham le jambon

hamburger un hamburger

hand une main; une aiguille (*hand of a clock*)

happy content, contente; **happy birthday!** bon anniversaire!

hard dur(e)

to **hate** détester

to **have** avoir; **to have time** avoir le temps; **to have a ... ache, to have a sore ...** avoir mal à; **to have breakfast** (*or* **lunch**) déjeuner; **to have dinner** dîner; **to have the chance to** avoir l'occasion de

he il

head la tête

headlight un phare

health la santé

to **hear** entendre

hello bonjour; allô! (*on the telephone*)

helmet un casque

to **help** aider

her elle; la; son, sa, ses

here ici; **here is (here are)** voici

hey! tiens!

hi! salut!

high haut(e)

high jump le saut en hauteur

high school un lycée (*France*)

hill une colline

him lui; le (*dir. obj.*)

his son, sa, ses

history l'histoire (*f*)

to **hitch-hike** faire de l'auto-stop

hockey le hockey

holiday un jour de congé

home une maison; **at home** à la maison; **at the home of ...** chez ...

homework les devoirs (*m*)

hood (of a car) un capot

horn (car) un klaxon

hospital un hôpital

hot chaud; **to be hot** avoir chaud (*person*): faire chaud (*weather*)

hot chocolate le chocolat

hotel un hôtel

hour une heure

hourglass un sablier

house une maison; **at X's house** chez *X*

how? comment?; **how are you?** comment allez-vous? (*formal*); comment vas-tu? (*informal*); **how do I get to ...?** pour aller à ...? **how many?** combien (de)?; **how much are ...?** combien font ... ?; **how much does it cost?** c'est combien? **how's it going** ça va?; **how's the weather?** quel temps fait-il?

to be **hungry** avoir faim

hurry: to be in a hurry être pressé

hurt blessé(e)

I

I je

ice cream une glace; **vanilla ice cream** glace à la vanille; **chocolate ice cream** glace au chocolat

ice skating le patinage sur glace

idea une idée

if si

impatience l'impatience (*f*); **impatiently** avec impatience

important important(e)

impossible impossible

in à; dans; en; **in a hurry** pressé(e); **in fact** en effet; **in front of** devant; **in my opinion** à mon avis; **in order to** pour; **in reality** en réalité; **in the afternoon** de l'après-midi; **in the city** en ville; **in the evening** du soir; **in the middle of** au milieu de; **in the morning** du matin; **in the same way that ...** de la même façon que ...

to **indicate** signaler

intelligent intelligent(e)

to be interested in s'intéresser
à
interesting intéressant(e)
interview une interview
into dans
to introduce présenter; **I'd
like to introduce X to
you** je te présente X
invented inventé(e)
to invest money placer des
fonds
to invite inviter
isn't that so? n'est-ce
pas?
it il, elle (*subj. pron.*); le,
la (*direct object*); **it
is** c'est
Italian italien, italienne;
l'italien (*m*) (*language*)
Italy l'Italie (*f*)
its son, sa, ses
Ivory Coast la Côte
d'Ivoire

J

jam la confiture
January janvier
Japan le Japon
Japanese japonais(e)
jeans les jeans (*m*)
job un travail
to joke plaisanter
journalist un (une)
journaliste
July juillet
June juin
junior high school un collège (*France*)
just so justement

K

to keep one's cool avoir du
sang froid
key une clé
to kid plaisanter
to kill tuer
kilogram un kilogramme,
un kilo
kilometer un kilomètre;
**to be ... kilometers
from ...** être à ...
kilomètres de ... **how
many kilometers ...?**
à combien de
kilomètres ...?
kind aimable; gentil,
gentille
kitchen une cuisine
knee un genou (*pl.* genoux)
to know connaître (*person,
place*); savoir (sais, sait)
(*facts*); **I don't know** je
ne sais pas
known connu(e)

L

lady une dame, une femme
language une langue
large grand(e)
last dernier, dernière
late en retard; tard
later plus tard
lavatory une toilette
lawyer un avocat, une
avocate
to learn apprendre
to leave laisser (*something*);
sortir de (*building*); quitter (*place*); partir
left gauche
leg une jambe
lemonade la limonade
less moins
lesson une leçon
to let laisser; **let's go!** allons-
y!; **let's read!** lisons!
letter une lettre
liberty la liberté
librarian un (une)
bibliothécaire
library une bibliothèque
license un permis (de
conduire)
life la vie
light une lumière
lightning flash un éclair
like comme
to like aimer; **to like very
much** aimer bien, adorer
line une ligne
to listen (to) écouter
liter un litre
little petit(e) (*adj.*); **(a) little** (un) peu
to live habiter; **to live in
(city)** habiter à (*ville*); **to
live in (house, apartment)**
habiter dans (*une maison,
un appartement*); **to live
in (feminine country
name)** habiter en ...
liver le foie

living room une salle de
séjour; un salon
location une situation
to lock fermer à clé
London Londres
long live ...! vive ...!
look un aspect (*appearance*),
un regard (*glance*)
to look (at) regarder; **look!**
regarde!; **look what time
it is!** regarde l'heure!
to look for chercher
**to look like: what does (do) ...
look like?** comment est
(sont) ...?
to lose perdre; **to lose consciousness** perdre con-
naissance
to love adorer, aimer; **love
... (letter closing)** je
t'embrasse (je vous em-
brasse) ...
luck la chance; **to be
lucky** avoir de la chance
lunch le déjeuner

M

ma'am Madame
magazine une revue
magnificent magnifique
mail carrier un facteur
to make faire; **to make
friends** faire des amis
man un homme, un
monsieur
manner la façon
many beaucoup (de); nombreux, nombreuse
map une carte
March mars
marked down en solde
match un match
math les maths (*f*)
mathematics les mathématiques (*f*)
to matter: it doesn't matter ça
ne fait rien
May mai
maybe peut-être
me moi; **me neither** moi
non plus; **me too** moi
aussi
meal un repas
to mean vouloir dire; **that
means** ça veut dire

meaning un sens
means un moyen
to **measure** mesurer
measurement le mesurage
meat une viande (*general*)
to **meet** rencontrer
meeting un rendez-vous;
une réunion
Mexican mexicain(e)
Mexico le Mexique
midnight minuit
milk le lait
mineral water l'eau minérale (*f*)
minus moins
minute une minute
Miss Mademoiselle, Mlle
to **miss (*bus, train,***
***etc.*)** manquer
mist le brouillard
Mister Monsieur, M.
modern moderne
mom maman
moment un instant
Monday lundi
money l'argent (*m*);
spending money
l'argent de poche
month un mois
moon la lune
moped un vélomoteur
more de plus (*extra*); plus
de (*additional*); **more**
than plus de
morning un matin; **in the**
morning du matin
mother une mère
motion un mouvement
motor un moteur
motorcycle une moto
mountain une montagne
mouse une souris
mouth une bouche
to **move** bouger; **to move (on)**
(*i.e., traffic*) circuler
movement un mouvement
movie un film
movie theater le cinéma
movies le cinéma
Mrs. Madame, Mme
much beaucoup (de)
music la musique
musician un musicien, une
musicienne
must devoir (doit)
my mon, ma, mes
my goodness! mon Dieu!

N

name un nom; **my name**
is . . . je m'appelle;
what's your name?
comment t'appelles-tu?
comment vous appelez-
vous?
naturally naturellement
near près de
necessary nécessaire;   it's
necessary (+ *infinitive*) il
faut (+ *infinitive*)
neck le cou
necktie une cravate
to **need** avoir besoin de
neighbor un voisin, une
voisine
neither non plus;   **neither**
. . . nor ni . . . ni
nephew un neveu (*pl*
neveux)
Netherlands les Pays-Bas (*m*)
never ne . . . jamais
new neuf, neuve (*brand*
new); nouveau (nouvel),
nouvelle (*m pl* nouveaux)
(*new to the user*)
news une nouvelle
newspaper un journal (*pl*
journaux)
next day le lendemain
next to à côté de
nice aimable; gentil, gentille; sympathique
(sympa):   **the weather is**
nice il fait beau
niece une nièce
night la nuit;   **good**
night bonne nuit
nightgown une chemise de
nuit
nightmare un cauchemar
nine neuf
nineteen dix-neuf
ninety quatre-vingt-dix
ninth neuvième
no non
no longer ne . . . plus
no one ne . . . personne
noise un bruit
nonsense une bêtise
noon midi
normal normal(e)
north le nord
North America l'Amérique
du Nord

nose un nez
not pas;   **not bad** pas
mal;   **not very well** pas
très bien;   **not yet** pas
encore
notebook un cahier
nothing ne . . . rien; rien
to **notice** remarquer
November novembre
now maintenant
nuisance un ennui
number un nombre; un
numéro
numerous nombreux,
nombreuse
nurse un infirmier, une
infirmière

O

obstacle un obstacle
October octobre
of de
of course! bien sûr!
office un bureau
often souvent
oil (*cooking*) l'huile (*f*)
okay! d'accord!
old vieux (vieil), vieille (*m*
pl) vieux;   **how old are**
you? tu as quel âge?
omelet une omelette
on sur
on hand à la main
on sale en solde
on Saturdays le samedi
on the contrary! au
contraire!
on time à l'heure
on top of sur
once more! encore!
one on (*any indefinite*
person)
one un, une
one hundred cent
one million un million
one thousand mille
onion un oignon
only seul(e)
only child enfant unique
to **open** ouvrir
opinion un avis;   **in my**
opinion à mon avis
opposite en face de
or ou
orange orange (*color*); une
orange (*fruit*)

orange juice le jus d'orange
to **organize** organiser
other autre; **another** un(e) autre
our notre, nos
outer space l'espace
outside dehors; en dehors
over sur
overcast: it's overcast il fait sombre
overcoat un manteau (*pl* manteaux)
over there là-bas
owner un (une) propriétaire

P

package un paquet
pain: he's a pain il est pénible
pair une paire
pair of pants un pantalon
pal un copain (*m*), une copine (*f*)
pancake une crêpe
paper le papier
to **park** garer
parking place un parking,
part une partie; **to be part of** faire partie de
part-time à mi-temps
party une (sur)boum, une surprise-partie
passenger un passager
pastry chef un pâtissier, une pâtissière
path un chemin
to **pay** payer; **to pay attention** faire attention
peace la paix
peaceful tranquille
pencil un crayon
perfected perfectionné(e)
perfectly parfaitement
performance la performance (*i.e., of a car, runner, etc.*)
perfume un parfum
perhaps peut-être
permission la permission
person une personne
personal personnel(le)
pharmacist un pharmacien, une pharmacienne
pharmacy une pharmacie
photo(graph) une photo; une photographie

photographer un(e) photographe
physical education l'éducation physique (*f*)
physics la physique
picnic un pique-nique
piece un morceau (*pl* morceaux)
pillow un oreiller
pilot un pilote
place un endroit
plan un projet; **to make plans** faire des projets
planet une planète
plate une assiette
to **play** jouer (à) (*sport, game, etc.*); **to play sports** faire du sport
playground une cour
playing cards les cartes (*f*)
pleasant sympathique (sympa)
to **please** plaire; **please** s'il te plaît; s'il vous plaît
pleasure un plaisir
pocket une poche
to **point out** signaler
police officer un agent de police
popular populaire
Portuguese le portugais (*language*)
poster une affiche, un poster
post office un bureau de poste
to **prefer** préférer
preparation une préparation
to **prepare** préparer
to **present** présenter
president un(e) président(e)
pretty joli(e)
principal un directeur, une directrice
problem un problème; **no problem!** pas de problème!
progress un développement
protractor un rapporteur
to **prove** démontrer
public public, publique
publisher un éditeur
pullover sweater un pull (-over)
purple violet, violette
to **put to the test** mettre à l'épreuve

Q

quarter (*of a city*) un quartier
quickly vite
quiet! chut! silence!

R

radio une radio
radio announcer un speaker
radio station une station de radio
rain la pluie
to **rain** pleuvoir; **it's raining** il pleut
to **re-establish** rétablir
to **read** lire; **let's read!** lisons!
reading la lecture
reality la réalité
really en réalité; vraiment
reason une raison
reasonable raisonnable
to **receive** recevoir (reçois)
to **recognize** reconnaître
record un disque
record player un tourne-disque
red rouge
red-haired roux, rousse
red light (*traffic signal*) un feu rouge
to **reflect** réfléchir (à)
refrigerator un frigo
to **refuse (to)** refuser (de)
registration plate (*car*) une plaque (d'immatriculation)
to **regulate** régler
to **remain** rester
reporter un (une) journaliste
restaurant un restaurant
result un résultat
return le retour
to **return** retourner; revenir; **to return home** rentrer
right droit(e); **to the right** à droite; **right now** tout de suite; **to be right** avoir raison
to **ring** sonner
road un chemin
roast beef le rosbif
to **rob** voler
robber un voleur
robbery un vol

room (*of a house*) une pièce
row un rang
ruler une règle
Russian russe; le russe
(*language*)

S

sad triste
salad une salade
sale un solde; **on sale** en
solde
salesperson un vendeur, une
vendeuse
same même
sandals les sandales (*f*)
sandwich un sandwich (*pl*
sandwichs)
Saturday samedi
to save sauver
to save money faire des
économies
to say dire (dit)
scene une scène
schedule un horaire (*bus,
train, etc.*); un emploi du
temps (*student's*)
school une école
science(s) les sciences (*f*)
scissors les ciseaux (*m*)
season une saison; **what
season is it?** quelle est la
saison?
seat une place
second une seconde (*n.*);
deuxième (*adj.*)
second-hand d'occasion
secretary un (une) secrétaire
to see voir; **see you soon!** à
bientôt!
to sell vendre
to send for faire venir
Senegal le Sénégal
sense un sens; **that doesn't
make sense!** ça n'a pas de
sens!
September septembre
serious grave; sérieux,
sérieuse
to set the table mettre la table
seven sept
seventeen dix-sept
seventh septième
seventy soixante-dix
sh-h-h! chut! silence!
to shake trembler

she elle
ship un navire
shirt une chemise
shoes les chaussures (*f*)
to shop faire des achats; faire
les courses (*food*)
shopping center un centre
d'achats
shorts un short
shoulder une épaule
shout un cri
to shout crier
to show montrer
sick malade
silence! silence!
to sing chanter
singer un chanteur, une
chanteuse
single seul(e)
Sir Monsieur, M.
sister une soeur
situation une situation
six six
sixteen seize
sixth sixième
sixty soixante
size (*of clothing*) une taille
to ski faire du ski; **downhill
skiing** la descente
skill une habileté
skirt une jupe
sky le ciel
skyscraper un gratte-ciel (*pl*
des gratte-ciel)
sleepy: to be sleepy avoir
sommeil
slowly lentement
small petit(e)
smart intelligent(e)
snackbar un snack, un
snack-bar
snail un escargot
sneakers les tennis (*m*)
snow la neige
to snow neiger; **it's snowing**
il neige
so alors
so-so comme ci, comme ça
soccer le football
sociability la sociabilité
socks les chaussettes (*f*)
solution une solution
some des
something quelque chose;
something foolish une
extravagance
sometimes quelquefois

son un fils
sorry: to be sorry regretter
soup la soupe
south le sud; le midi (*southern part of a country*)
souvenir un souvenir
space un espace; **outer
space** l'espace
spaceship un astronef
Spain l'Espagne (*f*)
Spanish espagnol(e); l'espagnol (*m*) (*language*)
to speak parler
to spend dépenser (*money*);
passer (*time*)
spending money l'argent de
poche (*m*)
sport un sport; **to play
sports** faire du sport
sportscar une voiture de
sport
sports jacket une veste
spring le printemps; **in the
spring** au printemps
square carré(e) (*adj.*); une
place (*town*)
stadium un stade
staircase un escalier
to start commencer
state un état
to stay rester
steak un bifteck
steering wheel un volant
stewardess une hôtesse
stingy radin(e)
stockings les bas (*m*)
stomach un estomac
to stop arrêter
store un magasin;
department store un
grand magasin
storm un orage
story une histoire; un étage
(*of a building*); **two-story**
à deux étages
straight ahead tout droit
strange étrange
street une rue
strict sévère
stubbornness l'obstination (*f*)
student un (une) élève (*ele-
mentary*); un (une)
étudiant(e)
to study étudier
subway le métro
suddenly soudain, subitement; tout à coup

sugar le sucre

suit un complet (*men's*); un tailleur (*women's*)

suitcase une valise

summer l'été (*m*); **in the summer** en été

Sunday dimanche

sundial un cadran solaire

sunny: to be sunny faire du soleil

supermarket un supermarché

surely sûrement, bien sûr, certainement

surprise une surprise

to swim nager, faire de la natation

swimming la natation

swimming pool une piscine

Switzerland la Suisse

T

table une table

to take prendre; **to take a trip** faire un voyage; **to take a trip around . . .** faire le tour de . . . ; **to take a walk** faire une promenade

talent un talent

to talk parler; **to talk (about)** discuter (de)

tall haut(e); grand(e)

tape recorder un magnétophone

taste le goût

taxi un taxi

tea le thé

teacher un professeur; un prof

team une équipe

tee shirt un tee-shirt

teens les adolescents (*m*)

teeth les dents (*f*)

telephone un téléphone; **on the telephone** au téléphone; **telephone number** un numéro de téléphone

to telephone téléphoner (à)

television la télé(vision)

television program une émission

to tell dire (dit)

temperature la température

ten dix

tennis le tennis

tennis racket une raquette de tennis

tenth dixième

terrible pénible

terrific chic! chic alors!; formidable; fantastique; magnifique

test un examen

thank you merci; **thank you very much** merci beaucoup; **thanks for . . .** merci de . . .

that ça, cela; ce (cet), cette; que; **that means . . .** ça veut dire . . . ; **that's it, that's right** c'est ça; **that's life!** c'est la vie! **that's too bad** c'est dommage

the le, la, l', les

theater un théâtre

their leur(s)

them eux; les (*dir. obj.*)

then alors, donc, puis

there là; **over there** là-bas; **there is, there are** il y a; voilà

these ces

they ils, elles, on (*any indefinite person*)

thin mince;

thing une chose; **something** quelque chose

to think (of) penser (à); penser (de); réfléchir (à); trouver; **what do you think of . . . ?** comment trouves-tu . . . ? **what do you think of that?** qu'en penses-tu?

third troisième

to be thirsty avoir soif

thirteen treize

thirty trente

this ceci; ce (cet), cette

those ces

to threaten menacer

three trois

throat une gorge

thunder(clap) le tonnerre

Thursday jeudi

thus comme cela

ticket un billet

to tidy up ranger

time le temps; l'heure; **at what time?** à quelle heure? **what time is it?** quelle heure est-il? **I don't have time** je n'ai pas le temps; **from time to time** de temps en temps; **on time** à l'heure

to time (*i.e., a race*) chronométrer

timing, time-keeping la chronométrie

tire un pneu

to à, en

today aujourd'hui

together ensemble

tomato une tomate

tomorrow demain; **see you tomorrow!** à demain!

tongue une langue

too aussi

too many trop (de)

too much trop (de)

tough sévère (*person*); dur(e) (*task*)

tour un tour

to tour faire le tour de

tourist un (une) touriste

toward vers

tower une tour

town une ville; **in town** en ville

town hall l'Hôtel de Ville (*m*)

traffic light un feu (*pl* feux)

train un train

train station une gare

travel agency une agence de voyages

to travel on passer sur

tree un arbre

to tremble trembler

trip un tour, un voyage; **to take a trip** faire un voyage (*long*), faire le tour de (*tour*)

true vrai(e)

trunk (*of a car*) un coffre

to try (to) essayer (de) (il essaie)

Tuesday mardi

to turn off (*i.e., lights*) éteindre

TV la télé; **on TV** à la télé

twelve douze

twenty vingt
two deux
typical typique

U

unbearable insupportable
uncle un oncle
under sous
to **understand** comprendre
unexpected inattendu(e)
United States les États-Unis (*m*)
university une université
until jusqu'à
upset bouleversé(e)
urge une inclination
usually d'habitude

V

vacation les vacances (*f*)
very très; **very well** très bien
vice-principal un sous-directeur, une sous-directrice
view une vue
violet violet, violette
to **visit** visiter
voice une voix
volleyball le volley-ball

W

to **wait (for)** attendre
waiter un garçon (de table)
to **walk** aller à pied; faire une promenade
to **want** désirer, vouloir; **to want to** vouloir, avoir envie de
to **wash the dishes** faire la vaisselle
watch une montre
water l'eau (*f*)
way une façon; un moyen; un chemin (*path, road*); **in this way** comme cela; **the**

right way le bon chemin
we nous
to **wear** porter
weather le temps; **how's the weather?** quel temps fait-il?; **the weather is bad** il fait mauvais; **the weather is cold** il fait froid; **the weather is hot** il fait chaud; **the weather is nice** il fait beau
weather report la météo
Wednesday mercredi
week une semaine
weekend un week-end
welcome! bienvenue!; **you're welcome** de rien; il n'y a pas de quoi
well bien; eh bien; alors
west l'ouest (*m*)
western (*TV program or movie*) un western
what? que?; quoi?; quel?, quelle?; qu'est-ce que . . . ?; comment? **what a dumb thing to do!** quelle bêtise! **what is there?** qu'est-ce qu'il y a? **what kind of . . . is it?** qu'est-ce que c'est comme . . .? **what's this (what are these)?** qu'est-ce que c'est?
wheel une roue
when quand
where où
which? quel? quelle?
white blanc, blanche
who qui
why? pourquoi?
wife une femme
willingly! volontiers! avec plaisir!
to **win** gagner
wind le vent; **it's windy** il fait du vent
windbreaker un anorak

window une fenêtre
windshield (*car*) un pare-brise
windshield wiper un essuie-glace
to be **windy** faire du vent
wine un vin
winter l'hiver (*m*); **in the winter** en hiver
wish un désir
with avec
without sans
woman une femme
work un travail
to **work** travailler; marcher (*machine*); **to work hard** travailler dur
worry une préoccupation
wow! oh là là!
to **write** écrire

Y

year un an, une année; **to be . . . years old** avoir . . . ans
yell un cri
to **yell** crier
yellow jaune
yes oui; mais oui (*emphatic*); si (*when contradicting a negative*)
yesterday hier
you tu, vous (*subject pronouns*); toi, vous
young jeune
young people les jeunes (*m*); la jeunesse
your ton, ta, tes; votre, vos
your friend (*closing of a letter*) amicalement
youth la jeunesse

Z

Zaire le Zaïre
zero zéro

Index

à 80
  with nouns 80, 153
  with place names 153
accents 43
adjectives
  demonstrative 248
  irregular 200, 220, 234
  of color 208
  of nationality 198
  position of 210
  possessive 120, 129
  regular 200
adverbs
  irregular 227
  of quantity 227
  regular 226
aller
  futur proche 220
  means of transportation 159
  passé composé 275
  place names 150
  present indicative 150
alphabet 13
articles
  definite 63
  indefinite 32–33, 36, 57, 210
  partitive 105, 233
avoir
  expressions with 106, 227, 284
  formation of *passé composé* with 257, 268, 275, 276
  passé composé 275
  present indicative of 42, 54

clothing 233
colors 208
countries and nationalities 153, 198

days of the week 27
de 16, 17, 70
  possession with 70

with nouns 70
  with negation 88
demonstrative adjectives 248
direct address
  formal 15, 16, 28
  informal 15, 16, 28

elision 42, 54
-er verbs
  passé composé 257
  present indicative of 111
  special case: **-cer** 168
  special case: **-ger** 111
  stem-changing 174, 220
être
  formation of *passé composé* with 277
  passé composé 275
  present indicative 28

faire
  passé composé 268
  present indicative 134
  weather expressions with 79
futur proche (**aller** + infinitive) 220

greetings 4–5

il y a 88
  vs **voilà** 88
imperative 248
  and placement of direct object pronouns 285
indefinite articles 36
intonation 11
-ir verbs
  passé composé 268
  present indicative 233

jouer + **à** 120

liaison 36, 42, 71

months of the year 71

nasal vowels 73
negation 57, 105, 233
  ne ... pas 57, 105
  ne ... jamais 233
numbers
  cardinal
    0–10 18
    10–20 26
    20–30 34
    30–69 107
    70–100 128–129
    100–1,000,000 175
  ordinal 209

partitive articles 105, 233
passé composé 257, 268
  -er verbs 257
  irregular verbs 268, 275, 276
  -ir verbs 268
  -re verbs 268
  with **avoir** 257, 268, 275, 276
  with **être** 277
past participles
  agreement with subject in *passé composé* formed with **être** 277
  irregular 268, 275, 276
  regular 257, 268, 275
pouvoir
  present indicative 257
prendre
  passé composé 276
  present indicative 174
prepositions 16, 61, 62, 70
  à 76–77, 80
  de 16, 17, 70
  with place names 150
pronouns
  direct object 284, 285

319

subject
   first person 28
   second person 24–25, 28
   third person 19, 63
  y 160

quantity, expressions of 227
quel + noun! 220
questions
   intonation and 42
   inversion 168

with **Est-ce que . . . ?** 42

-re verbs
   passé composé 268
   present indicative 248

seasons 72
stem-changing verbs 174, 220

time expressions 180
   qualifiers 181

voici 33
voilà 33
   vs **il y a** 88
vouloir
   present indicative 285

weather expressions 79

y (*pronoun*) 160